Precedentes Eleitorais

Precedentes Eleitorais

SEGURANÇA JURÍDICA E PROCESSO ELEITORAL

2020

Rodrigo Terra Cyrineu

ALMEDINA

PRECEDENTES ELEITORAIS
SEGURANÇA JURÍDICA E PROCESSO ELEITORAL

AUTOR: Rodrigo Terra Cyrineu

DIRETOR ALMEDINA BRASIL: Rodrigo Mentz
Editora Jurídica: Manuella Santos de Castro
EDITOR DE DESENVOLVIMENTO: Aurélio Cesar Nogueira
ASSISTENTES EDITORIAIS: Isabela Leite e Larissa Nogueira

DIAGRAMAÇÃO: Almedina
DESIGN DE CAPA: Roberta Bassanetto

ISBN: 9786556271354
Dezembro, 2020

Dados Internacionais de Catalogação na Publicação (CIP)
(Câmara Brasileira do Livro, SP, Brasil)

Cyrineu, Rodrigo Terra
Precedentes eleitorais: segurança jurídica
e processo eleitoral / Rodrigo Terra Cyrineu. – 1. ed.
– São Paulo : Almedina, 2020.

ISBN 978-65-5627-135-4

1. Direito 2. Direito eleitoral – Brasil
3. Precedentes (Direito) I. Título.

20-46166 CDD-342.8(81)

Índices para catálogo sistemático:

1. Brasil : Direito eleitoral 342.8(81)

Aline Graziele Benitez - Bibliotecária - CRB-1/3129

Este livro segue as regras do novo Acordo Ortográfico da Língua Portuguesa (1990).

EDITORA: Almedina Brasil
Rua José Maria Lisboa, 860, Conj.131 e 132, Jardim Paulista | 01423-001 São Paulo | Brasil
editora@almedina.com.br
www.almedina.com.breditora@almedina.com.br
www.almedina.com.br

Entre a conclusão da minha Dissertação de Mestrado e a publicação deste livro, dentre tantas coisas maravilhosas, Deus me presenteou com a maior dádiva que um homem pode receber: ser pai.

Este livro, assim como tudo na vida a partir de então, é dedicado à minha família: Isabela, minha noiva, e ao *fruto do nosso amor que ainda não se sabe menina ou menino e, portanto, só terá seu nomezinho aqui na 2ª edição e nas que se seguirem.*

*E também para Tata (*in memoriam*): que mesmo lá de cima continua a me cuidar.*

AGRADECIMENTOS

A presente obra é uma adaptação editorial da Dissertação de Mestrado que apresentei ao IDP com o título "*Precedentes eleitorais na dimensão da previsibilidade: da regra da anualidade ao princípio da anterioridade eleitoral*", com a qual, feliz e imerecidamente, fui aprovado pela banca examinadora.

Portanto, começo por dizer que o maior aprendizado que um curso de Mestrado pode oferecer é o de que, parafraseando o hoje Presidente do Tribunal Superior Eleitoral, Ministro Luís Roberto Barroso em discurso proferido como patrono da turma de Direito de 2014 da UERJ, "***ninguém é bom demais, ninguém é bom sozinho e é preciso agradecer***". Ou seja: ninguém constrói nada sozinho, muito menos um trabalho como este.

Eu preciso agradecer efusivamente à minha orientadora, Professora Doutora Marilda de Paula Silveira, pela disponibilidade, pela amizade, pela confiança e, acima de tudo, pela paciência de suportar um aluno irremediável como eu.

Também devo registrar minha gratidão à Vânia Siciliano Aieta, Professora Doutora que participou da minha banca e que leu linha por linha, vírgula por vírgula, tanto que me honrou com tantas perguntas e tantas observações. Na medida do possível, foram acatadas e incorporadas ao trabalho.

Da mesma maneira, agradeço ao professor Doutor Daniel Falcão, que além de ser um jurista de excelência, ostenta uma das melhoras qualidades que um homem pode ter: ser torcedor do tricolor paulista. Obrigado por me permitir criticar e por todas as dicas e indicações de leitura, amigo!

Continuando, e para quem não sabe, as aulas do Mestrado, em Brasília, foram todas presenciais. Portanto, para um paulista do interior de São

Paulo e radicado na capital de Mato Grosso, a vida em Brasília, com todas as suas peculiaridades, não seria fácil. Mas a amizade e o companheirismo da maranhense Ezikelly, uma das principais fomentadoras da ideia desta jornada acadêmica, naquela época já devidamente ambientada com a capital federal, tornaram o périplo bem menos tortuoso e muito mais aprazível. Kelly, você é raridade!

Para quem não se desvencilhou das atividades profissionais, o agradecimento aos parceiros da advocacia que, nas minhas ausências, representaram o escritório Cyrineu & Silva, e em especial ao Ademar Silva, sócio e amigo de longa data que leu e releu este trabalho incontáveis vezes, com a meticulosidade que lhe é característica. Você foi fundamental.

Tantos outros amigos deveriam ser citados, mas as curtas linhas que me são reservadas me fazem cometer essa injustiça que ao menos é amenizada com o registro final de que se há gente preocupada em aprimorar a ciência jurídica neste país, em especial o Direito Eleitoral e o Direito Político, esse pessoal tem nome: ABRADEP (Academia Brasileira de Direito Eleitoral e Político).

O convívio diário com essa turma de eleitoralistas extraordinários é, sem dúvida alguma, a maior fonte de aprendizado que um jovem *padawan* pode desfrutar na vida. Eu tenho orgulho de ser #teamAbradep!

PREFÁCIO

Rodrigo Terra Cyrineu é daqueles talentos que se pode notar à primeira vista. Sempre pronto para iluminar os debates de que participa, testando argumentos sem qualquer preconceito. Embora jovem, sua maturidade intelectual e a disposição para viver a vida e o Direito são notáveis.

Conheci-o nas estradas do Direito Eleitoral e sou muito grata pela oportunidade de ver nossos caminhos se cruzarem. Seu destaque nos debates travados na Academia Brasileira de Direito Eleitoral e Político – ABRADEP não chamou apenas a minha atenção, mas a de todos os colegas que se juntaram nesse projeto, desde o início.

Muito cedo foi Procurador-Geral da Câmara Municipal de Cuiabá, assumiu causas importantes na advocacia e, recentemente, tomou a sábia decisão de aprofundar os estudos no programa de mestrado. Tive a enorme alegria de aprender com ele na orientação do trabalho de dissertação que foi adaptado para este livro.

Ao longo desses anos em que acompanho seu trabalho, Rodrigo sempre apresentou-se com as qualidades que o leitor vai encontrar neste livro: clareza de ideias, abertura para a diferença, enfrentamento de todos os argumentos sem enviesamento de conclusões, cordialidade e inteligência. Para além de tudo, o autor é incansável e tem uma admirável disposição para o estudo e para a pesquisa, cumprindo a tarefa com absoluta dedicação e perfeição.

Sua obra, originada na dissertação de mestrado, enfrenta tema fundamental para a democracia eleitoral brasileira: como lidar com a oscilação de jurisprudência produzida pela Justiça Eleitoral, em um Estado Constitucional de Direito que define parâmetros mínimos de segurança jurídica.

O diagnóstico feito pelo autor é duro, mas preciso.

No campo do Direito, uma das mais antigas e relevantes tensões é a que se estabelece entre a lei e os ideais de justiça. Embora certos extremismos do pensamento iluminista tenham sido abandonados ao longo dos séculos XIX e XX, permanecemos na senda do detalhamento do direito escrito. Essa expectativa de certeza e a frustração decorrente da instabilidade da aplicação das normas no caso concreto contribui para a desconfiança nas instituições. Como equilibrar o imponderável que é próprio da vida com a segurança jurídica que se impõe ao Estado de Direito?

É típico da interação entre o Estado, os cidadãos e o mercado alguma desconfiança que os leva ao distanciamento. Tal fator de desconfiança tem se tornado ainda mais crítico nos últimos tempos. Não é tarefa fácil arrolar os mais diversos elementos que contribuíram e que continuam contribuindo para esse cenário. Também não se pode dizer que estejam concentrados em uma única esfera de poder. A democracia brasileira está relativamente consolidada, mas enfrenta um desafio: as instituições democráticas são objeto de ampla e continuada desconfiança dos cidadãos brasileiros.

Já em 2005, o cientista político José Álvaro Moisés (USP) desenvolveu ampla pesquisa *Survey* em que mostra como, *"ao mesmo tempo em que apoiam o regime democrático per se, os brasileiros revelam uma ampla e contínua desconfiança em suas instituições"* e propõe que *"a confiança nas instituições radica-se na avaliação que os cidadãos, partindo de sua experiência, fazem do modo como aquelas desempenham a missão para a qual foram criadas"*. Esclarece que, embora o regime democrático conte com o apoio da maioria, cerca de 2/3 dos brasileiros não confiam em parlamentos, partidos, executivos, tribunais de justiça, serviços públicos de saúde, educação e segurança[1].

O estudo ouviu 2.004 mil pessoas de todas as regiões brasileiras e foi comparado com pesquisas *Survey* semelhantes realizadas em 1990, 1993, 1997 e 2000. Segundo o levantamento, a adesão ao sistema democrático de governo chega a 83% na média dos últimos anos. Nada obstante, apesar de as pessoas aderirem ao regime democrático, não confiam que suas

[1] Moisés, José Álvaro. A desconfiança nas instituições democráticas. *Opinião Pública*, Campinas, v. XI, n. 1, Março, 2005, p. 43.

instituições são capazes de concretizar seus objetivos. A desconfiança na atuação dos congressistas chegou a 59,7% dos entrevistados, que consideraram seu desempenho ruim ou péssimo, depois de ter sido de 32,5% em 1997 e 39,1% em 2000. A pesquisa também mostra que 30% dos eleitores entrevistados acredita que a democracia pode funcionar perfeitamente sem o Congresso ou os partidos políticos. Os índices de reprovação, quando se analisam os partidos políticos, chegam a 80,6% em 2006 ante 67,6% em 1993 e 57,3% em 1989. Quando se avalia o Congresso Nacional como instituição, esse percentual melhora um pouco: 71,9%, em 2006 de rejeição. Em 1993 e 1989, os índices eram de 67,6% e 52,6% respectivamente. O governo federal foi outra instituição democrática que obteve altos índices de reprovação. Em 2006, o número foi de 65,6%. Já em 1993, ficou em 60,9% e em 1989, 51%. A Justiça brasileira também recebe uma má avaliação: 55,3% dos entrevistados não confiam em suas decisões. Em 1993, eram 49,3% e em 1989, 33,6%[2].

Naquela pesquisa, o cientista político conclui que a sensação da população é de que as leis não são para todos. Essa abordagem da confiança está estritamente vinculada à legitimidade política, que tem referência na sociologia política de Max Weber, ao distinguir entre as dimensões de poder e de autoridade, defendendo a superioridade desta para tratar da natureza da coesão social da comunidade política. De fato, toda a insatisfação e descrédito na atuação estatal tem aprofundado uma crise de legitimidade que culminou com amplas e repentinas manifestações em junho de 2013.

Os dados do Latinobarômetro apontam que vivemos, em 2019, a maior desconfiança sobre o sistema democrático, desde àquela pesquisa em 2005. Em cenário de tamanha desconfiança e de demanda por estabilidade, é muito oportuno enfrentar esse debate que busca um ponto de equilíbrio para a pretensão de segurança.

Para tanto, é preciso reconhecer que o campo de aplicação das normas revela que essa pretensão de certeza é um ideal incompatível com a vida e com o Direito. Que segurança não equivale à certeza e deve ser equilibrada com a complexidade das sociedades modernas e com as transfor-

[2] MOISÉS, José Álvaro; MENEGUELLO, Rachel (Orgs.). *A desconfiança política e os seus impactos na qualidade da democracia*. São Paulo: Editora USP, 2013.

mações da ordem jurídica. O anseio por uma ordem positiva estável e com previsibilidade absoluta na diversidade de casos concretos deve dar lugar a construções que exigem reflexões muito mais profundas.

Nesse contexto, Rodrigo Cyrineu enfrenta a regra da anualidade prevista no art. 16 da Constituição com a complexidade que o tema demanda no atual estágio de aplicação das normas eleitorais. Reconhecendo que o *leading case*, Recurso Extraordinário com Repercussão Geral nº 637.485/RJ, julgado pelo Supremo Tribunal Federal, não oferece respostas suficientes, o autor busca preencher suas lacunas ora confirmando, ora distanciando-se de suas hipóteses iniciais.

As periódicas modificações de composição das Cortes Eleitorais, a competência para responder consultas (recentemente com caráter vinculante, nos termos do art. 30 da LINDB), o caráter normativo das decisões, a periodicidade do próprio processo eleitoral e as constantes reformas legislativas são pressupostos indispensáveis e que foram analisados no enfrentamento da temática.

O autor analisa o papel constitucional do Tribunal Superior Eleitoral em sua função de corte de vértice, dando novos contornos ao debate necessário sobre como a corte deve se portar no papel de um tribunal de precedentes. Para elaborar suas conclusões, investiga a função dos precedentes judiciais no sistema jurídico brasileiro e o dever de uniformização imposto pelo Código de Processo Civil.

Sem deixar de definir o papel do intérprete no sistema de justiça eleitoral brasileiro, aponta caminhos para que se possa manter a estabilidade, a coerência e a integridade da jurisprudência. Sua proposta, busca resguardar o velho ideal de segurança jurídica, porém agora perseguido num contexto que se reconhece complexo.

Oferecendo proposta atinente à possibilidade de viragem jurisprudencial sem modulação de efeitos, o texto analisa, ainda, a *"(des)necessidade de modulação em caso de prévia sinalização da Corte a propósito da revisitação do tema, sem olvidar dos casos de manifesta perda de autoridade do precedente em razão de seu inequívoco desgaste"*.

O autor enfrenta o tema com muita coragem e profunda densidade teórica. A profundidade da análise não surpreende aqueles que o conhecem e sua atuação em todos os campos do Direito Eleitoral. Entre tantos profissionais talentosos, sérios e bem formados, Rodrigo vem consolidando sua legitimidade que constrói em bases sólidas com muito trabalho.

Deixo ao leitor confirmar, com a leitura fluída do texto consistente o que, sem generosidade alguma, apresento neste prefácio. Sua leitura é fundamental para que possamos pensar e repensar e estabilidade do processo democrático, desconstruindo conceitos e certezas.

MARILDA DE PAULA SILVEIRA

Professora de Direito Administrativo e Eleitoral do Instituto Brasiliense de Direito Público (IDP). Advogada.

SUMÁRIO

INTRODUÇÃO

A noção de segurança jurídica, máxime a de previsibilidade do Direito, apesar de serem conaturais à ideia de Estado de Direito[3], carece de efetividade no âmbito do Direito Eleitoral brasileiro, marcado que é por sucessivas reformas – constitucionais e infraconstitucionais – e por uma jurisprudência reconhecidamente instável[4-5].

A título demonstrativo desse estado de coisas, calha asseverar que a Lei nº 9.504/1.997, mais conhecida como a Lei Geral das Eleições, nunca passou ilesa de uma eleição para a outra, pois foi constante e sucessiva-

[3] Nas palavras de Almiro do Couto e Silva, "*a noção de segurança jurídica é conatural e, pois, indissociável da própria noção de direito, só existindo direito onde existe segurança jurídica*". (Valim, Rafael; Oliveira, José Roberto Pimenta; Dal Pozzo, Augusto Neves (coord.). **Tratado sobre o princípio da segurança jurídica no direito administrativo**. Belo Horizonte: Fórum, 2013. p. 21-35). Já para Celso Antônio Bandeira de Mello, "*Direito e segurança jurídica são noções literalmente inseparáveis*". (Bandeira De Mello, Celso Antônio. Estado de Direito e segurança jurídica. *In*: Valim, Rafael; Oliveira, José Roberto Pimenta; Dal Pozzo, Augusto Neves (coord.). **Tratado sobre o princípio da segurança jurídica no direito administrativo**. Belo Horizonte: Fórum, 2013. p. 41).

[4] A esse propósito, confira-se, dentre outros: Espíndola, Ruy Samuel. **Direito Eleitoral**: a efetividade dos direitos políticos fundamentais de voto e de candidatura. Florianópolis: Habitus, 2018. p. 33-40 (capítulo denominado "**STF, insegurança jurídica e eleições**": embate entre moralistas e constitucionalistas em torno da Lei Ficha Limpa, até quando?).

[5] Marinoni, Luiz Guilherme. O precedente na dimensão da segurança jurídica. *In*: Marinoni, Luiz Guilherme (coord.). **A força dos precedentes**: estudos dos cursos de Mestrado e Doutorado em Direito Processual Civil da UFPR. Salvador: Juspodivm, 2010. p. 216: "(...) *torna-se estarrecedor perceber que a própria missão de garantir a unidade do direito federal, atribuída e imposta pela Constituição ao Superior Tribunal de Justiça, é completamente desconsiderada na prática jurisprudencial brasileira*".

mente reformada pelo Congresso Nacional. Tais reformas, é bom acentuar, no mais das vezes são pejorativamente nominadas de "deformas legislativas"[6-7], na medida em que têm como escopo central a manutenção do *status quo*.

De mais a mais, a Lei Complementar nº 135/2.010 trouxe inúmeras alterações na Lei das Inelegibilidades (Lei Complementar nº 64/1.990),

[6] Tais distorções se justificam, no mais das vezes, pelo interesse dos mandatários na manutenção do *status quo*. Por todos, Oscar Vilhena Vieira: "*Não serão os próprios representantes os mais indicados para corrigir esses problemas de mau funcionamento democrático. Exemplo disso é o caso da sub-representação dos cidadãos dos Estados mais populosos no Brasil. Esperar que o Congresso – fruto dessa distorção e beneficiário da mesma – a corrija é esperar que a maioria dos parlamentares lute contra seus próprios interesses. Este é um caso típico onde a resolução do problema e o consequente fortalecimento da democracia devem sair de fora do sistema representativo*". (VIEIRA, Oscar Vilhena. **A Constituição e sua reserva de justiça**: um ensaio sobre os limites materiais ao poder de reforma. São Paulo: Malheiros, 1999. p. 216)

[7] Vale registrar, ainda, o seguinte excerto do voto do Ministro Luiz Fux no julgamento da ADI 4650: "É preciso, pois, cautela para com arranjos institucionais que outorguem a competência para reformá-los exclusivamente àqueles diretamente interessados no resultado dessa reforma. As chances de surgirem disfuncionalidades são autoevidentes. A rigor, tais desenhos não oferecem os incentivos corretos e necessários para que os agentes abandonem o status quo e, consequentemente, implementem as mudanças essenciais ao aprimoramento das instituições democráticas.

No caso em comento, confiar a uma só instituição, ainda que legitimada democraticamente como o Poder Legislativo, a prerrogativa de reformular a disciplina do financiamento de campanhas pode comprometer a própria higidez do regime democrático. Não é preciso ir tão longe para perceber a veracidade desta constatação. Exemplo recente da história política brasileira foi a fidelidade partidária, que, conquanto salutar ao bom funcionamento das instâncias representativas, só veio a ser, de fato, uma realidade no país após a intervenção deste Supremo Tribunal Federal (MS nº 26.602/DF, rel. Min. Eros Grau, Tribunal Pleno, j. 04/10/2007, DJe-197 de 16/10/2008; MS nº 26.603/DF, rel. Min. Celso de Mello, Tribunal Pleno, j. 04/10/2007, DJe-241 de 18/12/2008; STF, MS nº 26.604/DF, rel. Min. Cármen Lúcia, Tribunal Pleno, j. 04/10/2007, DJe-187 de 02/10/2008).

Exatamente porque matérias intimamente ligadas ao processo eleitoral aumentam consideravelmente as chances de manipulação e parcialidade no seu tratamento pelos órgãos eleitos por este mesmo processo, justifica-se, a meu sentir, uma postura mais expansiva e particularista por parte do Supremo Tribunal Federal, em detrimento de opções mais deferentes e formalistas. Creio que, ao assim agir, a Corte não amesquinha a democracia, mas antes a fortalece, corrigindo pelo menos algumas de suas naturais disfuncionalidades". (BRASIL, Supremo Tribunal Federal. **ADI 4650 Distrito Federal.** Direito Constitucional e Eleitoral. Modelo normativo vigente de financiamento de campanhas eleitorais [...]. Relator Min. Luiz Fux, de 17 de setembro de 2015. Disponível em: http://portal.stf.jus.br/processos/detalhe.asp?incidente=4136819. Acesso em: 12 jan. 2019.

antecipando hipóteses de restrição ao sufrágio passivo, tornando desnecessário o trânsito em julgado de condenações judiciais. Para tal desiderato, foram introduzidos textos normativos de caráter vago, tendo o Legislador se utilizado de conceitos jurídicos indeterminados (*v.g.*, "*ato doloso de improbidade administrativa*"; "*irregularidade de natureza insanável*"), ampliando sobremaneira a cognição judicial na verificação das causas de inelegibilidade.

O Judiciário, portanto, passa a exercer papel de relevo na conformação das fontes do direito eleitoral, dada a falta de sistematicidade das normas (pelas sucessivas reformas) ou mesmo a vagueza dos seus termos (pela introdução de conceitos jurídicos indeterminados). É sobretudo da Justiça Eleitoral o papel de garantir racionalidade, inteligência e sistematicidade às normas eleitorais.

A par disso, se tem ainda uma jurisprudência considerada criativa[8], como o conhecido caso "*Eurico Miranda*"[9], no qual o Tribunal Superior Eleitoral, em apertado *score* de 4 (quatro) votos contra 3 (três), reformou a decisão do Tribunal Regional Eleitoral do Rio de Janeiro que havia impedido a candidatura do aludido futebolístico por dar novo signifi-

[8] "*Em um universo de conceitos jurídicos vazios, em que a doutrina se depende de fazer o seu mister, fica a jurisprudência livre para usar os conceitos normativos de qualquer modo, como se fossem destituídos de conteúdo. Com isso, até mesmo a inelegibilidade deixa de ser sanção para ser um "sabe-se-lá-o-quê". É ainda onde mais nitidamente se percebe o terrível vazio normativo decorrente do vazio teórico: os institutos jurídicos passam a ser usados de qualquer modo e jeito para atender a quaisquer fins e bandeiras. Há apenas, como consectário disso, a irracionalidade jurídica, o decisionismo voluntarista e uma crise de segurança jurídica*". (Soares da Costa, Adriano. **Instituições de Direito Eleitoral**: teoria da inelegibilidade: direito processual eleitoral. 9. ed. Belo Horizonte: Fórum, 2013. p. 15).

[9] "*Eleições 2006. Registro de candidato. Deputado federal. Inelegibilidade. Idoneidade moral. Art. 14, § 9º, da Constituição Federal. 1. O art. 14, § 9º, da Constituição não é auto-aplicável (Súmula nº 13 do Tribunal Superior Eleitoral). 2. Na ausência de lei complementar estabelecendo os casos em que a vida pregressa do candidato implicará inelegibilidade, não pode o julgador, sem se substituir ao legislador, defini-los. Recurso provido para deferir o registro*". (BRASIL. Tribunal Superior Eleitoral. **Recurso Ordinário nº 1.069 – Rio de Janeiro, RJ.** Eleições 2006. Registro de candidato. Deputado federal. Inelegibilidade. Idoneidade moral. Art. 14, § 9º, da Constituição Federal. Relator: Min. Angelo Ribeiro, de 20 de setembro de 2006. Disponível em: http://www.tse.jus.br/jurisprudencia/decisoes/jurisprudencia. Acesso em: 12 jan. 2019.).

cado[10] aos conceitos jurídicos indeterminados "*idoneidade moral*" e "*vida pregressa*" do candidato a que faz alusão o §9º do artigo 14 da Constituição Federal, ao entendimento de que a existência de vários processos contra o postulante, ainda que não concluídos, obstariam o exercício do sufrágio passivo. O tema foi posteriormente apreciado na ADPF nº 144 no Supremo Tribunal Federal, onde se confirmou a decisão da Corte Superior Eleitoral.

O mais emblemático caso de viragem jurisprudencial – a envolver a temática da previsibilidade do direito – é o dos denominados "*Prefeitos itinerantes*". No REspe 32.507/AL[11], em 17.12.2008, o Tribunal Superior Eleitoral deu nova interpretação ao art. 14, § 5º, da CF/88, passando a entender que os chefes do Poder Executivo – Presidente da República, Governador de Estado e Prefeito Municipal – poderiam exercer apenas dois mandatos consecutivos nesses cargos. Concluiu-se que não era possível o exercício de terceiro mandato subsequente para o cargo de prefeito, ainda que em município diverso.

[10] Ruy Samuel Espíndola, invocando Adriano Soares da Costa, é categórico: "*O Direito eleitoral, como nos ensina o Mestre, está ainda a reboque do que chama de 'infantilismo teórico da doutrina eleitoral', que se propõe a abordar o Direito eleitoral a partir da jurisprudência casuística, movediça e insegura do Tribunal Superior Eleitoral, tudo sem lastro científico e sem adequadas raízes constitucionais*". (ESPÍNDOLA, Ruy Samuel. **Direito Eleitoral**: a efetividade dos direitos políticos fundamentais de voto e de candidatura. Florianópolis: Habitus, 2018. p. 173).

[11] "*RECURSO ESPECIAL. ELEIÇÕES 2008. REGISTRO CANDIDATURA. PREFEITO. CANDIDATO À REELEIÇÃO. TRANSFERÊNCIA DE DOMICÍLIO PARA OUTRO MUNICÍPIO. FRAUDE CONFIGURADA. VIOLAÇÃO DO DISPOSTO NO § 5º DO ART. 14 DA CB. IMPROVIMENTO. 1. Fraude consumada mediante o desvirtuamento da faculdade de transferir-se domicílio eleitoral de um para outro Município, de modo a ilidir-se a incidência do preceito legal disposto no § 5º do artigo 14 da CB. 2. Evidente desvio da finalidade do direito à fixação do domicílio eleitoral. 3. Recurso a que se nega provimento*". (BRASIL. Tribunal Superior Eleitoral. **Recurso Especial Eleitoral nº 32.507 – Porto de Pedras, Alagoas**: acordão. Recurso especial. Eleições 2008. Registro Candidatura. Prefeito. Candidato à reeleição. Transferência de domicílio para outro Município. Fraude configurada. Violação do disposto no § 5º do art. 14 da CB. Improvimento. Relator: Min. Eros Grau, de 17 de dezembro de 2018. Disponível em: http://www.tse.jus.br/jurisprudencia/decisoes/jurisprudencia. Acesso em: 12 jan. 2019., Data 17/12/2008).

Assim também se decidiu no Agravo Regimental em Recurso Especial Eleitoral nº 4198006/RJ[12]. Este último caso, todavia, lançou luzes para novos olhares a propósito das viragens jurisprudenciais. É que, como cediço, houve a interposição de recurso extraordinário ao Supremo Tribunal Federal, onde lá fora provido para fins de fixação das seguintes teses:

> (...)
> IV. EFEITOS DO PROVIMENTO DO RECURSO EXTRAORDINÁRIO. Recurso extraordinário provido para: (1) resolver o caso concreto no sentido de que a decisão do TSE no RESPE 41.980-06, apesar de ter entendido corretamente que é inelegível para o cargo de Prefeito o cidadão que exerceu por dois mandatos consecutivos cargo de mesma natureza em Município diverso, não pode incidir sobre o diploma regularmente concedido ao recorrente, vencedor das eleições de 2008 para Prefeito do Município de Valença-RJ; (2) deixar assentados, sob o regime da repercussão geral, os seguintes entendimentos: (2.1) o art. 14, § 5º, da Constituição, deve ser interpretado no sentido de que a proibição da segunda reeleição é absoluta e torna inelegível para determinado cargo de Chefe do Poder Executivo o cidadão que já exerceu dois mandatos consecutivos (reeleito uma única vez) em cargo da mesma natureza, ainda que em ente da federação diverso; (2.2) as decisões do Tribunal Superior Eleitoral que, no curso do pleito eleitoral ou logo após o seu encerramento, impliquem mudança de jurisprudência, não têm aplicabilidade imediata ao caso concreto e somente terão eficácia sobre outros casos no pleito eleitoral posterior.[13]

[12] BRASIL. Tribunal Superior Eleitoral. **Agravo Regimental no Recurso Especial Eleitoral nº 41980-06.2009.6.00.0000 – Valença, RJ**: acordão. Agravos regimentais. Recurso Especial Eleitoral. Recurso contra expedição de diploma. Mudança de domicílio eleitoral. "prefeito itinerante". Exercício consecutivo de mais de dois mandatos de chefia do Executivo em municípios diferentes. Impossibilidade. Violação ao art. 14, § 5º da Constituição Federal. Relator: Min. Aldir Passarinho Junior, de 27 de maio de 2010. Disponível em: http://www.tse.jus.br/jurisprudencia/decisoes/jurisprudencia. Acesso em: 12 jan. 2019. p. 13/14.

[13] BRASIL. Supremo Tribunal Federal. **RE 637.485 Rio de Janeiro.** Recurso Extraordinário. Repercussão Geral. Reeleição. Prefeito. Interpretação do art. 14, § 5º, da Constituição. Mudança da jurisprudência em matéria Eleitoral. Segurança jurídica. Relator: Min. Gil-

Pela primeira vez o Supremo Tribunal Federal, órgão de cúpula do Judiciário Nacional, reconheceu o caráter normativo das decisões do Tribunal Superior Eleitoral, intérprete e guardião final da legislação eleitoral. Ocorre que, ao assim fazê-lo, o Pretório Excelso não explicitou a incidência do artigo 16 da Constituição Federal[14].

Daí a indagação que acabou por ser o escopo de investigação do presente trabalho, apresentado como Dissertação no Programa de Mestrado do IDP, e hoje apresentado como publicação para a comunidade jurídica e demais interessados, a saber: a "*lei*" a que se refere o dispositivo constitucional deve ser lida de maneira meramente gramatical ou de forma a se alcançar a interpretação dada pelos Tribunais pátrios aos atos normativos editados pelos órgãos competentes?

Dito de outro modo, o que se pretendeu investigar é se era a regra constitucional da anterioridade eleitoral, tal qual posta no artigo 16 da Constituição Federal, deveria nortear a atuação dos Tribunais Eleitorais quando da alteração de sua jurisprudência, exigindo a modulação de seus efeitos como possível remédio contra a quebra da confiança depositada pelo cidadão[15] na cadeia de decisões que formam o conjunto de precedentes das Cortes Especializadas ou se tal incumbência fica a cargo do princípio constitucional da segurança jurídica.

A noção de segurança jurídica na presente obra teve como referencial o marco teórico da Professora Marilda de Paula Silveira[16], para quem, aos particulares, é legítimo confiar que suas decisões sejam tomadas "*em um*

mar Mendes, de 01 de agosto de 2012. Disponível em: http://portal.stf.jus.br/processos/detalhe.asp?incidente=4050271. Acesso em 12 jan. 2019.

[14] "*Art. 16. A lei que alterar o processo eleitoral entrará em vigor na data de sua publicação, não se aplicando à eleição que ocorra até um ano da data de sua vigência*".

[15] A propósito da faceta subjetiva do subprincípio da proteção à confiança, confira-se a lição de Judith Martins-Costa – *verbis*: "*A confiança dos cidadãos é constituinte do Estado de Direito, que é, fundamentalmente, estado de confiança. Seria mesmo impensável uma ordem jurídica na qual não se confie ou que não viabilize, por meio de seus órgãos estatais, o indispensável estado de confiança. A confiança é, pois, fator essencial à realização da justiça material, mister maior do Estado de Direito*". (MARTINS-COSTA, Judith. A Re-significação do Princípio da Segurança Jurídica na Relação entre o Estado e os Cidadãos. **Revista CEJ**, Brasília, DF, n. 27, p. 110-120, out./dez. 2004. p. 116).

[16] SILVEIRA, Marilda de Paula. **Segurança jurídica, regulação, ato**: mudança, transição e motivação. Belo Horizonte, Fórum: 2016. p. 45

cenário que permita conhecer o Direito aplicável ao caso ou, no mínimo, acessar as variáveis relevantes para qualquer tomada de decisão".[17]

Mas isso não impede que seja possível encontrar estabilidade na mudança[18], em especial de jurisprudência, o que é natural no âmbito eleitoral, sobretudo pela conhecida rotatividade dos componentes das Cortes.

Em assim sendo, naquela ocasião, se reputou necessário de investigar a função dos precedentes judiciais no sistema jurídico brasileiro, máxime em razão da edição do Novo Código de Processo Civil (2015) que trouxe o dever dos Tribunais de uniformizar e de manter a estabilidade, a coerência e a integridade da jurisprudência e o dever de observar os precedentes elencados no artigo 927.[19]

Por outro lado, agora já sob o prisma filosófico, consoante lição de Georges Abboud a respeito do pós-positivismo jurídico, o Direito é entendido como fruto de várias fontes[20], tais como a Constituição, os direitos humanos e fundamentais, as súmulas vinculantes, os princípios jurídicos, os precedentes e a jurisprudência carregada de efeito *erga omnes.*

[17] Silveira, Marilda de Paula. op. cit., p. 45.

[18] "*Isso não significa que o princípio da segurança jurídica pressupõe a certeza prévia e absoluta a respeito do conteúdo das normas jurídicas. Menos ainda pretende estagnar o ordenamento jurídico por uma pretensão de imutabilidade contrária ao próprio fundamento do Estado democrático de Direito. Sua garantia, por vezes, está relacionada à extensão da mudança, mas, em grande medida diz respeito à sua forma de implementação*". (Silveira, Marilda de Paula. op. cit., p. 45).

[19] "*Art. 927. Os juízes e os tribunais observarão: I – as decisões do Supremo Tribunal Federal em controle concentrado de constitucionalidade; II – os enunciados de súmula vinculante; III – os acórdãos em incidente de assunção de competência ou de resolução de demandas repetitivas e em julgamento de recursos extraordinário e especial repetitivos; IV – os enunciados das súmulas do Supremo Tribunal Federal em matéria constitucional e do Superior Tribunal de Justiça em matéria infraconstitucional; V – a orientação do plenário ou do órgão especial aos quais estiverem vinculados*".

[20] Por todos, a lição de Georges Abboud, Henrique G. Carnio e Rafael Tomaz de Oliveira: "(...) *diversos outros institutos podem ser considerados fonte do direito, tal como as súmulas vinculantes, medidas provisórias e precedentes judiciais, porque a distinção entre imediata e mediata não faz mais sentido, haja vista que a própria jurisprudência tem sido cada vez mais dotada de efeito vinculante com o intuito de assegurar efetividade e, ainda, porque o fato de alçar a doutrina como fonte mediata porque ela não teria normatividade faz transparecer que ela deveria ser considerada fonte de menor prestígio, o que é inaceitável*". (Abboud, Georges; Carnio, Henrique Garbellini; Olivera, Rafael Tomaz de. **Introdução à teoria e à filosofia do direito.** São Paulo: Revista dos Tribunais, 2013, p. 277-8).

Com a superação do método da(o) subsunção/silogismo e do ideário de positivismo, decorrência dessa nova mentalidade, a legalidade perde espaço para a juridicidade,[21] fazendo com que haja uma releitura das fontes do direito, nelas se inserindo, no catálogo das primárias, os precedentes.[22]

Como o propósito era bem balizar o regime jurídico de transição de uma orientação jurisprudencial para uma nova que se formou, foi necessário passear, também e sobretudo, pelo conceito chave "processo eleitoral", para, a partir dele, delimitar-se o ponto-limite e crítico de tolerabilidade de altercação de sentidos e entendimentos, sem que isso prejudique a previsibilidade dos interessados na disputa eleitoral que se avizinha a cada ciclo.

Vale anotar que, até a publicação deste livro, os poucos acadêmicos que se debruçaram sobre o tema, em artigos científicos ou mesmo em teses, não responderam à pergunta central do presente trabalho, isto é,

[21] *"(...) por 'lei', pode-se entender o conjunto do ordenamento jurídico (em sentido material), cujo fundamento de validade formal e material encontra-se precisamente na própria Constituição. (...) O princípio da legalidade, dessa forma, converte-se em princípio da constitucionalidade (Canotilho), subordinando toda atividade estatal e privada à força normativa da Constituição"*. (Mendes, Gilmar Ferreira; Valle, André Rufino do. Comentários ao art. 5º, II. *In*: Canotilho, José Joaquim Gomes; Mendes, Gilmar Ferreira; Sarlet, Ingo Wolfang; Streck, Lenio Luiz (coord.). **Comentários à Constituição do Brasil**. São Paulo: Saraiva: Almedina, 2013, p. 245). Nesse mesmo sentido: "*A exigência da* juridicidade material *tanto é válida para a Administração como para os tribunais, para o Governo e para o legislador*". (ABBOUD, Georges. Comentários ao art. 8º. *In*: Bueno, Cassio Scarpinella (coord.). **Comentários ao Código de Processo Civil**. São Paulo: Saraiva, 2017. v. 1. p. 136).

[22] Diniz, Maria Helena. **Compêndio de Introdução à Ciência do Direito.** 18.ed. São Paulo: Saraiva, 2006, p. 299, para quem: "*A jurisprudência resulta no direito estabelecido pelas decisões uniformes dos juízes e tribunais. Está, portanto, como já dissemos, constituída por normas gerais e obrigatórias criadas pela prática consuetudinária do Poder Judiciário, consubstanciando normas individuais, pois forma-se no meio de casos concretos. É norma geral como a lei, mas dela se distingue pela sua maior flexibilidade e maleabilidade e é obrigatória e válida não pelo seu caráter geral, mas por sua normatividade. Logo, a jurisprudência atua como norma aplicável a todos os casos que caírem sob sua égide, enquanto não houver nova lei ou modificação na orientação jurisprudencial, já que é suscetível de revisão, por não se excluir a possibilidade de se alterar o entendimento da maioria, embora isso ocorra, excepcionalmente, por motivos graves. É fonte não só porque influi na produção de normas jurídicas individuais (sentenças, p. ex.), mas também porque participa no fenômeno de produção do direito normativo, desempenhando relevante papel, apesar de sua maleabilidade*".

não investigaram se o artigo 16 da CF/88, recorrentemente citado pela Corte Superior Eleitoral, é o verdadeiro fundamento para a modulação de efeitos nas ditas viragens jurisprudenciais ou, então, se outra é o fundamento.

Ademais, como toda (ou quase toda) regra jurídica contempla exceção(ões), o presente trabalha com a premissa de ser possível a viragem jurisprudencial "*in bonam partem*", isto é, quando a evolução do entendimento pretoriano importar maximização do direito à elegibilidade, tido como valor central do sistema de inelegibilidades.

O livro é dividido em 5 (cinco) capítulos, a começar pelo Capítulo 1, no qual se buscou delimitar o estado da arte atual da interpretação jurídica (papel do intérprete) e de como a evolução da hermenêutica remodelou a teoria das fontes do direito.

Dessa forma, fez-se uma retrospectiva do pensamento jurídico, abordando-se, inicialmente, o positivismo e o método da(o) subsunção/silogismo. Posteriormente, com esteio em Georges Abboud[23] e Lênio Luiz Streck[24], foi abordado o giro linguístico-hermenêutico da filosofia e sua relação com as ciências jurídicas (pós-positivismo).

O Capítulo 2 cuida da segurança jurídica, e especial da legítima expectativa em matéria eleitoral, isto tudo a partir da nova teoria das fontes do direito. Portanto, fez-se uma análise geral da segurança jurídica e Direito; uma leitura global do tema na Constituição Federal de 1988 e, por fim; a análise da anterioridade eleitoral, com especial enfoque no artigo 16 da Constituição Federal.

O Capítulo 3 enfrenta o papel do Tribunal Superior Eleitoral, enquanto intérprete e guardião final da legislação eleitoral, no atual desenho institucional brasileiro, em especial o seu papel de Corte de Vértice (Ápice), com enfoque no novo sistema brasileiro de precedentes.

No Capítulo 4 será explorado o conceito de processo eleitoral, ocasião em que foram aplicadas as formulações teóricas exploradas nos capítulos

[23] ABBOUD, Georges. **Processo constitucional brasileiro**. São Paulo: Revista dos Tribunais, 2016.

[24] STRECK, Lenio Luiz. **O que é isto**: decido conforme minha consciência? 2. ed. Porto Alegre: Livraria do Advogado, 2010.

anteriores, sugerindo-se novas perspectivas frente ao que a jurisprudência, em especial do Supremo Tribunal Federal, vinha sugerindo.

Por fim, o Capítulo 5 buscou responder à indagação subsidiária atinente à possibilidade de viragem jurisprudencial sem modulação de efeitos, como é o caso, por exemplo, da evolução "*in bonam partem*", hipótese na qual se faz mister explorar os valores subjacentes ao microssistema eleitoral, de modo a se analisar quais deles se prepondera em uma situação de ponderação.

No aspecto formal, esse capítulo final analisa, ainda, a (des)necessidade de modulação em caso de prévia sinalização da Corte a propósito da revisitação do tema, sem olvidar dos casos de manifesta perda de autoridade do precedente em razão de seu inequívoco desgaste.

O intuito da obra é indicar propostas e sugerir soluções para a construção de um marco seguro para concretização da segurança jurídica nas relações entre a Justiça Eleitoral e os *players* eleitorais (coligações, partidos e candidatos), tudo de forma a lançar bases para a continuidade dos estudos sobre o tema.

1.
O Precedente como fonte primária do Direto Eleitoral

A busca por cada vez mais segurança jurídica não é nova e não é exclusiva do ordenamento brasileiro. Todos os sistemas jurídicos[25], em maior ou menor medida, buscaram, e ainda buscam, conferir maior previsibilidade e estabilidade ao Direito.

A novidade, pelo menos em *terrae brasilis*, é a exigência de segurança jurídica[26] nas abruptas alterações jurisprudenciais, o que pressupõe um novo olhar sobre os precedentes enquanto fontes do Direito.[27]

Para melhor compreender essa nova postura, é preciso entender, em primeiro lugar, o método da(o) subsunção[28]/silogismo próprios do

[25] É o que relata o ex-*Justice* Benjamin Cardozo, membro da Suprema Corte norte-americana: "*Em meus primeiros anos como juiz, era tamanha minha perturbação de espírito que eu não conseguia perceber que não havia rastros ou vestígios no oceano em que me lançara. Eu buscava a certeza*". (Cardozo, Benjamin N. **A natureza do processo judicial**. Tradução de Silvana Vieira. São Paulo: Martins Fontes, 2004. p. 123).

[26] Mitidiero, Daniel. **Cortes Superiores e Cortes Supremas**: do controle à interpretação, da jurisprudência ao precedente. 3. ed. São Paulo: Revista dos Tribunais, 2017. p. 17: "*a segurança jurídica impõe imediatamente a imprescindibilidade de o direito ser cognoscível, estável, confiável e efetivo, mediante a formação e o respeito aos precedentes como meio geral para obtenção da tutela dos direitos. O foco direto aí é a ordem jurídica e a sociedade civil como um todo*".

[27] Streck, Lenio Luiz. **Precedentes judiciais e hermenêutica**: o sentido da vinculação no CPC/2015. Salvador: Juspodivm, 2018. O livro, como reconhecido pelo próprio autor (p. 9), "*trata de uma questão urgente para o direito brasileiro: a suposta criação de um 'sistema brasileiro de precedentes', ou 'sistema de criação de teses judiciais', chegando a se falar até de* stare decisis *como coroamento de um* Common Law *à brasileira*".

[28] De acordo com os levantamentos de Macêdo, Lucas Buril de. **Precedentes judiciais e o direito processual civil**. Salvador: Juspodivm, 2015. p. 43 ao estudar a história do *civil law*, berço do positivismo legalista, neste sistema partia-se do pressuposto de que "*os juristas*

positivismo jurídico, e de como esse modelo de pensamento jurídico ignorava[29], dadas as suas premissas[30] (dentre elas, a que se destaca é o "livre convencimento"[31]), o papel do Judiciário (e em especial das Cortes Supremas) na aplicação do direito e sua inexorável influência na sua criação e no seu redesenho.

Além disso, e ainda no contexto da antiga dogmática, é forçoso analisar de que forma a incompletude do ordenamento jurídico era tratada e de como esse tratamento exigiu uma nova postura interpretativa, sobremodo com a utilização de conceitos jurídicos indeterminados.[32]

devem raciocinar de forma dedutiva, e é defendido por muitos que a lógica subsuntiva é a forma de raciocínio adequada e suficiente para a aplicação da norma: caberia tão só elevar os fatos às normas, trabalhar os seus conceitos e classificações, chegando à conclusão dada pelo sistema".

[29] MACCORMICK, Neil. **Argumentação jurídica e Teoria do Direito**. Tradução de Waldéa Barcellos. 2. ed. São Paulo: Martins Fontes, 2009. p. XV (preâmbulo de 1994): "(...) *a argumentação a partir de normas somente pode nos levar até certo ponto; e é inerente à própria natureza do direito que as normas com freqüência fiquem aquém de sua própria virtude essencial, revelando-se vagas para um determinado contexto prático*".

[30] MARINONI, Luiz Guilherme. O precedente na dimensão da segurança jurídica. *In*: MARINONI, Luiz Guilherme (coord.). **A força dos precedentes**: estudos dos cursos de Mestrado e Doutorado em Direito Processual Civil da UFPR. Salvador: Juspodivm, 2010. p. 214: "*Sublinhe-se que o* common law, *que certamente confere maior segurança jurídica do que o* civil law, *não relaciona a previsibilidade com o conhecimento das leis, mas sim com a previsibilidade das decisões do Poder Judiciário. O advogado de* common law *tem possibilidade de aconselhar o jurisdicionado porque pode se valer dos precedentes, ao contrário daquele que atua no* civil law, *que é obrigado a advertir o seu cliente que determinada lei pode – conforme o juiz sorteado para analisar o caso – ser interpretada em seu favor ou não. A lógica desta tradição não apenas é inversa, e assim faz surgir a nítida impressão de que o direito do* civil law não é tão certo quanto o direito do common law, *como milita e se volta contra o próprio sistema, na medida em que estimula a propositura de ações, o aumento da litigiosidade, o acúmulo de trabalho e o aprofundamento da lentidão do Poder Judiciário*".

[31] Como já advertido, grande parte dos pensadores ainda se calcam na ideia de autonomia irrestrita do magistrado no caso concreto. Por todos, CANOTILHO, J. J. Gomes. **Direito Constitucional e Teoria da Constituição**. 7. ed. Coimbra: Almedina, 2003. p. 265. Daí a crítica de Lenio Luiz Streck [*In* **O que é isto**: decido conforme minha consciência? 2. ed. Porto Alegre: Livraria do Advogado, 2010. p. 19]: "*O que é importante ressaltar aqui é que o problema da verdade – e, portanto, da manifestação da verdade no próprio ato judicante – não pode se reduzir a um exercício de vontade do intérprete (julgar conforme sua consciência)*, como se a realidade fosse reduzida à sua representação subjetiva".

[32] "*Conceitos indeterminados acabam por implicar que o futuro também possa ser regulado pela norma. Em muitos casos, o conteúdo do conceito está para ser construído e a norma contém balizar*

Posteriormente, importa delinear os traços do novo modelo de pensamento jurídico decorrente do pós-positivismo, embalado pelo giro linguístico-hermenêutico da filosofia, para assim entender a reposição das fontes primárias do direito[33], com especial enfoque aos precedentes[34] (jurisprudência), dado o papel de destaque do aplicador do direito, agora devidamente reconhecido[35].

Com isso, é forçoso averiguar em que medida o sistema brasileiro, notoriamente de origem continental (*civil law*), se aproxima do modelo anglo-americano de direito (*common law*), com enfoque especial no *stare decisis*[36] e no papel das Cortes de Ápice.

1.1. O positivismo jurídico

Atualmente é possível dizer, sem parecer exagero, que é "*completamente absurdo supor que a decisão judicial que se vale da lei pode variar livremente de sentido sem gerar insegurança*"[37-38]. Mas nem sempre foi assim.

para absorver *parte da realidade que ainda não existe no presente*". (ALVIM, Teresa Arruda; DANTAS, Bruno. **Recurso Especial, Recurso Extraordinário e a nova função dos Tribunais Superiores**. 5. ed. rev. e atual. São Paulo: Revista dos Tribunais, 2018. p. 209)

33 DINIZ, Maria Helena. op. cit., p. 285: "*As fontes formais são os modos de manifestação do direito mediante os quais o jurista conhece e descreve o fenômeno jurídico. Logo, quem quiser conhecer o direito deverá buscar a informação desejada nas suas fontes formais, ou seja, na lei, nos arquivos de jurisprudência, nos tratados doutrinários. O órgão aplicador, por sua vez, também recorre a elas, invocando-as como justificação da sua norma individual*".

34 MARINONI, Luiz Guilherme. op. cit., p. 214: "*Ora, se a previsibilidade não depende da norma em que a ação se funda, mas da sua interpretação judicial, é evidente que a segurança jurídica está ligada à decisão judicial e não à norma jurídica em abstrato*".

35 MARINONI, Luiz Guilherme. **A Ética dos Precedentes**: justificativa do Novo CPC. 2. ed. rev. e atual. São Paulo: Revista dos Tribunais, 2016. p. 93: "*O juiz colabora com o legislador para a frutificação do direito; não é mais seu servo, como coerentemente teria que admitir o adepto da ideia de que o juiz é submetido apenas à lei*".

36 Sobre a origem do termo *stare decisis*, confira-se: "*This obligation of a court to follow its own previous decisions is typically known as* stare decisis – *Latin for 'stand by the thing decided' – and it is a distinct form of constraint by precedent*" (SCHAUER, Frederick. **Thinking like a lawyer**: a new introduction to legal reasoning. Cambridge: Harvard University Press, 2012. p. 37).

37 MARINONI, Luiz Guilherme. *O precedente na dimensão da segurança jurídica*. *In*: MARINONI, Luiz Guilherme (coord.). **A força dos precedentes**: estudos dos cursos de Mestrado e Doutorado em Direito Processual Civil da UFPR. Salvador: Juspodivm, 2010. p. 217.

As teorias positivistas, em maior ou menor escala, tiveram como pressuposto essencial neutralizar o Judiciário de questões políticas.[39] A "*neutralização política do Judiciário*", sustenta Tércio Sampaio Ferraz Jr., "*foi uma das peças mais importantes para o aparecimento de uma nova forma de saber jurídico: a ciência do direito – positivo – no século XIX*".[40]

Para o intento dar certo, a produção do direito foi canalizada para o Parlamento, resultando justamente daí o lugar privilegiado das leis enquanto fontes primárias do direito.[41] Só que isso quebraria toda a lógica jurídica vigente.

Alçada como fonte principal do direito, a lei – assim entendida a deliberação parlamentar – inverteu a concepção de direito enquanto algo relativamente estável, a despeito das mudanças ocorridas no mundo. Em seu lugar, assume a ideia de mutabilidade: tudo poderia ser alterado se o *status quo* não mais agradasse as forças políticas de cada dado momento.[42]

Daí o porquê de Tércio Sampaio Ferraz Jr. asseverar que a "*institucionalização cultural da mutabilidade do direito corresponderá ao chamado fenômeno da positivação do direito*".[43]

[38] Streck, Lenio Luiz. **O que é isto**: decido conforme minha consciência? 2. ed. Porto Alegre: Livraria do Advogado, 2010. p. 65: "É também na intepretação como 'ato de vontade' que faz morada a discricionariedade positivista".

[39] Ferraz Junior, Tércio Sampaio. **O direito, entre o futuro e o passado**. São Paulo: Noeses, 2014. p. 3: "*A teoria clássica da divisão dos poderes, construída com um claro acento anti-hierarquizante em face da concepção personalista anterior, iria garantir de certa forma uma progressiva separação entre política e direito, regulando a legitimidade da influência da política na administração, que se torna totalmente aceitável no Poder Legislativo, parcialmente, no Poder Executivo, fortemente neutralizada no Poder Judiciário, tudo dentro dos quadros ideológicos do Estado de Direito*".

[40] Idem.

[41] Ferraz Junior, Tércio Sampaio. op. cit., p. 3-4.

[42] Idem, p. 4: "*A concepção da lei como principal fonte do direito chamaria a atenção para a possibilidade de o direito mudar toda vez que mudasse a legislação positiva. Destarte, em comparação com o passado, o direito deixava de ser um ponto de vista em nome do qual as mudanças e as transformações eram aceitas ou rechaçadas. Em todos os tempos, o direito sempre fora percebido como algo estável em face das mudanças do mundo, fosse o fundamento dessa estabilidade a tradição, como para os romanos, a revelação divina, na Idade Média, ou a razão na Era Moderna. Para a consciência social do século XIX, a mutabilidade do direito passa a ser a percepção usual: a ideia de que, em princípio, todo direito muda torna-se regra, e que algum direito não muda, a exceção*".

[43] Idem.

Nesse contexto, o Poder Judiciário era reduzido a mero replicador da lei, com reduzida capacidade institucional tocante à produção do direito. A Constituição francesa de 1791, em seu artigo 3º, cap. V, *verbi gratia*, dispunha: "*Os tribunais não podem se imiscuir no exercício do poder legislativo, nem suspender a execução das leis*".[44]

Sucintamente, pode se dizer que o positivismo é uma postura científica que se consolida no século XIX. Mais especificamente quanto ao Direito, Lenio Streck, em rápida passagem, sintetiza a sua expansão no domínio europeu:

> No âmbito do direito, essa mensurabilidade positivista será encontrada num primeiro momento no produto do parlamento, ou seja, nas leis, mais especificamente, num determinado tipo de lei: os Códigos. É preciso destacar que esse legalismo apresenta notas distintas, na medida em que se olha esse fenômeno numa determinada tradição jurídica (como exemplo, podemos nos referir: ao positivismo inglês, de cunho utilitarista; ao positivismo francês, onde predomina um exegetismo da legislação; e ao alemão, no interior do qual é possível perceber o florescimento do chamado formalismo conceitual que se encontra na raiz da chamada jurisprudência dos conceitos). No que tange às experiências francesas e alemãs, isso pode ser debitado à forte influência que o direito romano exerceu na formação de seus respectivos direito privado. Não em virtude do que comumente se pensa – de que os romanos "criaram as leis escritas" –, mas sim, em virtude do modo como o direito romano era estudado e ensinado. Isso que se chama de exegetismo tem sua origem aí: havia um texto específico em torno do qual giravam os mais sofisticados estudos sobre o direito. Este texto era – no período pré-codificação – o *Corpus Juris Civilis*. A codificação efetua a seguinte "marcha": antes dos códigos, havia uma espécie de função complementar atribuída ao Direito Romano. A ideia era simples, aquilo que não poderia ser resolvido pelo Direito Comum, seria resolvido segundo critérios oriundos da autoridade dos estudos sobre o Direito Romano – dos comentadores ou glosadores. O movimento codificador incorpora, de alguma forma, todas as discus-

[44] Ferraz Junior, Tércio Sampaio. op. cit., p. 3.

sões romanísticas e acaba "criando" um novo dado: os Códigos Civil (França, 1804, e Alemanha, 1900).[45]

Esse período é chamado de *positivismo exegético* (ou *primevo*)[46] ou *positivismo legalista*[47]. Buscava-se eliminar todo o direito antecedente. Criou-se uma verdadeira aversão ao historicismo, na perspectiva de que os códigos seriam início, meio e fim da análise e interpretação de dada matéria[48], numa perspectiva verdadeiramente "negacionista" de toda a tradição jurídica.

Mas já nesse momento se percebeu que as disposições dos Códigos não seriam capazes de cobrir a realidade como um todo.[49] Sua denominação se deve justamente à forma como seus idealizadores chegaram para dar cobro ao problema da interpretação em casos não contemplados pelo sistema analítico e descritivo de regras codificadas[50].

A ideia era basicamente a análise sintática proposta por Rudolf Carnap.[51] Segundo Lenio Streck, "*a simples determinação rigorosa da conexão lógica dos signos que compõem a 'obra sagrada' (Código) seria o suficiente para resolver o problema da interpretação do direito*".[52] Informa ainda o autor que

[45] Streck, Lenio Luiz. **O que é isto**: decido conforme minha consciência? 2. ed. Porto Alegre: Livraria do Advogado, 2010. p. 84.

[46] Streck, Lenio Luiz. **O que é isto**: decido conforme minha consciência? 2. ed. Porto Alegre: Livraria do Advogado, 2010. p. 85.

[47] Neves, Antonio Castanheira. **Metodologia jurídica: problemas fundamentais.** Coimbra: Coimbra Editora, 1993.

[48] Macêdo, Lucas Buril de. **Precedentes judiciais e o direito processual civil**. Salvador: Juspodivm, 2015. p. 36.

[49] Segundo Lucas Buril de Macêdo [op. cit., p. 37], a aversão se estendia aos próprios juristas, a ponto de tentarem torna-los desnecessários, o que, segundo avalia, seria "*uma grande utopia*".

[50] Macêdo, Lucas Buril de. op. cit., p. 37: "*Os códigos buscam a completude, ou seja, partem da retórica de que todas as soluções já estavam neles contidas, o que não diária espaço nenhum para a criação judicial do direito: assim, o legislador faria o direito no âmbito político e o judiciário simplesmente aplicaria-o tecnicamente*".

[51] Streck, Lenio Luiz. **O que é isto**: decido conforme minha consciência? 2. ed. Porto Alegre: Livraria do Advogado, 2010. p. 85.

[52] Streck, Lenio Luiz. **O que é isto**: decido conforme minha consciência? 2. ed. Porto Alegre: Livraria do Advogado, 2010. p. 85.

a analogia e os princípios gerais do direito seriam utilizados apenas e tão somente em contextos extremamente excepcionais.

Os exegetas, membros da Escola do Positivismo Exegético, foram ameaçados no começo do século XX, intensificando-se tal ameaça nas décadas de 30 e 40, com o crescimento do poder regulatório do Estado que redundou na insuficiência do rigorismo do método vigente. Assim, ganhavam espaço a Jurisprudência dos Interesses e a Escola do Direito Livre, "*que favoreciam, sobremedida, o aparecimento de argumentos psicológicos, políticos e ideológicos na interpretação do direito*".[53]

É nesse contexto que surge Hans Kelsen, no período que então ficou conhecido como do *positivismo normativista.* Sua missão foi a de "*reforçar o método analítico proposto pelos conceitualistas de modo a responder ao crescente desfalecimento do rigor jurídico*"[54] defendido pelas já referidas Jurisprudências dos Interesses e Escola do Direito Livre. E como fez isso? Kelsen chegou à constatação de que o problema do direito era muito mais semântico do que sintático. Daí a ênfase de Hans Kelsen na semântica.

Kelsen compreende a abertura semântica das regras jurídicas como aptas a produzir, tomando como ponto de partida uma mesma disposição, múltiplas normas, as quais situam-se no interior do que o autor chama de "*moldura da norma*", isto é, o conjunto dos sentidos possíveis de uma norma jurídica.[55]

Assim, à ciência do Direito cumpriria, na visão *kelseniana*, traçar essa moldura, não lhe cabendo optar por esse ou aquele sentido, o que escapa à seara científica jurídica e mergulha nos confins da política. A essa interpretação, Kelsen dá o nome de interpretação não-autêntica, ou não-vinculante, e que acabará se tornando, como se verá, o seu próprio calcanhar de Aquiles.[56]

[53] Streck, Lenio Luiz. **O que é isto**: decido conforme minha consciência? 2. ed. Porto Alegre: Livraria do Advogado, 2010, p. 86.

[54] Idem.

[55] Cattoni de Oliveira, Marcelo Andrade. **Direito Processual Constitucional.** Belo Horizonte: Mandamentos, 2001. p. 40.

[56] Streck, Lenio Luiz. **Precedentes judiciais e hermenêutica**: o sentido da vinculação no CPC/2015. Salvador: Juspodivm, 2018. p. 106: "(...) *a sentença-decisão é um ato de vontade. Como sabemos, em Kelsen essa é a parte ruim. Essa é a parte em que Kelsen é um realista do Direito: o direito, ao fim e ao cabo, é o que o juiz-tribunal diz que é, porque a decisão é Direito*".

Anos mais tarde se perceberia que isso tudo causaria uma profunda reviravolta na concepção do direito, o qual deixaria de ser uma prudência prática para uma técnica *poiética*. Isto é, o direito deixaria de ser sabedoria, experiências imemoriais para se tornar uma técnica de experimentação: "*domínio do futuro mediante manipulação da experiência como um dado disponível*".[57]

E em assim sendo, o direito passa a exigir uma nova técnica[58]; um *know-how*; um saber-fazer, para que o resultado político do positivismo fosse obtido.[59] No centro desse novo saber estava a lei:

> No sentido sociológico, positivação é, portanto, um fenômeno que no século XIX será representado pela crescente importância da lei votada pelos parlamentos como fonte do direito, em detrimento do costume, da norma costumeira, mas, também, pela sua decrescente importância como bem durável. É que o *ancien régime* caracterizara-se pelo enfraquecimento da Justiça, cuja dependência política projetava-se no arbítrio das decisões. A crítica elaborada pelos pensadores iluministas e a necessidade de segurança da sociedade burguesa passaram, então, a exigir a valorização dos preceitos legais no julgamento dos fatos. Daí se originou um respeito quase mítico pela lei, base, então, para o desenvolvimento da poderosa École *de l'Exegése*, de grande influência nos países em que dominou o espírito napoleônico. A redução do jurídico ao legal foi crescendo durante o século XIX, até culminar no chamado legalismo.[60]

Nesse contexto, as teorias positivistas do direito estabeleceram uma premissa: "*o direito, a partir de então, deveria ser visto como um objeto que seria analisado segundo critérios de uma lógica formal rígida*".[61] Operou-se, por-

[57] FERRAZ JUNIOR, Tércio Sampaio. op. cit., p. 5.

[58] STRECK, Lenio Luiz. **O que é isto**: decido conforme minha consciência? 2. ed. Porto Alegre: Livraria do Advogado, 2010. p. 63: "*Por certo, a pretensão das teorias positivistas era oferecer à comunidade jurídica um objeto e um método seguro para produção do conhecimento científico no direito*".

[59] FERRAZ JUNIOR, Tércio Sampaio. op. cit., p. 5.

[60] FERRAZ JUNIOR, Tércio Sampaio. op. cit., p. 6.

[61] STRECK, Lenio Luiz. **O que é isto**: decido conforme minha consciência? 2. ed. Porto Alegre: Livraria do Advogado, 2010. p. 63.

tanto, uma cisão entre *validade* e *legitimidade* do direito, sendo que a primeira seria resolvida por intermédio de uma "*análise lógico-semântica dos enunciados jurídicos*"[62], ficando a segunda – que no fundo envolve uma problemática moral – relegada para o campo da teoria política.

Assim, "*o positivismo atinge seu desiderato – repito, nas suas mais diversas manifestações – quando consegue descolar a enunciação da lei do mundo concreto, ou seja, quando transforma a lei em uma razão autônoma*".[63-64] Daí a razão de Tércio Sampaio Ferraz Júnior asseverar que o "*direito, com a Revolução Francesa, torna-se, pois, uma criação* ab ovo".[65]

Essa questão teve em Hans Kelsen o seu corifeu, para quem a vinculação do direito à moral se revelava problemática, dada a impossibilidade de sustentar uma moral absoluta[66]. Logo, como havia várias percepções morais, seria impossível elencar um conceito que servisse como parâmetro seguro da determinação dos conteúdos morais das regras jurídicas.

Para Lenio Streck, "*Kelsen estava convicto de que não era possível fazer ciência sobre uma casuística razão prática*".[67] Só importava ao positivismo, portanto, aspectos formais da ciência do direito, o que acabou por se tornar, como já adiantado anteriormente, o seu calcanhar de Aquiles[68].

[62] Streck, Lenio Luiz. **O que é isto**: decido conforme minha consciência? 2. ed. Porto Alegre: Livraria do Advogado, 2010. p. 63.

[63] Idem, p. 63.

[64] Streck, Lenio Luiz. **O que é isto**: decido conforme minha consciência? 2. ed. Porto Alegre: Livraria do Advogado, 2010. p. 64: "*Essa racionalidade teórica (ou razão autônoma) possibilitou – e continua a possibilitar – "entender" o direito em sua "autônoma objetividade". Ou ainda em outras palavras, os fatos sociais, os conflitos, enfim, a facticidade, não faziam parte das "preocupações" da teoria do direito. Portanto, ironicamente, a pretensão estabilizadora – e cientificizante – do positivismo jurídico acabou por criar uma babel resultando da separação produzida entre questões teóricas e questões práticas, entre validade e legitimidade, entre teoria do direito e teoria política*".

[65] Ferraz Junior, Tércio Sampaio. op. cit., p. 5.

[66] Kelsen, Hans. **Teoria Pura do Direito**. 7. ed. São Paulo: Martins Fontes, 2006. p. 74: "*O que é importante, porém – o que tem de ser sempre acentuado e nunca o será suficientemente – é a ideia de que não há uma única Moral, 'a' Moral, mas vários sistemas de Moral profundamente diferentes entre os outros e muitas vezes antagônicos*".

[67] Streck, Lenio Luiz. **O que é isto**: decido conforme minha consciência? 2. ed. Porto Alegre: Livraria do Advogado, 2010. p. 64.

[68] Streck, Lenio Luiz. op. cit, p. 65: "(...) *há um ponto que marca definitivamente o equívoco cometido por todo o positivismo* ao apostar em certo arbítrio *(eufemisticamente epitetado como*

É que, ao assim proceder, as teorias positivistas colocaram em segundo plano o papel da interpretação/aplicação do direito, relegando aos magistrados, nas chamadas zonas de penumbra[69] ou nas lacunas legais[70], a discricionariedade[71] – a razão maior da insegurança jurídica[72].

Como já se demonstrou, nenhum sistema de normas consegue abarcar todas as hipóteses fáticas.[73] E isso é natural. Todavia, a forma como os

'discricionariedade') do julgador no momento de determinar sua decisão: sendo o ato jurisdicional um ato de vontade, *ele representa uma* manifestação da razão prática, *ficando fora das possibilidades do conhecimento teórico. Isso ainda não foi devidamente entendido pela(s) teoria(s) do direito. Não é fácil, pois, derrotar o positivismo...*".

69 A esse propósito, Lenio Streck [*In* **O que é isto**: decido conforme minha consciência? 2. ed. Porto Alegre: Livraria do Advogado, 2010. p. 68] registra: "*Até mesmo um positivista considerado moderado como Hart – este epíteto lhe foi dado por Dworkin –, ao tratar da textura aberta, procura resolver os casos difíceis (hard cases) através da interpretação das zonas de penumbra (textura aberta) da norma. Também ali não há lugar para os princípios (volta-se sempre para a contraposição 'discursos de fundamentação-discursos de aplicação'). Abre-se, assim, a possibilidade da discricionariedade do intérprete. Afinal, se a tese hartiana da zona da penumbra (vagueza e ambiguidade da norma) é atrativa, também é verdade que ela não se resolverá na aplicação, mas, sim, no campo da conceitualização. Só que isso deixa a interpretação do direito insulado na velha razão teórica*".

70 Ao criticar o positivismo, Lenio Streck expõe em continuação [op. cit., p. 68-69]: "(...) *diante das insuficiências/limitações das regras, diante dos 'casos difíceis' e face à pluralidade de regras ou sentidos da(s) regra(as), o positivismo permite que o juiz faça a 'melhor escolha'. O direito é, assim, apenas a moldura na qual serão subsumidos os 'fatos' (como se fosse possível separar fato e direito)*".

71 "*Kelsen já havia superado o positivismo exegético, mas abandonou o principal problema do direito: a interpretação concreta, no nível da 'aplicação'. E nisso reside a 'maldição' de sua tese. Não foi bem entendido, quando ainda hoje se pensa que, para ele, o juiz deve fazer uma interpretação 'pura da lei'*". (Streck, Lenio Luiz. **O que é isto**: decido conforme minha consciência? 2. ed. Porto Alegre: Livraria do Advogado, 2010. p. 87)

72 Maus, Ingeborg. Judiciário como superego da sociedade: o papel da atividade jurisprudencial na "sociedade órfã". **Revista Novos Estudos CEBRAP**, São Paulo, n. 58, p. 183-202, nov. 2000. p. 189-190: "*Toda menção a um dos princípios 'superiores' ao direito escrito leva – quando a Justiça os invoca – à suspensão das disposições normativas individuais e a se decidir o caso concreto de forma inusitada. Assim, enriquecido por pontos de vista morais, o âmbito das 'proibições' legais pode ser arbitrariamente estendido ao campo extrajurídico das esferas de liberdade. Somente* a posteriori, *por ocasião de um processo legal, é que o cidadão experimenta o que lhe foi 'proibido', aprendendo a deduzir para o futuro o 'permitido' (extremamente incerto) a partir das decisões dos tribunais. Os espaços de liberdade anteriores dos indivíduos se transformam então em produtos de decisão judicial fixados caso a caso*".

73 "*A impossibilidade de previsão, nas leis escritas, das soluções dos casos ou dos problemas concretos deriva, na essencialidade de sua longa história, de que os atos humanos, as condutas das pessoas e as*

positivistas lidaram com a incompletude acabou por gerar uma contradição interna insuperável de sua própria teoria positivista: **o subjetivismo do intérprete se sobrepõe à objetividade do sistema normativo.**[74]

A título ilustrativo, e já contextualizando um período não tão distante do que ora vivenciado, cabe mencionar a inconstitucionalidade declarada pelo Tribunal Superior Eleitoral ao instituto processual dos prejulgados, previsto no artigo 263 do Código Eleitoral.

Diz o Código Eleitoral: "*Art. 263. No julgamento de um mesmo pleito eleitoral, as decisões anteriores sôbre questões de direito constituem prejulgados para os demais casos, salvo se contra a tese votarem dois terços dos membros do Tribunal*".

Ao entender pela inconstitucionalidade do instituto processual em alusão, o Plenário do Tribunal Superior Eleitoral, no julgamento do Recurso nº 9.936/RJ, acompanhou à unanimidade o voto do Relator, Ministro Sepúlveda Pertence que, a propósito do tema, assim se manifestou – *verbis*:

> Senhor Presidente, refleti sobre o tema e acabei me convencendo da inconstitucionalidade. É óbvio que a hipótese é um pouco diversa da do prejulgado trabalhista que é significativamente mais rígido; primeiro porque, o trabalhista, se impunha diretamente aos órgãos inferiores da estrutura da Justiça do Trabalho, enquanto o prejulgado eleitoral tem eficácia restrita a cada Tribunal; no tempo, enquanto o prejulgado trabalhista é de duração indeterminada, o eleitoral só vige no mesmo período eleitoral em que assentado.
>
> Dois, porém, são os pontos em que me parece haver o choque com a Constituição.

surpresas de suas relações sociais são completamente rebeldes a tratamos apriorísticos ou generalistas, precisamente porque decorrem de manifestações subjetivas irrepetíveis e subjetivamente variáveis de uma para outra pessoa, ou seja, são sempre contextuais". (MAIA FILHO, Napoleão Nunes. **Princípios jurídicos e garantismo judicial**: atitude antipositivista e jurisdição includente. Fortaleza: Imprece, 2016. p. 198).

74 STRECK, Lenio Luiz. **O que é isto**: decido conforme minha consciência? 2. ed. Porto Alegre: Livraria do Advogado, 2010. p. 69: "*E esse saber operacional permanece calcado exatamente na 'hipótese positivista' ou 'fator discricionário': quando a razão teórica não consegue responder todas as perguntas – que, abstratamente, são feitas antes da aplicação, porque ainda cindem interpretação--aplicação –, delega-se o poder de 'colmatar o sistema', paradoxalmente, àquilo que o positivismo queria 'isolar', à razão prática, que, como sabemos, vem 'eivada' de subjetividade*".

O primeiro é idêntico ao do prejulgado trabalhista. Apesar das diferenças notadas, a menor extensão orgânica, a temporariedade e a maior flexibilidade – porque ainda neste período se permite a revisão por um guórum qualificado – o que é certo e que também o prejulgado trabalhista faz de um precedente jurisprudencial como norma vinculante da decisão do Tribunal. Logo, dá ao precedente judicial força de lei, o que viola o princípio de separação funcional aos poderes. O exemplo que estamos vivendo é manifesto: o Tribunal, em sua composição plenária, por maioria absoluta, se manifesta no sentido de conhecer de determinado recurso, mas a aplicação da regra do prejulgado levaria, não obstante, a proclamar que o recurso não fora conhecido. E a minuta teria de consignar: "não conhecido por maioria de voto." Aqui está à prova de que se sobrepõe, a independência jurídica dos juízes, que, nos colegiados, por maioria, compõem a decisão do Tribunal, se sobrepõe um precedente de jurisprudência.

Anoto mais, Senhor Presidente, que o Tribunal, de certo modo, já se antecipou à condenação do prejulgado. Nossa recente emenda regimental adota expressamente o mecanismo da súmula, e a idéia de súmula é incompatível com a idéia de prejulgado. A súmula é apenas – tivemos oportunidade de dizer, o eminente Ministro Carlos Velloso, Relator e eu, no voto – vista, na decisão da Ação Direta n9 594, que a súmula é uma forma de proclamação solene, um instrumento de relativa estabilidade da jurisprudência, que não pretende, jamais, impor ao Tribunal a proclamação de uma decisão contra a convicção de sua maioria. Apenas quer que esta mudança de jurisprudência seja consciente; este é o grande propósito da súmula, estabelecer um procedimento de mudança da jurisprudência, sem nenhum quorum qualificado. A grande revolução da súmula foi tentar pôr fim à jurisprudência lotérica, à decisão lotérica, às mudanças inconscientes do entendimento do Tribunal. Mas, uma vez posta conscientemente a questão, uma súmula não constitui nenhuma limitação à afirmação da independência jurídica e da convicção de cada juiz sobre a tese jurídica posta.

Ocorre-me, afinal, mais uma consideração. É tão violenta a força vinculante que o prejulgado pretende, que ele é maior do que a força obrigatória da lei. Veja V. Exa.: se nesta votação, tivermos quatro votos pela inconstitucionalidade de uma lei, podemos deixar de aplicá-la; mas teríamos que ter cinco votos para deixar de aplicar o critério de um precedente que, ao ver da maioria do Tribunal, não interpretou bem a lei.

De tal modo, Senhor Presidente, que meu voto incidentemente declara inconstitucional o art. 263 desde a Constituição de 46, sob a qual foi editado.[75]

Como se vê, parecia inconcebível aos Ministros, àquela época, a ideia de força normativa de seus próprios precedentes. Mesmo a pena afiada do sempre brilhante Sepúlveda Pertence, pelo menos quanto a este particular, não conseguiu compreender a importância de se extrair normatividade e, portanto, vinculação das decisões da Corte Superior Eleitoral – intérprete e guardiã final da legislação eleitoral.

De todo modo, se pode verificar que é o **livre convencimento** (decido conforme e somente conforme à minha própria consciência), próprio do positivismo então vigente, ainda que não explicitado na decisão, **o fundamento de relevo para se afastar a validade do instituto do prejulgado**, como pode se extrair do seguinte excerto do voto alhures transcrito: "*uma súmula não constitui nenhuma limitação à afirmação da independência jurídica e da convicção de cada juiz sobre a tese jurídica posta*".[76]

Nesse mesmo sentido voltou a decidir o Tribunal Superior Eleitoral em 21 de março de 1996, ou seja, 4 (quatro) anos depois, reafirmando-se o entendimento de que o prejulgado é incompatível com a Constituição Federal por "*estabelecer o efeito vinculante*".[77]

Daí porque o intérprete, nesse estágio normativo e levando-se em consideração a perspectiva do positivismo, sai da qualidade de escravo da lei – posição que originariamente lhe foi idealizada – para uma posição dominante e incontrolável no sistema jurídico, não havendo qualquer

[75] BRASIL. Tribunal Superior Eleitoral. **Recurso nº 9.936 – Classe 4ª – Nova Friburgo – RJ.** Recurso especial: regularidade da apresentação do partido político pelo Diretório Municipal na sua interposição [...]. Relatora: Min. Sepúlveda Pertence, acórdão de 14 de setembro de 1992. Disponível em: http://www.tse.jus.br/jurisprudencia/decisoes/jurisprudencia. Acesso em: 12 jan. 2019.

[76] Idem.

[77] BRASIL. Tribunal Superior Eleitoral. **Embargos de Declaração no Recurso Especial Eleitoral nº 12.682 – Goiás (Anápolis).** Embargos declaratórios. Omissão. Contradição. Exsurgindo do acórdão proferido qualquer dos vínculos suficientes a impulsionar os declaratórios – omissão, contradição e obscuridade – impõe-se-lhes o acolhimento [...]. Relator: Min. Marco Aurélio, acórdão de 21 de março de 1996. Disponível em: http://www.tse.jus.br/jurisprudencia/decisoes/jurisprudencia. Acesso em: 12 jan. 2019.

amarra ou mesmo constrangimento à sua decisão que não seja o seu convencimento sobre a interpretação da lei.

Isso teve um efeito deletério no sistema e foi piorando com a evolução da sociedade, quando as normas passaram a ter a textura mais aberta[78] como forma de dar cabo ao dinamismo do novo mundo.[79]

[78] É esse o caso de algumas das hipóteses (alíneas "g" e "l", para ser mais preciso) de inelegibilidade advindas com a Lei Complementar nº 135/2010, que transferem ao Juiz Eleitoral a possibilidade de significação de seus conteúdos vagos, causando insegurança jurídica.

[79] Por todos, FARIA, José Eduardo. **Sociologia jurídica:** direito e conjuntura. 2. ed. São Paulo: Saraiva, 2010. p. 45-6: "*Após os conhecidos processos de "publicização do direito privado" e subseqüente "administrativização do direito público" ocorridos no âmbito do Welfare State entre o final dos anos 40 e início dos anos 70, o que se tem a partir das décadas de 80 e 90 é um ordenamento jurídico à primeira vista cada vez mais fragmentado – ou seja, sem unidade lógica, sem coerência programática e sem rigor conceitual. Portanto, um ordenamento incapaz de abarcar as incertezas do sistema social, de conter e prover a solução de todos os problemas jurídicos, de filtrar, absorver e regular novos tipos de conflito, de assegurar calculabilidade e previsibilidade das condutas sociais e de dar conta da emergência de novas categorias de atores econômicos, sociais e políticos, que abalaram o monopólio que os Estados detinham, quer em relações locais, quer em relações internacionais.*

Na medida em que muitos desses problemas são equacionados por normatividades paralelas ou justapostas, pois uma parte significativa das atividades econômicas transnacionais fica fora do alcance dos tradicionais instrumentos de controle e gestão do Estado-nação, o ordenamento jurídico estatal tende a perder sua centralidade e, acima de tudo, sua exclusividade. Ainda que continue permanecendo como referência básica para os cidadãos comuns, na prática ele passa a sofrer a concorrência de outras orientações, identidades, determinações e formas de gestão. Com isso, deixa de ser o eixo de um sistema normativo único, com feições basicamente piramidais e assentado num conjunto hierarquizado de regras subordinantes (top-down control), para se tornar parte de um polissistema (multi-level system), com suas formas e categorias públicas, privadas e híbridas; ao mesmo tempo, deixa também de ser a fonte de legitimidade de uma ordem jurídica autocentrada nos estritos limites de um território (Canotilho, 1998 e 2006-b; Moreira, 2001; Sand, 2002 e 2004; Sassen, 2004; e Picciotto, 2007) e passa a abrir-se progressivamente a normas oriundas de organismos multilaterais, de centros regionais e de poderes locais, bem como de agentes de mercado que, valendo-se de seu poder econômico e financeiro, transformam faticidade em normatividade e disputam com o Estado o monopólio da produção do direito (Santos, 1996, 1999 e 2001).

A exemplo do próprio Estado-nação, que nesse cenário vai deixando de ser um ator exclusivo e privilegiado para se converter num marco a mais entre tantos outros nas negociações econômicas, políticas e sociais, e cujo poder real em muitos casos só lhe permite adequar-se a um quadro que em muito o transcende, esse ordenamento é constituído como mais um sistema normativo, entre vários outros igualmente válidos. Do ponto de vista de sua arquitetura interior, esse ordenamento se destaca por sua legislação basicamente "descodificada", formada pela multiplicação desenfreada de leis especiais sobre matérias cada vez mais técnicas e específicas nos planos cível, societário, falimentar, econômico,

A alteração na produção normativa, passando de um sistema estritamente codificado para um sistema de normas mais enxutas e com textura mais abertas[80], causa uma verdadeira revolução[81]; um verdadeiro *tsunami* nas ciências jurídicas, principalmente pelo fato de os juristas, a despeito desta mudança, ainda laborarem com o antigo método interpretativo do positivismo, próprio para um sistema de normas analíticas que aos poucos vai deixando de existir.

A respeito dessa transformação, Roberto Freitas Filho observa:

> Há, no discurso sobre o direito, a reiteração de que houve uma mudança na forma de legiferar, no sentido da modificação da técnica legislativa pela introdução das cláusulas gerais, dos conceitos jurídicos indeterminados e dos princípios, tendo a mudança ocorrido em função das normas permitirem uma maior mobilidade do aplicador para que sejam implementadas políticas e sejam-nas subsumidos fatos que se modificam na sua expressão

tributário, fiscal, administrativo, previdenciário, sindical, trabalhista, de segurança social, penal, ambiental etc. Expressando-se sob a forma de uma combinatória de normas de organização, normas de conduta, normas programáticas ou principiológicas, cláusulas gerais e conceitos indeterminados, essas leis especiais, intercruzando-se continuamente, terminam produzindo inúmeros microssistemas e distintas cadeias normativas no âmbito do direito positivo.

Assumindo assim a forma de redes, esses inúmeros microssistemas legais e essas distintas cadeias normativas se caracterizam pela extrema multiplicidade, variedade e heterogeneidade de suas regras e de seus mecanismos processuais; pela evidente provisoriedade e mutabilidade de suas engrenagens normativas, uma vez que as regras já não são mais relativamente estáveis, modificando-se no curso da partida; pela tentativa de acolhimento de uma pluralidade de pretensões contraditórias e, na maioria das vezes, excludentes; pela geração de conflitos e discussões extremamente complexas, em matéria de hermenêutica, exigindo dos operadores e dos intérpretes conhecimentos especializados não apenas no âmbito do direito positivo, mas, igualmente, nos planos da macroeconomia, da engenharia financeira, da contabilidade, das técnicas de auditoria e compliance, das ciências atuariais, da tecnologia de comunicações, da informática, da análise de risco sistêmico etc".

[80] Sobre a utilização de conceitos jurídicos indeterminados no Direito Eleitoral, confira-se, dentre outros, Duarte, Michelle Pimentel. **Processo judicial eleitoral**: jurisdição e fundamentos para uma Teoria Geral do Processo Judicial Eleitoral. Curitiba: Juruá, 2016. p. 109-114.

[81] Ao analisar o Direito na atualidade, François Ost registra: "*jamás se ha hablado tanto como hoy de los princípios generales del Derecho, gracias especialmente al trabajo creativo de las altas jurisdicciones nacionales y europeas*" (OST, François. Júpiter, Hércules, Hermes: tres modelos de juez. **Revista sobre enseñanza del Derecho**, Buenos Aires, n. 8, p. 101-130, 2007. p. 121).

concreta do dia-a-dia, permitindo que haja uma aplicação prospectiva. Há, dessa forma, a preservação da norma enquanto tal e, ao mesmo tempo, sua aplicabilidade a novas formas de relação que não foram previstas quando do momento da positivação.[82]

Fica claro, portanto, o papel ainda mais acentuado do Judiciário na aplicação do Direito, eis que o caráter aberto da legislação teve o condão de transferir ao intérprete a ampliação de seu alcance. Assim postas as coisas, o magistrado, nesse sistema que foi criado para o conter, se assenhorou do Direito.

Daí a necessidade de uma reflexão crítica sobre o papel do Judiciário ao aplicar o "novo Direito" [83] e, naturalmente, gerar precedentes.

1.2. O papel da interpretação /aplicação do direito no atual estágio jurídico do pós-positivismo[84] jurídico

Como o intuito da presente obra é responder à indagação atinente à necessidade de se preservar a legítima expectativa do jurisdicionado nos precedentes das Cortes Eleitorais, resulta imprescindível, em caráter antecedente, demonstrar a razão pela qual as decisões pretorianas são atualmente consideradas como fontes formais do Direito.

[82] Freitas Filho, Roberto. **Intervenção judicial nos contratos e a aplicação dos princípios e das cláusulas gerais**: o caso leasing. Porto Alegre: Sérgio Antônio Fabris Editor, 2009. p. 28.

[83] Idem, p. 28-9: "*O pressuposto do argumento é que a construção da decisão na qual se aplicam normas abertas é diferente daquela na qual se aplicam normas casuísticas, as quais chamo de 'normas fechadas'. A diferença não está em que se proceda ou não por dedução no momento de decidir, já que neste particular qualquer decisão segue necessariamente ao procedimento silogístico. O que há de diferente na aplicação das normas abertas é que o sentido descrito da norma não está expresso* a priori *em seu texto, ou seja, é necessário que o aplicador venha a especificar os elementos que compõem a regra na* ratio decidendi *da decisão*".

[84] Nery Jr., Nelson; Abboud, Georges. Noções fundamentais sobre pós-positivismo e direito. **Revista de Direito Privado**, Brasília, DF, v. 14, n. 53, p. 11-20, jan./mar. 2013. p. 5: "*No pós-positivismo não há interpretação jurídica dissociada da história isso porque o texto normativo somente é abordável a partir da historicidade do intérprete. Portanto, o jurista não se torna um ser histórico apenas quando se desdobra sobre o produto da cultura no estudo da disciplina 'história', mas, mesmo quando efetua uma interpretação no nível de um campo, como é o do direito, ali também operam com ele os efeitos da história*".

A ideia geral e centenária da subsunção positivista (que apregoava a plena autonomia e objetividade do direito[85]) – aquela que sustentava a premissa do juiz como mero replicador da lei; a magistratura como reduzida "*a boca da lei*"[86]; *pappagallo dela legge*[87] (papagaio da lei) – morreu. Como já previamente registrado neste livro, não há mais como o jurista do século XXI ignorar a função criadora[88] da interpretação/aplicação judicial do direito.[89-90]

Aliás, o raciocínio não é de hoje. Já para Larenz, sustentar que "*o processo de uma dedução da maior parte das decisões a partir da lei por meio da subsunção lógica (da situação do fato sob a previsão de uma norma legal) ou é geralmente inadequado ou então só lhe reconhecem um significado mínimo*".[91]

[85] Posner, Richard A. **Problemas de filosofia do direito**. Tradução de Jefferson Luiz Camargo. São Paulo: Martins Fontes, 2007. p. 612: "*Em nossa época pluralista e científica, as tentativas de voltar a ter confiança na autonomia e objetividade do direito parecem fúteis*".

[86] "*Os juízes de uma nação não são, como dissemos, mais do que a boca que pronuncia as sentenças da lei, seres inanimados que não podem moderar sua força nem seu rigor*". (Montesquieu. **O espírito das leis**. 2. ed. Brasília, DF: UNB, 1995. v. 6. p. 123).

[87] Zagrebelsky, Gustavo; Brunelo, Mario. **Interpretare**: dialogo tra un musicista e un giurista. Milano: Società editrice il Mulino, 2016. p. 52.

[88] Em sua experiência como magistrado nos Estados Unidos da América, Benjamin Cardozo (op. cit., p. 122) diz que em uma parcela dos casos, "*a decisão num ou noutro sentido será levada em conta no futuro e poderá avançar ou retardar, ora muito, ora pouco, o desenvolvimento do Direito. São esses os casos em que o elemento criativo do processo judicial encontra sua oportunidade e potencialidade*". Em seguida, o autor (op. cit., p. 123) arremata: "É aqui que o juiz assume a função de legislador". É preciso ter em mente que isso fora dito na década de 30 do século passado.

[89] Barcellos, Ana Paula de. Direito e política. Silêncio do legislador, interpretação e analogia. *In*: Sarmento, Daniel (coord.). **Jurisdição Constitucional e Política.** Rio de Janeiro: Forense, 2015. p. 661.

[90] "*A lei vincula seus destinatários, não seus intérpretes*". (Adomeit, Klaus. **Juristische Methode.** *In*: Görlitz, Axel (ed.). Handlexikon zur Rechtswissenschaft. München: Ehrenwirth, 1972. p. 217-220 *apud* Maus, Ingeborg. Judiciário como superego da sociedade: o papel da atividade jurisprudencial na "sociedade órfã". **Revista Novos Estudos CEBRAP**, São Paulo, n. 58, p. 183-202, nov. 2000. p. 198).

[91] Larenz, Karl. **Metodologia da ciência do direito**. Tradução de José Lamego. 3. ed. Lisboa: Fundação Calouste Gulbenkian, 1997. p. 215.

Como se vê, o fascínio pela subsunção/silogismo, e a ideia da lei como fonte formal única do Direito, parece ser mesmo fruto da transmissão irrefletida das ciências jurídicas, em especial no Brasil contemporâneo. Mas nem todos incorreram em erro. Por todos, cabe rememorar e fazer justiça aos escritos de Francisco Cavalcanti **Pontes de Miranda**:

> (...) O princípio de que o juiz está sujeito à lei é, ainda onde o meteram nas Constituições, algo de 'guia de viajantes', de itinerário, que muito serve, mas nem sempre basta. (...) Se entendermos que a palavra 'lei' substitui a que lá deverá estar, 'direito', já muda de figura. Porque o direito é conceito sociológico, a que juiz se subordina, pelo fato mesmo de ser instrumento da realização dele. E esse é o *verdadeiro* conteúdo do juramento do juiz, quando promete respeitar e assegurar a lei. Se o conteúdo fosse o de impor a *letra legal*, e só ela, aos fatos, a função judicial não corresponderia àquilo para que foi criada: apaziguar, realizar o direito objetivo. Seria a perfeição em matéria de braço mecânico do legislador, braço sem cabeça, sem inteligência, sem discernimento; mas anti-social e, como a lei e a jurisdição servem à sociedade, absurda. (...) Seria pouco provável a realizabilidade do direito objetivo, se *só* fosse a lei: não apenas pela inevitabilidade das lacunas, como porque a própria realização supõe provimento aos casos omissos e a subordinação das partes imperfeitas aos princípios do próprio direito a ser realizado.[92]

Mesmo Kelsen, o mais famoso dos positivistas[93], nunca apregoou essa visão obtusa das fontes do Direito. Ao se referir à moldura como espaço do processo cognitivo do direito, deixava o autor, e isso é inegável, larga margem de atuação ao intérprete final – o juiz. Em seus próprios termos, "*(o) direito a aplicar forma (...) uma moldura dentro da qual existem várias pos-*

[92] Pontes de Miranda, Francisco Cavalcanti. **Comentários ao Código de Processo Civil**. T. VI. Rio de Janeiro: Forense, 1975, p. 288-292 *apud* GRAU, Eros Roberto. op. cit., p. 72.

[93] Aliás, mesmo os positivistas assim declarados não enxergavam o Direito como fruto da mera legalidade, o que foi difundido durante muito tempo no Brasil de forma equivocada. Por todos, confira-se Hart, H. L. A. **The Concept of Law**. Oxford: Oxford University Press, 1994. p. 269 – *verbis*: "*De acordo com minha teoria, a existência e o conteúdo do direito podem ser identificados por meio de referência às fontes sociais do direito (por exemplo, a legislação, as decisões judiciais, os costumes sociais) (...)*".

sibilidades de aplicação, pelo que é conforme ao Direito todo ato que se mantenha dentro deste quadro ou moldura, que preencha esta moldura em qualquer sentido possível".[94]

Mas Kelsen era um positivista-normativista e sustentou tal teoria na metade do século XX. Jamais poderia imaginar o tamanho da moldura da norma no sistema normativo contemporâneo, o qual adota normas abertas, "*ou seja, as cláusulas gerais, os conceitos jurídicos indeterminados e os princípios*", os quais demandam do aplicador, com ainda maior razão, "*um papel ativo na determinação de seu sentido ao aplicá-las aos casos concretos*".[95]

E por assim ser, cada preenchimento e novo preenchimento da moldura das normas vai propiciando uma ressignificação[96] do direito, por intermédio da formação de uma cadeia de precedentes judiciais a propósito de cada norma jurídica.[97] Tal qual ensina José Lamego com absoluta propriedade, "*o aditamento de sentido que se opera em cada nova interpretação e o carácter 'único' de cada situação são manifestos na hermenêutica jurídica*".[98]

Nesse mesmíssimo sentido, adverte Humberto Ávila: "*Normas não são textos nem o conjunto deles, mas os sentidos construídos a partir da interpretação*

[94] Kelsen, Hans. **Teoria Pura do Direito**. Tradução: João Baptista Machado. 6. ed. São Paulo: Martins Fontes, 2003. p. 390.

[95] Freitas Filho, Roberto. op. cit., p. 28.

[96] Marinoni, Luiz Guilherme. **A Ética dos Precedentes**: justificativa do Novo CPC. 2. ed. rev. e atual. São Paulo: Revista dos Tribunais, 2016. p. 106: "*Há uma relação de continuidade entre a solução da nova questão e o precedente, conferindo à atividade judicial um modo de pensar que vai se desenvolvendo aos poucos, similar ao raciocínio de um jurista que dá continuidade ao tratamento de um tema que engloba vários ensaios ou livros. A diferença mais saliente é que, no caso dos precedentes, o raciocínio não é de uma mesma pessoa, mas de juízes que, exatamente porque integram uma instituição, devem admitir, sem contestar, o que já foi definido no precedente, dando prosseguimento ao discurso da Corte para solucionar a nova questão*".

[97] Nesse sentido, veja-se a lição de Maurício Ramires. **Diálogo Judicial Internacional**. Rio de Janeiro: Lumen Juris, 2016. p. 31: "(...) *quando alguém interpreta um texto constitucional contemporâneo, ele* interpreta simultaneamente a história do constitucionalismo *que vem à tona no horizonte do intérprete e o ajuda a situá-lo no espaço e no tempo. Não que o intérprete deva estudar e conhecer em detalhes toda essa história, com o rigor do historiador profissional. Mas deve, isto sim, fazer esforço suficiente para saber e reconhecer que os pilares que sustentam a Constituição em sentido moderno, isto é, o Estado de direito, a democracia e os direitos fundamentais, não são meras palavras ao vento; são antes conquistas que remontam a muitos séculos de avanços e retrocessos*".

[98] Lamego, José. **Hermenêutica e jurisprudência**: análise de uma recepção. Lisboa: Fragmentos, 1990. p. 92.

sistemática de textos normativos. Daí se afirmar que os dispositivos se constituem no objeto da interpretação; e as normas, no seu resultado".[99]

Embora isso seja factível atualmente, é preciso reconhecer que o momento crucial; decisivo para o reconhecimento dessa visão se deu com o giro linguístico-hermenêutico da filosofia e sua consequente influência no direito.[100]

De forma sucinta, o giro linguístico-hermenêutico alterou o conceito e o fundamento da verdade. Antigamente, como explica Abboud, o conceito de verdade era *correspondencial* (também chamado paradigma da adequação ou objetivista), isto é, "*aquele que acredita ser verdade o produto da correspondência da coisa ao intelecto*". [101]

Esse primeiro paradigma, que predominou na antiguidade clássica e na filosofia medieval, sofreu duro golpe na revolução copernicana operada por Kant, a partir da qual se tem um novo conceito de verdade.[102] Ainda com esteio na lição de Abboud, "*a verdade passa ser uma construção subjetiva do sujeito congnoscente, possibilitando-se falar em um conceito subjetivista de verdade* ".[103]

Dessa forma, a filosofia da linguagem assume papel sobranceiro nas ciências sociais. A linguagem deixa de ser instrumento para ser elemento constituidor da verdade[104]. Conforme Gadamer, "*a linguagem não se posi-*

[99] Ávila, Humberto. **Teoria dos princípios**: da definição à aplicação dos princípios jurídicos. 12. ed., São Paulo: Malheiros Editores, 2011. p. 30.

[100] Por todos, Abboud, Georges. **Processo constitucional brasileiro**. São Paulo: Revista dos Tribunais, 2016. p. 55-102.

[101] Op. cit., p. 66-68.

[102] Ao contrapor o positivismo (representado pelo Juiz Júpiter) e o realismo jurisprudencial (representado pelo Juiz Hércules), para se chegar, então, à sua teoria pluralista do Direito, François Ost indaga: "*¿No es tiempo de pensar el Derecho como circulación incesante de sentido, más que como discurso de la verdad?*" (OST, François. *Júpiter, Hércules, Hermes: tres modelos de juez.* **Revista sobre enseñanza del Derecho**, Buenos Aires, n. 8, p. 101-130, 2007. p. 114).

[103] Idem.

[104] "(...) *a linguagem passa a ser constituinte e constituidora do mundo do homem*". (Abboud, Georges. **Processo constitucional brasileiro**. São Paulo: Revista dos Tribunais, 2016. p. 71).

ciona ao lado da arte, do direito e da religião, mas representa o medium *sustentador de todos esses fenômenos*".[105]

A sua influência nas ciências jurídicas é bem aquilatada por Castanheira Neves, para o qual

> o direito é linguagem, e terá de ser considerado em tudo e por tudo como uma linguagem. O que quer que seja e como quer que seja, o que quer que ele se proponha e como quer que nos toque, o direito é-o numa linguagem e como linguagem – propõem-se sê-lo numa linguagem (nas significações linguísticas em que se constitui e se exprime) e atinge-nos através dessa linguagem, que é.[106]

A interpretação jurídica, portanto, deixa de ser um problema estrita e rigorosamente hermenêutico[107] e passa a ser um problema essencialmente normativo, isto é, "*a interpretação jurídica só será entendida em termos metodologicamente correctos se for vista como determinação* normativo-pragmaticamente adequada *de um critério jurídico do sistema do direito vigente para a solução do caso decidendo*".[108]

E conclui Castanheira: "*Vimos a resposta que o modelo tradicional dava a esta questão do objecto da interpretação – o objecto da interpretação seria o texto da norma jurídica. E vimos também porque essa resposta não pode manter-se: o problema da interpretação jurídica não é hermenêutico – mas normativo*".[109]

[105] GADAMER, Hans-Georg. **Verdade e método:** traços fundamentais de uma hermenêutica filosófica. 2. ed. Rio de Janeiro: Vozes, 2004. p. 89 *apud* ABBOUD, Georges. **Processo constitucional brasileiro**. São Paulo: Revista dos Tribunais, 2016. p. 68.

[106] NEVES, Antonio Castanheira. **Metodologia jurídica:** problemas fundamentais. Coimbra: Coimbra Editora, 1993. p. 90.

[107] "*Nos sistemas de* civil law há intensa preocupação com a ciência do direito. *Busca-se enunciar o direito a partir de conceitos, tais conceitos seriam logicamente inferidos de outros e deles vários novos conceitos poderiam ser deduzidos. O trabalho, até mesmo prático, muitas vezes se limita a operar com conceitos abstratos, negligenciando a facticidade, e por outras tentar elevar o que é feito em um caso concreto a uma conceptualização abstratizada: assim os juristas acabam mais preocupados em encontrar teorias cientificamente aplicáveis do que em resolver problemas práticos com justiça*". (MACÊDO, Lucas Buril de. **Precedentes judiciais e o direito processual civil**. op. cit., p. 42).

[108] NEVES, Antonio Castanheira. op. cit., p. 142.

[109] NEVES, Antonio Castanheira. op. cit., p. 143.

Sobre a temática, Tércio Sampaio Ferraz Júnior, no que chamou de *Prefácio de um Posfácio*, registrou:

> A subsunção é, aos poucos, sobrepujada pela ponderação de princípios, pois os juízes não aplicam apenas a legislação, mas fazem constantes referências aos princípios jurídicos. Antes, os princípios eram invocados para integrar o direito, isto é, apenas nos casos de lacunas (nesse sentido deles fala a nossa *Lei de Introdução*). Com isso, à primeira vista, parece que o juiz, agora, tem uma liberdade muito maior para reconstruir e até *construir* o direito, que antes era assumido como um dado. Mesmo porque o rol de princípios admitidos não limita a princípios expressos na legislação ordinária e constitucional, mas são "descobertos" a partir das exigências decisórias. Não que isso não ocorresse no passado. Mas era algo revelado pela doutrina por força de exigências sistematizadoras do material obrigacional contido no ordenamento, e não pela jurisprudência como suporte direto da decisão do caso concreto.
>
> Em consequência, passamos da centralidade da lei para a centralidade da jurisdição, jurisdição entendida em sentido amplo: *os tribunais judiciais, tribunais de arbitragem, agências administrativas com poder judicante (com tribunais e conselhos administrativos), órgão da administração direta* (que dizem o direito por meio de sentenças, acórdãos, decisões interlocutórias, resoluções, pareceres normativos).
>
> Por isso a tensão se desloca do legislador/doutrina dogmática para juiz/doutrina dogmática. O problema da aplicação, da justificação da decisão jurídica ganha uma importância inédita.[110]

Embora a referida percepção seja aparentemente nova, pelo menos no Brasil, Friedrich Müller, pai da **teoria estruturante** do Direito, há pelo menos 50 (cinquenta) anos já criticava o positivismo legalista – *verbis*:

> (...) se evidenciou que o positivismo legalista ainda não superado pela teoria e práxis refletidas, com a sua compreensão do direito como sistema sem lacunas, da decisão como uma subsunção estritamente lógica, e com a sua elimi-

[110] Ferraz Júnior, Tércio Sampaio. **O direito, entre o futuro e o passado**. São Paulo: Noeses, 2014. p. XV.

nação de todos os elementos da ordem social não-reproduzidos no texto da norma é tributário de uma ficção que não pode ser mantida na prática.[111]

Os enunciados normativos (assim ditos e pensados na perspectiva de vincular os destinatários), no atual estágio, não são apenas os atos normativos primários (isto é, deliberações do Congresso, Parlamentos Estaduais e Municipais e Decretos e demais instrumentos baixados pelo Poder Executivo), como ocorria na época do legalismo.

Mais que isso, neste grupo incluem-se, agora, os precedentes (decisões proferidas pelo Judiciário ao interpretar os enunciados normativos referidos no parágrafo anterior), os quais vão formando, ao longo do tempo, o corpo jurídico íntegro[112] (romance em cadeia[113]) a que faz alusão R. Dworkin, no qual o cidadão deposita confiança ao se planejar para agir. Aliás, a esse propósito, verifique-se a sua didática lição: "*um juiz ou um cidadão que precisa decidir o que é direito quando se vê diante de alguma questão complexa, deve interpretar o direito do passado para descobrir quais os princípios melhor o justificam e, em seguida, decidir o que tais princípios exigem no novo caso*".[114]

Nesse mesmo sentido é o escólio de F. Müller:

> A não-identidade de norma e texto da norma, a não-vinculação da normatividade a um teor literal fixado e publicado com autoridade ressalta também do fenômeno do direito consuetudinário. Não se duvida da sua qualidade jurídica, embora ele não apresente nenhum texto definido com autoridade.

[111] MÜLLER, Friedrich. **Métodos de trabalho do direito constitucional**. Porto Alegre: Síntese, 1999. p. 48.

[112] Neste sentido, ABBOUD, Georges. op. cit., p. 77: "(...) *a norma é um produto da interpretação, ela tem o caráter de atribuição de sentido a um texto que se manifesta na linguagem a partir de um processo de mediação com a Tradição, que é o espaço de atuação do jurista. A atividade interpretativa é sempre histórica, porque o texto somente é abordável a partir da historicidade do intérprete*".

[113] A esse propósito, confira-se o escólio de STRECK, Lenio Luiz; ABBOUD, Georges. **O que é isto**: o precedente judicial e as súmulas vinculantes? 3. ed. Porto Alegre: Livraria do Advogado, 2015. p. 86: "(...) *a integridade na aplicação do direito significa reconstrução histórica da cadeia de casos interpretados/julgados (doutrina e jurisprudência)*".

[114] DWORKIN, Ronald. **A justiça de toga**. Tradução de Jefferson Luiz Camargo. São Paulo: Martins Fontes, 2016. p. 200.

> Essa propriedade do direito, de ter sido elaborado de forma escrita, lavrado e publicado segundo um determinado procedimento ordenado por outras normas, não é idêntica à sua qualidade de norma. Muito pelo contrário, ela é conexa a imperativos do Estado de Direito e da democracia, característicos do Estado constitucional burguês da modernidade. Mesmo onde o direito positivo dessa espécie predominar, existe *praeter constitutionem* um direito (constitucional) consuetudinário com plena qualidade de norma. **Além disso, mesmo no âmbito do direito vigente a normatividade que se manifesta em decisões práticas não está orientada linguisticamente apenas pelo texto da norma jurídica concretizanda. A decisão é elaborada com ajuda de materiais legais, de manuais didáticos, de comentários e estudos monográficos, de precedentes e de material do Direito Comparado, quer dizer, com ajuda de numerosos textos que não são idênticos ao e transcendem o teor literal da norma.**[115] (grifo nosso)

Portanto, é inegável que os precedentes judiciais têm força normativa e influenciam, ao lado dos materiais legais e normativos e da doutrina, as decisões dos casos seguintes.[116]

Dito isso, é necessário registrar a crítica de que no caso específico do Direito Eleitoral, embora a prática pretoriana já reconheça a importância dos precedentes, os manuais didáticos ainda estão com a cabeça no modelo antigo.

A título exemplificativo, José Jairo Gomes, um dos maiores eleitoralistas da atualidade, assevera que são fontes desse microssistema apenas aquelas "*normas jurídicas emanadas do Estado, em geral decorrentes de regular processo legislativo, constitucional ou infraconstitucional*".[117]

[115] MÜLLER, Friedrich. op. cit., p. 54-5.

[116] "*Norma, dessa forma, seria a interpretação conferida a um texto (enunciado), parte de um texto ou combinação de um texto. Não existe norma antes da interpretação ou independentemente dela. Interpretar é produzir uma norma e ela é produto do intérprete*". (ABBOUD, Georges. **Processo constitucional brasileiro**. São Paulo: Revista dos Tribunais, 2016. p. 65).

[117] GOMES, José Jairo. **Direito Eleitoral**. 13. ed. rev. e atual. São Paulo: Atlas, 2017. p. 31. É bem verdade que o autor, no rol estabelecido nas páginas 32 e 33, cita – após mencionar a Constituição, os Tratados Internacionais e as legislações domésticas – as consultas e as decisões da Justiça Eleitoral. Entretanto, quanto à consulta, assevera ser ato normativo em tese "sem efeitos concretos", isto é, sem "força executiva", ou seja, sem a nota da vincula-

Por sua vez, o não menos brilhante Frederico Franco Alvim, com esteio no magistério de Miguel Reale, defende que "*a despeito de sua magnitude, não se admite que a atividade judicante pretenda açambarcar o processo de gênese normativa*".[118]

Essa posição tradicional ignora o papel pretoriano na conformação de sentido das normas. Assim, parece estar com razão Antônio Veloso Peleja Júnior que, ao tratar do "Direito Eleitoral e suas normas", enfatiza a influência das decisões da Corte Superior Eleitoral em relação às instâncias inferiores, as quais, segundo o autor, são ordinariamente seguidas de forma pacífica pelos juízes e Tribunais Regionais Eleitorais. Essa realidade, sustenta, "*tende a se acentuar em face da edição do novo CPC, que estimula a adoção dos precedentes*".[119]

Mas isso não significa, evidentemente, que seja possível defender uma ampla e perigosa carta branca ao Poder Judiciário no processo de gênese normativa. Consoante precisa advertência de Georges Abboud, "*ao afirmar que o processo interpretativo é produtivo e não reprodutivo, não pode dar azo a interpretações fruto de uma compreensão equivocada do que se fala. O produtivo aqui mencionado não se refere a um ativismo judicial desmedido a partir do qual o próprio juiz criaria a lei para o caso*".[120]

Justamente pelo receio de que a interpretação judicial transborde para um ativismo desmedido e perigoso, Ana Paula de Barcellos, com muita perspicácia, desenha o limite – ou o ponto final – da função do Legislativo e o papel posterior – e naturalmente complementar – do Poder Judiciário na significação dos enunciados normativos:

> (...) Por outro lado, no entanto, é certo que as atividades legislativa e jurisdicional não são fungíveis, e, embora possa haver áreas de aproximação impor-

ção, própria dos precedentes. Quanto às decisões judiciais, diz carecerem estas de "*nota de generalidade*", ou seja, apregoa a eficácia meramente *inter partes* dos pronunciamentos da Corte de Vértice, ignorando o caráter transcendental dessas decisões.

118 Alvim, Frederico Franco. **Curso de Direito Eleitoral**. 2. ed. rev. e atual. Curitiba: Juruá, 2016. p. 41. O autor, todavia, reconhece, acertadamente, a resposta às consultas como "*uma espécie de fonte formal de Direito Eleitoral*".

119 Peleja Júnior, Antônio Veloso. **Direito Eleitoral**: aspectos processuais, ações e recursos. 5. ed. rev. e atual. Curitiba: Juruá, 2018. p.44.

120 Op. cit., p. 80.

> tantes, existem igualmente distinções fundamentais, que estruturam o próprio Estado democrático de direito. Continua a ser vedado ao juiz, em um Estado democrático de direito, inovar na ordem jurídica sem fundamento majoritário, sob pena de usurpar a competência própria dos demais poderes estatais. Entretanto, quais são essas distinções e, portanto, quais os limites da atividade jurisdicional, em face do princípio da legalidade? Qual o ponto de equilíbrio?
> Os limites tradicionais que conduziam a atividade jurisdicional eram, e continuam a ser, os elementos semântico, histórico, sistemático e teleológico de intepretação. A decisão judicial deve se reportar a um texto normativo compreendido no sistema no qual se insere, tendo a Constituição em seu cimo hierárquico. Ainda que o texto não seja unívoco, não admitirá uma infinidade de interpretações, estabelecendo desde logo um campo máximo possível de sentidos.[121]

Portanto, essa dita função criadora (ou criativa) da atividade interpretativa encontra limite ***(i)*** nos sentidos possíveis de um texto normativo; e ***(ii)*** no sistema jurídico/legal/normativo[122] no qual está inserido. Tais premissas são incontornáveis para a defesa do caráter vinculante dos precedentes judiciais.[123]

Em verdade, a presente discussão traz à tona a velha discussão de separação entre direito e política[124], como se fosse possível fazer uma cisão integral entre esses 2 (dois) mundos tidos por inconciliáveis.

[121] Barcellos, Ana Paula de. op. cit., 662.

[122] Marinoni, Luiz Guilherme. **A Ética dos Precedentes:** justificativa do Novo CPC. 2. ed. rev. e atual. São Paulo: Revista dos Tribunais, 2016. p. 100: "*(...) mais do que as partes envolvidas no litígio, toda a sociedade tem interesse em controlar o exercício do poder das Cortes Supremas. Mais claramente, têm concreto interesse todos àqueles que podem ser potencialmente atingidos pela solução instituída no precedente. Resulta disso é a técnica que abre oportunidade para a intervenção de* amicus curiae *no STF e no STJ*".

[123] Por todos os críticos, Ely, John Hart. **Democracia e desconfiança**: uma teoria do controle judicial de constitucionalidade. São Paulo: Martins Fontes, 2016. p. 79: "*Nossa sociedade não tomou a decisão constitucional de facultar o sufrágio universal para depois dar meia volta e sobrepor às decisões populares os valores dos juristas de primeiro escalão*".

[124] Grimm, Dieter. **Constituição e política**. Tradução: Geraldo de Carvalho. Belo Horizonte: Dey Rel, 2006. p. 14-5: "*A separação entre direito e político no nível de aplicação do direito é uma separação institucional. Ela protege os órgãos da jurisdição em sua atividade aplicadora diante*

Com efeito, a aplicação do direito contempla, dada a inevitável incompletude das leis gerais, a atividade supletiva do magistrado, o qual, como cidadão inserido dentro de uma dada ordem social, não pode ser tido por um ser totalmente neutro.[125]

Falar do Direito e da Política, e de sua inter-relação, sem citar Dieter Grimm, é algo verdadeiramente inconcebível. Logo, vejamos o que ensina o aludido professor:

> Tal despolitização interna da aplicação do direito pressuporia que as normas jurídicas deliberadas pelo legislador pudessem determinar por completo a decisão de todos os fatos isolados, mas isso só seria o caso se na legislação estivessem previstos todos os casos possíveis de ocorrer e estes fossem regulamentados pela lei. Uma ordem jurídica que quisesse satisfazer essa condição deveria ser livre de lacunas e de contradições, inequívoca na linguagem e independente de mudança social. Só essa listagem já basta para deixar claro que não se pode contar com uma ordem jurídica assim. As normas gerais somente são capazes de determinar mais ou menos a solução de casos individuais. A dimensão da determinação depende de vários fatores, em especial da densidade da regulamentação, da idade das normas jurídicas e da dinâmica do objeto de regulamentação. Mas não há nenhuma norma jurídica, cuja aplicação não suscite, algum dia, dúvidas que precisem ser esclarecidas pelo juiz por intermédio de concretização e interpretação. Para tanto, são inevitáveis influências da pré-compreensão, da origem e socialização, das preferências políticas e ideológicas dos juízes.[126]

de qualquer influência por parte da política, particularmente por parte dos órgãos públicos decisórios e dos partidos políticos neles atuantes. O caminho unicamente legítimo do controle de conteúdo da jurisdição reside na promulgação das normas gerais que devem ser utilizadas pelos tribunais e das quais estes não podem se dispensar. Caso a aplicação das normas pelos tribunais conduza a resultados indesejados politicamente, estes podem ser corrigidos no futuro por uma reforma da norma, mas não por influência sobre processos correntes, ficando, assim, excluídas influências políticas externas sobre a aplicação do direito".

125 Grimm, Dieter. op. cit., p. 15: "*(...) a separação ente direito e política no nível da aplicação do direito não significa que o procedimento da aplicação judicial do direito também seja internamente apolítico, ou seja, não deixe espaço para nenhum tipo de decisões constitutivas ou não possa desenvolver nenhum efeito político que ultrapasse o efeito político das normas gerais*".

126 Grimm, Dieter. op. cit., p. 15.

Se é inevitável a influência de pré-conceitos, de experiências de vida, de ideologias e até de preferências políticas nas decisões dos juízes, o reconhecimento do caráter vinculante dos precedentes dentro do nosso sistema é uma forma de atenuar este dito subjetivismo inerente à função judicante.

Não é por outra razão que Hermes Zaneti Jr. defende o uso de precedentes como "*uma garantia de fechamento e não de abertura dos poderes discricionários do juiz*".[127]

Daí também a importância do conceito de *justiça formal* entabulado por Neil MacCormick. O autor parte do pressuposto de que há uma dupla coerção incidente sobre o juiz, uma voltada para o passado e outra para o futuro.[128]

Tais coerções impedem arbítrios e legitimam o sistema de precedentes, como bem se pode compreender do seguinte excerto de sua obra:

> O tribunal que hoje decide um caso específico entre indivíduos deveria levar em conta seu dever, pelo menos seu dever inicial, de decidir o caso em termos compatíveis com decisões anteriores sobre as mesmas questões ou questões semelhantes. No mínimo, a justiça formal exige que, exceto por fortes razões, ele não decida o caso atual de uma forma diferente da adotada em suas decisões anteriores em casos semelhantes. Ao decidir esse caso, o tribunal não terá então o dever – de igual importância – de levar em conta o precedente que estará estabelecendo para casos ainda por surgir? O dever que tenho de tratar casos semelhantes de modo semelhante implica que devo decidir o caso de hoje com fundamentos que eu esteja disposto a adotar para a decisão de casos semelhantes no futuro, exatamente tanto quanto implica que hoje eu deva levar em consideração minhas decisões anteriores em casos semelhantes no passado. As duas implicações são implicações de adesão ao princípio da justiça formal; e quem quer que concorde quanto ao dever dos

[127] ZANETI JR., Hermes. **O valor vinculante dos precedentes**: Teoria dos Precedentes Normativos Formalmente Vinculantes. 2. ed. rev. e atual. Salvador: Juspodivm, 2016. p. 20.

[128] MACCORMICK, Neil. op. cit., p. 95: "*Por banal que seja o fato de que as exigências da justiça formal estabelecem no mínimo uma razão presumível para a observância de precedentes, não é menos verdadeiro, embora seja observado com menor frequência, que essas exigências impõem sobre a decisão de disputas levadas a juízo, coerções tanto voltadas para o futuro como para o passado*".

juízes de acatar o princípio da justiça formal está comprometido com essas duas implicações.[129]

O sistema de precedentes[130] – no qual o Brasil acaba inserido, em especial pelo Novo Código de Processo Civil, como será melhor detalhado em linhas futuras – depende de uma rigorosa deontologia[131] profissional dos juízes. Há de se ter compromisso intransigente com essa postura contemplativa da cadeia de precedentes.

De todo modo, a referida preocupação não é em vão. Pelo contrário. O que se observou, pelo menos no contexto brasileiro pré-NCPC, é que a doutrina não vinha cumprindo seu papel.[132] E os Tribunais, num campo livre em decorrência da eloquente aquiescência ou condescendência dos doutrinadores (estes, no mais das vezes, caudatários; meros reprodutores

[129] MacCormick, Neil. op. cit., p. 96.

[130] *"Diferentemente do* civil law, *no qual duas rupturas históricas são características indispensáveis para sua compreensão, a tradição de* common law *é caracterizada por sua continuidade: é uma evolução histórica marcada por um elevado grau de constância"*. (Macêdo, Lucas Buril de. **Precedentes judiciais e o direito processual civil**. op. cit., p. 45).

[131] Esse *modus procedendo* é assim registrado por MacCormick [op. cit., p. 98]: "(...) *ou nossa sociedade é organizada de acordo com esse valor da racionalidade ou não, e não consigo contemplar sem repugnância a incerteza e insegurança de uma sociedade gerida arbitrariamente, na qual decisões de todas as espécies são tomadas de acordo com a veneta ou o capricho de alguém naquele momento, sem referência a processos decisórios passados ou futuros*".

[132] Lucas Buril de Macêdo [op. cit., p. 56-7] chama a atenção para o papel destacadamente secundário da doutrina no sistema *common law*, do qual o Brasil vem se aproximando com o *stare decisis* à brasileira (sistema de precedentes obrigatórios). Conforme narra o autor, "*os jovens que quisessem se fazer juristas iam morar nos* Inns of Courts *e aprender como se faz direito com aqueles que o praticam: os* baristers *e os juízes*". E prossegue: "*O lugar adequado, na Inglaterra, para aprender o direito é no tribunal. Somente no século XIX é que a formação universitária passou a ganhar importância na Inglaterra, e só atualmente a maioria das pessoas buscam um diploma em direito para exercerem as profissões jurídicas. A formação dos juristas do* common law *é marcadamente prática e não teórica, no que se distingue da que se dá nos países de* civil law, *marcados pela formação escolástica das universidades*". Esse registro é importante para se avaliar o futuro da doutrina jurídica nesse novo sistema de precedentes defendido por Luiz Guilherme Marinoni e Daniel Mitidiero, dentre outros.

das decisões judiciais), vinham instituindo uma jurisprudência *lotérica*,[133] descompromissada com o sistema jurídico como um todo.

Por todos os críticos desse estado de coisas, forçoso registrar a crítica do professor Adriano Soares da Costa:

> Em um universo de conceitos jurídicos vazios, em que a doutrina se despede de fazer o seu mister, fica a jurisprudência livre para usar os conceitos normativos de qualquer modo, como se fossem destituídos de conteúdo. Com isso, até mesmo a inelegibilidade deixa de ser sanção para ser um "sabe-se-lá-o-quê". É ainda onde mais nitidamente se percebe o terrível vazio normativo decorrente do vazio teórico: os institutos jurídicos passam a ser usados de qualquer modo e jeito para atender a quaisquer fins e bandeiras. Há apenas, como consectário disso, a irracionalidade jurídica, o decisionismo voluntarista e uma crise de segurança jurídica.[134]

Ingeborg Maus, analisando o contexto específico do Tribunal Constitucional alemão, salienta o risco dos tribunais praticarem uma espécie de *teologia jurídica*[135]. Criticando o Tribunal alemão, a autora denuncia também o que chama de *autorreferencialismo* das Cortes[136], quando os julga-

133 A expressão é de Lênio Streck em: Streck, Lenio Luiz; Abboud, Georges. **O que é isto**: o precedente judicial e as súmulas vinculantes? 3. ed. Porto Alegre: Livraria do Advogado, 2015. p. 19.

134 Soares da Costa, Adriano. **Instituições de Direito Eleitoral**: Teoria da Inelegibilidade: Direito Processual Eleitoral. 9. ed., Belo Horizonte: Fórum, 2013. p. 15.

135 Maus, Ingeborg. Judiciário como superego da sociedade: o papel da atividade jurisprudencial na "sociedade órfã". **Revista Novos Estudos CEBRAP**, São Paulo, n. 58, p. 183-202, nov. 2000. p. 192: "*A apropriação da persecução de interesses sociais, de processos de formação da vontade política e dos discursos morais por parte da mais alta corte é alcançada mediante uma profunda transformação do conceito de Constituição: esta deixa de ser compreendida – tal qual nos tempos da fundamentação racional-jusnaturalista da democracia – como documento da institucionalização de garantias fundamentais das esferas de liberdade nos processos políticos e sociais, tornando-se um texto fundamental a partir do qual, a exemplo da Bíblia e do Corão, os sábios deduziriam diretamente todos os valores e comportamentos corretos. O TFC, em muitos de seus votos de maioria, pratica uma 'teologia constitucional'*".

136 Oportuno destacar o famoso voto do Ministro Humberto Gomes de Barros em julgado no Superior Tribunal de Justiça (AgReg em ERESP nº 279.889-AL): "*Não me importa o que pensam os doutrinadores.* Enquanto for ministro do Superior Tribunal de Justiça, assumo

dores passam a desconsiderar o direito e se preocupam, exclusivamente, com a sua própria história jurisprudencial[137].

De se ver, portanto, e a doutrina assim denuncia, que é preciso impor limites à atividade interpretativa, de modo a se evitar posturas voluntaristas e a figura do criacionismo judicial, a comprometer o próprio sistema de separação dos poderes[138].

Feita a necessária advertência, cumpre concluir salientando que não é o escopo do presente livro analisar os métodos de interpretação/aplicação do direito, mas apenas o de reconhecer a constatação amplamente aceita, até por seus críticos – por todos, Ingeborg Maus –, de que "*as leis são reconhecidas indiferenciadamente como meras previsões e premissas da atividade decisória judicial*".[139]

a autoridade da minha jurisdição. O pensamento daqueles que não são ministros deste Tribunal importa como orientação. A eles, porém, não me submeto. Interessa conhecer a doutrina de Barbosa Moreira ou Athos Carneiro. *Decido, porém, conforme minha consciência.* Precisamos estabelecer nossa autonomia intelectual, para que este Tribunal seja respeitado. É preciso consolidar o entendimento de que os Srs. ministros Francisco Peçanha Martins e Humberto Gomes de Barros *decidem assim, porque pensam assim. E o STJ decide assim, porque a maioria de seus integrantes pensa como esses ministros. Esse é o pensamento do Superior Tribunal de Justiça e a doutrina que se amolde a ele. É fundamental expressarmos o que somos. Ninguém nos dá lições. Não somos aprendizes de ninguém. Quando viemos para este Tribunal, corajosamente assumimos a declaração de que temos notável saber jurídico – uma imposição da Constituição Federal. Pode não ser verdade. Em relação a mim, certamente, não é, mas, para efeitos constitucionais, minha investidura obriga-me a pensar que assim seja*".

137 Maus, Ingeborg. op. cit., p. 192: "*Por conta de seus métodos específicos de interpretação constitucional, atua o TFC menos como 'Guardião da Constituição' do que como garantidor da própria história jurisprudencial, à qual se refere legitimidade de modo auto-referencial. Tal história fornece-lhe fundamentações que não necessitam mais ser justificadas, sendo somente descritas retrospectivamente dentro de cada sistema de referências*".

138 Maus, Ingeborg. Judiciário como superego da sociedade: o papel da atividade jurisprudencial na "sociedade órfã". **Revista Novos Estudos CEBRAP**, São Paulo, n. 58, p. 183-202, nov. 2000. p. 187: "*Quando a Justiça ascende ela própria à condição de mais alta instância moral da sociedade, passa a escapar de qualquer mecanismo de controle social – controle ao qual normalmente se deve subordinar toda instituição do Estado em uma forma de organização política democrática. No domínio de uma Justiça que contrapõe um direito 'superior', dotado de atributos morais, ao simples direito dos outros poderes do Estado e da sociedade, é notória a regressão a valores pré-democráticos de parâmetros de integração social*".

139 Op. cit., p. 193.

À guisa de conclusão: o direito atualmente também deve ser compreendido como a interpretação conferida às leis do Parlamento pelos Tribunais por meio de decisões fundamentadas e atualmente acessíveis[140] aos cidadãos, e sobretudo à comunidade jurídica, pelos novos meios de comunicação que permitem o conhecimento em tempo instantâneo de todos os julgamentos do Poder Judiciário[141]. Assim, não há mais espaço para planejamento jurídico sem o domínio dos precedentes[142], os quais passaram a ter força cogente em conjunto com o acervo legislativo pátrio.

1.3. Conclusão parcial

A teor do que já exposto até agora, é possível concluir que não há mais espaço para uma teoria da decisão judicial que ignora o papel dos precedentes enquanto fontes do direito[143].

[140] MACÊDO, Lucas Buril de. op. cit., p. 292-3: "*Só é possível a construção de um sistema de precedentes obrigatórios a partir de instrumentos eficazes de publicidade das decisões. A cognoscibilidade do Direito é requisito essencial do princípio da segurança jurídica e para a concretização do ideal do Estado de Direito, sendo indispensável que seja possível aos cidadãos conhecer os textos de onde serão coligidas normas jurídicas. A partir do momento em que se tem a decisão judicial como fonte do direito, é indispensável inseri-la neste contexto: do ato judicial será extraída uma norma jurídica que terá aplicação a todos os jurisdicionados, sendo direito fundamental destes, portanto, tomar conhecimento apropriadamente do Direito que rege suas ações*".

[141] MACÊDO, Lucas Buril de. op. cit., p. 295: "(...) *o sistema pátrio de publicação permite que o jurisdicionado tenha acesso a todo o conteúdo da decisão, muitas vezes disponibilizando até mesmo o vídeo ou áudio da sessão de julgamento, fornecendo a íntegra dos votos de todos os juízes, inclusive a dos votos dissidentes. Essa prática permite um conhecimento aprofundado das razões da decisão, facilitando a reconstrução da* ratio decidendi *e também torna possível antever a possibilidade de superação* (overruling) *do precedente*".

[142] MITIDIERO, Daniel. **Cortes Superiores e Cortes Supremas**: do controle à interpretação, da jurisprudência ao precedente. 3. ed. São Paulo: Revista dos Tribunais, 2017. p. 35: "(...) é tarefa do precedente reduzir o âmbito de equivocidade *inerente ao Direito, viabilizando a sua maior* cognoscibilidade".

[143] "*O Novo Código de Processo Civil promoveu um grande avanço no reconhecimento do papel das decisões judiciais como fonte do direito e instituiu um sistema de precedentes vinculantes com amplitude e alcance inéditos para o país*". (MELLO, Patrícia Perrone Campos; BARROSO, Luís Roberto. Trabalhando com uma nova lógica: a ascensão dos precedentes no direito brasileiro. **Revista da AGU**. Brasília, DF, v. 15, n. 3, p. 9-52, jul./set. 2016. p. 45).

O ordenamento jurídico não se limita[144], portanto, às normas emanadas pelos órgãos legal e constitucionalmente competentes para produzir leis e atos normativos, haja vista que o próprio Legislador, no curso corrente da história, relegou maior espaço à atuação do Judiciário, ao trabalhar, na própria confecção legislativa, cada vez mais com os conceitos jurídicos indeterminados, as cláusulas gerais e os princípios.

Por outro lado, é cada vez mais destacado o papel do contexto fático no momento da decisão judicial, com apelo às peculiaridades que circundam cada litígio judicializado, o que acaba por minar a ideia de completude da norma em abstrato, própria do positivismo-legalista, ampliando as atribuições e atividades cognitivas dos magistrados, os quais passam a contribuir para o desenvolvimento do Direito posto, completando-o nos espaços próprios de cada dispositivo legal, de acordo com os valores e a principiologia inerente ao respectivo microssistema.[145-146]

Cabe aqui, por todos, a definição de François Ost em sua teoria lúdica do direito:

> Antes de ser regla e institución, el Derecho es *logos*, discurso, significado en suspenso. Se articula "entre" las cosas: entre la regla (que no es nunca ente-

[144] "*All Laws, written, or unwritten, have need of Interpretation*" (Hobbes, Thomas. **Leviathan, or the matter, forme, & power of a common-wealth ecclesiastical and civil**. London: Andrew Croke, 1651. p. 143 *apud* Zaneti JR., Hermes. **O valor vinculante dos precedentes**: Teoria dos Precedentes Normativos Formalmente Vinculante. 2. ed. rev. e atual. Salvador: Juspodivm, 2016. p. 66.)

[145] Alvim, Teresa Arruda; Dantas, Bruno. **Recurso Especial, Recurso Extraordinário e a nova função dos Tribunais Superiores**. 5. ed. rev. e atual. São Paulo: Revista dos Tribunais, 2018. p. 47-53 (capítulo 2, subitem 2.1. "*a evolução da sociedade e o sistema jurídico*").

[146] Especificamente quanto ao microssistema eleitoral, José Jairo Gomes adverte:
"*Para que um setor do universo jurídico seja inserido na categoria de microssistema, deve possuir princípios e diretrizes próprios, ordenados em atenção ao objeto regulado, que lhe assegurem a coerência interna de seus elementos e, com isso, identidade própria. Ademais, pressupõe a existência de práticas sociais específicas, às quais correspondam um universo discursivo e textual determinado a amparar as relações jurídicas ocorrentes.*
O Direito Eleitoral atende a tais requisitos. Nele se encontra encerrada toda a matéria ligada ao exercício de direitos políticos e organização das eleições. Enfeixa princípios, normas e regras atinentes a vários ramos do Direito, como constitucional, administrativo, penal, processual penal, processual civil". (Gomes, José Jairo. **Direito Eleitoral**. 13. ed. São Paulo: Atlas, 2017. p. 29).

> ramente normativa) y el hecho (que no es nunca enteramente fáctico), entre el orden y el desorden, entre la letra y el espíritu, entre la fuerza y la justicia. Dialéctico, es el uno "por" el otro; paradójico, es el uno y otro.[147]

Adotadas todas essas premissas, há uma clara percepção de que a segurança jurídica, assim entendida sob o viés da previsibilidade, não se contenta mais com o mero conhecimento da legislação positivada, pois muito do próprio sentido desta é revelado pelo Judiciário, em especial pelas Cortes Supremas.

Daí que se mostra crucial investigar com mais profundidade o postulado da segurança jurídica, de forma a se delimitar qual o seu conteúdo jurídico no tocante à expectativa legítima dos cidadãos nos atos do Poder Público, agora complementados pelas decisões judiciais (precedentes) que passam a ser formalmente vinculantes.

[147] Ost, François. Júpiter, Hércules, Hermes: tres modelos de juez. **Revista sobre enseñanza del Derecho**, Buenos Aires, n. 8, p. 101-130, 2007. p. 122.

2.
Segurança jurídica e Direito Eleitoral

> *"One of the most serious injuries the state can inflict on its subjects is to commit them to lives of perpetual uncertainty"* (Kay, Richard S. *American Constitutionalism*, In: **Constitutionalism: Philosophical Foundations**, Ed. Larry Alexander, Cambridge: Cambridge University Press, 1998, p. 22)

O presente capítulo tem como escopo explorar a ideia geral de segurança jurídica, a começar por uma abordagem mais filosófica, relacionada ao Direito enquanto necessidade humana num contexto social[148].

Em momento seguinte, coube delimitar de que forma o referido postulado cardeal foi delineado no âmbito do nosso sistema constitucional, dada a centralidade da Constituição Federal no ordenamento jurídico brasileiro.

Por fim, se procedeu a um recorte da segurança jurídica no que atine especificamente ao Direito Eleitoral[149], com especial enfoque à regra

[148] MacCormick, Neil. **Argumentação jurídica e Teoria do Direito**. 2. ed. Tradução de Waldéa Barcellos. São Paulo: Martins Fontes, 2009. p. X (preâmbulo de 1994): "*Um sistema de direito positivo, em especial, o direito de um Estado moderno, engloba uma tentativa de consolidar amplos princípios de conduta na forma de normas relativamente estáveis, claras, detalhadas e objetivamente compreensíveis, bem como de fornecer um processo aceitável e inspirador de confiança interpessoal para vigorar essas normas*".

[149] Marinoni, Luiz Guilherme. O precedente na dimensão da segurança jurídica. *In*: Marinoni, Luiz Guilherme (coord.). **A força dos precedentes**: estudos dos cursos de Mestrado e Doutorado em Direito Processual Civil da UFPR. Salvador: Juspodivm, 2010. p. 217: "(...) *a previsibilidade é relacionada aos atos do Judiciário, isto é, às decisões, mas que esta previsibilidade garante a confiabilidade do cidadão nos seus próprios direitos. Um sistema incapaz*

constitucional da anualidade eleitoral insculpida no artigo 16 da Constituição Federal e sua interrelação com a nova teoria das fontes do direito, com enfoque especial aos precedentes das Cortes Supremas.

2.1. Estado, Direito e Segurança Jurídica

Não é possível falar-se em eleições, no contexto de um Estado de Direito, sem uma definição segura das regras da disputa eleitoral. Aliás, segurança jurídica é fator *sine qua non* da ideia de Direito. Gustav Radbruch registrou que justiça e segurança são os únicos "*elementos universalmente válidos da ideia de direito*"[150], ou seja, em qualquer parte dos domínios terrestres em que se pense em Direito, há de se fazer presente, sempre e necessariamente, o sentimento de confiabilidade nas regras jurídicas e nas instituições que as criam e as aplicam.

Não é por menos que J. J. Gomes Canotilho[151], em sua clássica lição, adverte que a segurança jurídica é decorrência da própria ideia de Estado de Direito. Isto é, sendo o Estado de Direito, no seu escólio, um princípio, a *segurança jurídica* (juntamente com a ideia de proteção à confiança) – ao lado da *legalidade*, da *proibição do excesso* e da *protecção jurídica e das garantias processuais* – é um "subprincípio concretizador".

A segurança jurídica exige, continua o referido autor, "*(1) fiabilidade, clareza, racionalidade e transparência dos actos do poder; (2) de forma que em relação a eles o cidadão veja garantida a segurança nas suas disposições pessoais e nos efeitos jurídicos dos seus próprios actos*".[152]

O horizonte do ser humano, no contexto de um Estado de Direito, não pode ser incerto. Às pessoas devem ser dirigidas normas suficientemente claras e minimamente esclarecedoras a respeito de permissões, proibições e, neste último caso, sanções.

de garantir a previsibilidade, assim, não permite que o cidadão tome consciência dos seus direitos, impedindo a concretização da cidadania".

150 Radbruch, Gustav **Filosofia do direito**. Trad. L. Cabral de Moncada. 6. ed. Coimbra: Armênio Amado, 1979. p. 162.

151 Canotilho, J. J. Gomes. **Direito Constitucional e Teoria da Constituição**. 7. ed. Coimbra: Almedina, 2003. p. 257.

152 Canotilho, J. J. Gomes. op. cit., p. 257.

Do contrário, a prevalecer normas de textura aberta, Canotilho destaca duas consequências desse modelo: (i) "*dar cobertura a uma inversão de competências constitucionais e legais*"[153]; e (ii) torna "*claudicante a previsibilidade normativa em relação ao cidadão e ao juiz*". E finaliza: "*A exigência da determinabilidade das leis ganha particular acuidade no domínio das leis restritivas ou de leis autorizadoras de restrição*".[154]

As leis eleitorais e as interpretações que delas se fazem se situam no campo das leis restritivas, em especial a Lei de Inelegibilidades, porquanto têm o condão de reduzir o espectro do direito político fundamental do cidadão de participar das decisões da coletividade.

Outros direitos de natureza fundamental também se fazem presentes na dinâmica do Direito Eleitoral, como é o caso da liberdade de expressão no âmbito da propaganda eleitoral e o devido processo legal nas representações e ações de natureza sancionatória.

Daí, como se verá mais a frente (em especial no capítulo 3), a importância dos precedentes como forma de minorar a insegurança jurídica causada pelas regras abstratas, especialmente as de textura aberta, como é o caso, por exemplo, do "*uso indevido dos meios de comunicação social*", "*abuso de poder político e econômico*", "*ato doloso de improbidade administrativa de **natureza insanável***", dentre outros.

[153] A propósito da inversão de competências e de subversão do processo eletivo decorrente da má redação legislativa e da hipertrofia da Justiça Eleitoral, confira-se a advertência de Adriano Soares da Costa (op. cit., p. 16-7) – *verbis*: "*O moralismo eleitoral parte normalmente de uma compreensão equivocada da teoria da inelegibilidade, que se põe a serviço de um certo justiçamento antidemocrático, ainda que movido pelas melhores intenções. Não há dúvidas que é necessário depurarmos as nossas instituições, porém essa é tarefa complexa, que não se esgota em medidas irrefletidas, movidas por um certo voluntarismo, que de tanto simplificar os problemas apenas cria novos problemas. Ora, em uma democracia, quem deve afastar o mau político é o eleitor pelo voto. O critério de definição? Cabe ao eleitor definir. Porém, essa minoria não acredita na democracia, não acredita no eleitor: prefere, então, criar aos borbotões e sem pejo critérios de exclusão previamente. Antidemocraticamente. Ah, mas o eleitor é analfabeto, dirão alguns. Ah, mas o eleitor vende o voto, dirão outros. Certo, então proibamos o pobre e o analfabeto de votarem. Quem terá coragem de abertamente defender essa tese absurda? Ninguém, por evidente. Então, fingem defender a democracia, quando na verdade pretendem é criar, às avessas, uma espécie de sufrágio censitário. O eleitor vai votar, é certo, mas em uma lista antes já submetida a um processo de higienização ideológica. A isso chamo de moralismo eleitoral, essa forma fundamentalista de aplicação de uma certa moral ao processo eletivo*".

[154] CANOTILHO, J. J. Gomes. op. cit., p. 258.

Feito esse breve recorte para contextualizar a importância da segurança jurídica no Direito Eleitoral, cumpre regressar ao contexto mais geral, próprio deste tópico inaugural.

A busca por certeza; previsibilidade, isto é, segurança jurídica nesta acepção do termo, não é um anseio próprio do Estado Constitucional ou mesmo pelo Estado de Direito de matiz liberal. As civilizações sempre a buscaram. Definitivamente, o tema não é novo. Aliás, é mesmo uma constante. Toda sociedade, com maior ou menor grau de intensidade, buscou delimitar um mínimo de certeza nas regras jurídicas.

Perez Luño pontua que "*a segurança constitui um desejo arraigado na vida anímica do homem, que sente horror ante a insegurança de sua existência, ante a imprevisibilidade e a incerteza a que está submetido*".[155] É da psique humana, do homem enquanto membro de uma dada comunidade, ansiar por segurança.

Nesse mesmo trilhar, a ilustre professora e eleitoralista Marilda de Paula Silveira ensina que "*independentemente da dedução constitucional, pode-se afirmar que a segurança (e a própria segurança jurídica) trata-se de anseio antropológico do ser humano*".[156] É dizer: o anseio por segurança é inerente à condição humana.

Mesmo nos sistemas da *common law*, marcados por uma ausência de leis analíticas e, por assim dizer, uma previsibilidade jurídica menos evidente, a segurança não deixa de ser prioridade. Aliás, é um erro cabal supor que os sistemas de Direito Costumeiro possuem normas mais incertas e operam num nível de maior insegurança: o respeito aos precedentes e a sistemática que se desenvolveu para sua operacionabilidade provam justamente o contrário.

De todo modo, e para ilustrar a preocupação dos juristas da *common law* com a segurança jurídica, vejamos o que apregoava Ronald Dworkin: "*a surpresa em geral é indesejável (...). As pessoas precisam de regras para viver e*

155 PÉREZ LUÑO, Antonio Enrique. **La segurida jurídica**. 2. ed. Barcelona: Ariel AS, 1994. p. 24.

156 SILVEIRA, Marilda de Paula. **Segurança jurídica, relação, ato**: mudança, transição e motivação. Belo Horizonte: Fórum, 2016. p. 43.

trabalhar juntas com eficiência, e precisam ser protegidas quando confiam em tais regras".[157]

Ao escrever a sua famosa teoria da justiça, o teórico John Rawls, no tópico atinente ao papel da justiça, já chamava a atenção para a necessidade de uma ordenação minimamente segura da sociedade[158] e para a isonomia na aplicação das leis.[159]

Nesse desiderato, já esquadrinhava, ali, a ideia de legítima expectativa nos atos dos poderes públicos e dos demais membros do corpo social, de modo a se viabilizar uma convivência social sadia, dentro de patamares planejados, como se pode perceber da seguinte passagem:

> Algum grau de consenso nas concepções de justiça não é, porém, o único pré-requisito para a viabilidade de comunidades humanas. Há outros problemas sociais fundamentais, em especial os da coordenação, da eficiência e da estabilidade. Assim, é preciso que os planos dos indivíduos se encaixem uns nos outros para que suas atividades sejam compatíveis entre si e possam ser todas realizadas sem que as expectativas legítimas de cada um sofram frustrações graves. (...) Na ausência de certo grau de concordância a respeito do que é justo e injusto, está claro que é mais difícil para os indivíduos coordenarem seus planos de maneira eficiente a fim de garantir que acordos mutuamente benéficos sejam mantidos. A desconfiança e o ressentimento corroem os vínculos da civilidade, e a suspeita e a hostilidade tentam as pessoas a agir de maneira que evitariam em outras circunstâncias.[160]

[157] DWORKIN, Ronald. **O Império do Direito**. Tradução de Jeferson Luiz Camargo. 3. ed. São Paulo: Martins Fontes, 2014. p. 176.

[158] *"(...) a sociedade é bem-ordenada não somente quando foi planejada para promover o bem de seus membros, mas também quando é realmente regulada por uma concepção pública da justiça. Ou seja, é uma sociedade na qual (1) todos aceitam e sabem que os outros aceitam os mesmos princípios de justiça; e (2) as instituições sociais fundamentais geralmente atendem, e em geral se sabe que atendem, a esses princípios".* (RAWLS, John. **Uma teoria da justiça**. Tradução de Jussara Simões. 4. ed. São Paulo: Martins Fontes, 2016. p. 5).

[159] *"(...) as instituições são justas quando não se fazem distinções arbitrárias entre pessoas na atribuição dos direitos e dos deveres fundamentais (...)".* (RAWLS, John. op. cit., p. 6).

[160] RAWLS, John. op. cit., p. 7.

Nessa marcha batida, cumpre não olvidar, ainda a título demonstrativo, que já no século XVIII se observou um movimento de codificação pela Europa[161] cujo propósito era, dentre outros, conferir previsibilidade ao Direito (sendo este, em muitos dos casos, o principal desafio).[162] A ideia era dar maior segurança[163] e sistematicidade ao ordenamento jurídico.

Os códigos, entretanto, não eram unanimidades entre os juristas. Pelo contrário, havia muita discussão. Os que eram contra a sua adoção asseveravam que o direito então concebido não se harmonizava com o ideário de imutabilidade.

A Escola Histórica, capitaneada por Savigny, era peremptoriamente contra a codificação, forte nos seguintes argumentos:

> O argumento principal contra a codificação é sua imobilidade. Essa crítica foi feita por Savigny, fundador da Escola Histórica. Um código corresponde ao estágio do desenvolvimento jurídico num determinado momento e procura fixar esse estágio de modo que não possa mais ser mudado. O texto estabelecido pode, no máximo, ser objeto de interpretação. De acordo com a Escola Histórica, o direito é o resultado da evolução histórica dos povos e deve adaptar-se a essa evolução. O congelamento do direito através da codificação gera contradições internas e tensões intoleráveis dentro da sociedade. Toda codificação coloca, portanto, um dilema: se o código não é modificado, perde todo o contato com a realidade, fica ultrapassado e impede o desenvolvimento social; mas, se os componentes do código são constantemente modificados para adaptar-se às novas situações, o todo perde sua unidade lógica e começa a mostrar divergências crescentes e até mesmo contradições.

161 "*A ligação do jusracionalismo com o iluminismo produziu, primeiro nos estados absolutos do centro e do sul da Europa, e depois na Europa ocidental após o processo revolucionário francês, uma primeira grande onda das codificações modernas*". (Wieacker, Franz. **História do direito privado moderno**. 4. ed. Lisboa: Calouste Gulbenkian, 2010. p. 356-6)

162 "*O movimento de codificação espalhou-se por toda a Europa do século XVIII*". (Caenegem, R. C. van. **Uma introdução histórica ao Direito Privado**. Tradução de Carlos Eduardo Lima Machado. São Paulo: Martins Fontes, 2000. p. 17).

163 "*Todas as codificações têm vantagens e desvantagens. Entre as vantagens estão, em primeiro lugar, a segurança jurídica, já que um código contém todo o direito*". (Caenegem, R. C. van. op. cit., p. 18).

Os perigos são reais, pois a experiência mostra que a compilação de um novo código é uma tarefa difícil que raramente alcança êxito.[164]

Mas a ideia da codificação venceu. Portalis, coautor do *Code civil* francês, "*era naturalmente a favor da ideia de codificação mas, ao mesmo tempo, tinha consciência dos riscos trazidos pelo código*".[165] Assim, ciente do perigo de ser por um ponto final no direito, formulou dois importantes princípios para a edição dos códigos: (*i*) um código não deve descer às minúcias, garantindo-se margem a uma razoável liberdade de julgamento e avaliação dos casos individuais que surgirem; (*ii*) a tarefa dos eruditos e da jurisprudência deveria consistir em fornecer os meios de interpretação para que o código permanecesse vivo. Segundo Portalis, "*os códigos se fazem com o tempo*".[166]

E se poderia continuar, num ritmo incansável, a retrospectiva histórica. Porém, o curto parêntese histórico ora delineado é suficiente para se demonstrar que a preocupação com a segurança jurídica é uma constante das sociedades minimamente civilizadas, não sendo diferente no Brasil.

O fato é que em todas as sociedades prevaleceu, entre o eterno pêndulo da absoluta imutabilidade e da total incerteza, a escolha de medidas intermediárias que garantissem, num patamar de maior ou menor razoabilidade, a *cognoscibilidade*, a *confiabilidade* e a *calculabilidade* do direito[167], o que reputamos imprescindível em cada ordenamento que se diga jurídico.

Antes de findar, é necessário pontuar, a título derradeiro, que é evidente – no atual estágio da civilização, marcada por um ritmo acelerado de mudanças, própria de uma modernidade líquida, como bem a define Zygmunt Bauman[168], onde nada é feito para ser eterno – que o Direito não pode se pretender ser perene; estático.

Aliás, o jurista do século XXI é acostumado com certo grau de incerteza, como bem exemplifica o surgimento do Direito Digital e, mais

[164] Caenegem, R. C. van. op. cit., p. 19.
[165] Idem, p. 20.
[166] Ibidem.
[167] Silveira, Marilda de Paula. op. cit., p. 45.
[168] Bauman, Zygmunt. **Modernidade líquida**. Rio de Janeiro: Jorge Zahar, 2001.

recentemente, as medidas de natureza transitória, legais e pretorianas, tomadas para o enfrentamento da pandemia do COVID-19.

Feito esse registro final, cabe analisar de que forma esse anseio geral de segurança, inerente à condição humana em sociedade, é delineado no ordenamento jurídico pátrio.

2.2. A Segurança Jurídica na Constituição Federal

É a Constituição que desenha e formata as instituições no contexto de um Estado Constitucional. É nela, portanto, que se preveem as linhas básicas de funcionamento social[169], dela não escapando, como não poderia deixar de ser, a temática atinente à segurança, assim entendida enquanto segurança jurídica propriamente dita.

Segundo Cláudio Pereira de Souza Neto, a segurança jurídica possui, no seio da Constituição Federal, *dupla fundamentalidade*. É formalmente constitucional por encontrar guarida e previsão no *caput* do artigo 5º da CF/88[170]. É, ainda, materialmente fundamental[171], "*por se entrelaçar, cor-*

[169] "*Inicia-se a Constituição definindo os aspectos fundamentais da organização brasileira*". (Ribeiro, Fávila. **Pressupostos constitucionais do Direito Eleitoral**: no caminho da sociedade participativa. Porto Alegre: Sergio Antonio Fabris Editor, 1990. p. 21.)

[170] "*Art. 5º Todos são iguais perante a lei, sem distinção de qualquer natureza, garantindo-se aos brasileiros e aos estrangeiros residentes no País a inviolabilidade do direito à vida, à liberdade, à igualdade, à* ***segurança*** *e à propriedade, nos termos seguintes (...)*". Grifo nosso.

[171] Há quem trate esse caráter "material" de outra forma. É o caso de Elody Nassar, para quem "*não sendo estabelecido de modo expresso na nossa Constituição Federal, o princípio da segurança jurídica se exibe como princípio constitucional implícito*". (Nassar, Elody. A retroação do ato administrativo como exceção: a processualidade administrativa como imperativo constitucional da atividade invalidatória, sob a ótica do devido processo legal. *In*: Valim, Rafael; Oliveira, José Roberto Pimenta; Dal Pozzo, Augusto Neves (coord.). **Tratado sobre o princípio da segurança jurídica no direito administrativo**. Belo Horizonte: Fórum, 2013. p. 329. Já Luiz Guilherme Marinoni, após registrar que as Constituições e as Cartas de Direitos Humanos não preveem, de modo expresso, a segurança jurídica na contemporaneidade, adverte que "*o constitucionalismo dos nossos dias é consciente de que um Estado de Direito é dela indissociável. A doutrina considera a segurança jurídica como expressão do Estado de Direito, conferindo àquela condição de subprincípio concretizador do princípio fundamental e estruturante do Estado de Direito*". (Marinoni, Luiz Guilherme. O precedente na dimensão da segurança jurídica. *In*: Marinoni, Luiz Guilherme (coord.). **A força dos precedentes**: estudos dos cursos de Mestrado e Doutorado em Direito Processual Civil da UFPR. Salvador: Juspodivm, 2010. p. 211).

rentemente, com a dignidade da pessoa humana[172]*, provendo a tranquilidade e a previsibilidade, sem as quais a vida se converte em uma sucessão angustiante de sobressaltos*".[173]

E continua:

> A segurança, como vários outros princípios constitucionais, é multidimensional, exercendo diversas funções em diferentes contextos, e se especializando em múltiplos subprincípios, que vão da irretroatividade da norma tributária à anualidade das regras eleitorais. Tais subprincípios, contudo, se subsumem a três categorias básicas: *estabilidade, previsibilidade* e *ausência de perigos*.[174]

No tocante à *estabilidade*, os conhecidos institutos do *ato jurídico perfeito, direito adquirido* e *coisa julgada*, encontradiços no inciso XXVI do artigo 5º da Carta Magna, em linhas gerais, dão vazão a seu sentido.[175] Já no tocante à *ausência de perigos*, a segurança relacionar-se-ia, no entender de Cláudio Pereira de Souza Neto, a aspectos de segurança pública e seguridade social.[176] É, portanto, no que atine à *previsibilidade* que o presente trabalho guarda maiores preocupações.[177]

[172] Para uma compreensão mais detalhada da ligação da segurança jurídica à ideia de dignidade humana: SARLET, Ingo Wolfgang. A eficácia do direito fundamental à segurança jurídica: dignidade da pessoa humana, direitos fundamentais e proibição de retrocesso social no direito constitucional brasileiro. *In*: **Revista de Direito Constitucional**, Belo Horizonte, v. 3, n. 11, out. 2005. p. 11.

[173] SOUZA NETO, Cláudio Pereira. Comentários ao art. 5º, *caput*. *In*: CANOTILHO, José Joaquim Gomes; MENDES, Gilmar Ferreira; SARLET, Ingo Wolfang; STRECK, Lenio Luiz (coord.). **Comentários à Constituição do Brasil**. São Paulo: Saraiva: Almedina, 2013. p. 231.

[174] Idem, p. 231.

[175] SOUZA NETO, Cláudio Pereira. op. cit., p. 231.

[176] Idem, p. 231-2.

[177] Existem inúmeras variáveis ou subprincípios atinentes à segurança jurídica. Aliás, como adverte Marilda de Paula Silveira, "*[e]mbora os ideais de* cognoscibilidade, confiabilidade, *e* calculabilidade *discerníveis, estes não estão isentos de interpenetrações*" (op. cit., p. 49), isto é, de uma forma ou de outra, seja qual forem os subprincípios elencados na divisão conceitual do postulado da segurança jurídica, as derivações acabam se confundido em uma ou várias

As alterações do ordenamento jurídico e as mudanças de interpretações são, além de naturais, necessárias ao Estado Democrático de Direito. Contudo, é forçoso reconhecer que aos particulares é legítimo confiar que suas decisões sejam tomadas "*em um cenário que permita conhecer o Direito aplicável ao caso ou, no mínimo, acessar as variáveis relevantes para qualquer tomada de decisão*".[178]

Daí o porquê de Marilda de Paula Silveira assim apregoar:

> Isso não significa que o princípio da segurança jurídica pressupõe a certeza prévia e absoluta a respeito do conteúdo das normas jurídicas. Menos ainda pretende estagnar[179] o ordenamento jurídico por uma pretensão de imutabilidade contrária ao próprio fundamento do Estado democrático de Direito. Sua garantia, por vezes, está relacionada à extensão da mudança, mas, em grande medida diz respeito à sua forma de implementação.[180]

O que importa, em verdade, é que o cidadão possa confiar nos atos estatais. A premissa que ora se adota é a de Marilda de Paula Silveira, também compartilhada por Cláudio Pereira de Souza Neto, a saber, a de que a "*previsibilidade da atuação estatal permite que particulares estabeleçam responsavelmente seus planos de ação e saibam com antecedência quais serão as consequências de seus atos*".[181]

Também sob a perspectiva da *previsibilidade*, dispõe Marinoni ser esta "*essencial ao Estado de Direito. É preciso que o sujeito saiba o significado das condutas que pode praticar para viver com liberdade e se desenvolver*".[182] Daniel Mitidiero, por seu turno, trabalha também com as ideias de *segurança de orien-*

medidas. Adota-se, nesta oportunidade, o ideal de *previsibilidade*, o qual se entende como uma soma de todos ideais da referida autora.

178 Silveira, Marilda de Paula. op. cit., p. 45.

179 Nesse sentido, Cardozo, Benjamin. op. cit., p. 112: "*Se os juízes infelizmente interpretaram mal os usos e costumes de sua época, ou se estes já não correspondem aos nossos, eles não devem atar as mãos de seus sucessores, forçando-os a uma submissão sem saída*".

180 Idem, p. 45.

181 Souza Neto, Cláudio Pereira. op. cit., p. 231.

182 Marinoni, Luiz Guilherme. **A Ética dos Precedentes**: justificativa do Novo CPC. 2. ed. rev. e atual. São Paulo: Revista dos Tribunais, 2016. p. 110.

tação (*"Orientierungssicherheit"*), *estabilidade* (continuidade, permanência e durabilidade) e *confiabilidade*.[183]

Do contrário, *"enquanto for imprevisível o poder público observar e impor o direito vigente ou não, não poderá ocorrer um planejamento confiável da vida"*.[184] O cidadão se torna um mero e impotente espectador de um Estado que aplica o direito ao sabor das conveniências.

Sob esse enfoque da *previsibilidade*, ao qual Canotilho denomina de *eficácia* "ex ante" do princípio da segurança jurídica, tem-se a *"certeza e calculabilidade, por parte dos cidadãos, em relação aos efeitos jurídicos dos actos normativos"*.[185]

Todavia, é forçoso registrar, todo o cuidado dispensado pelo mestre de Coimbra aos atos normativos, no que relacionados à segurança jurídica, não é extensível à jurisprudência.

Diz Canotilho quanto ao tema:

> É diferente falar em segurança jurídica quando se trata de caso julgado e em segurança jurídica quando está em causa a *uniformidade ou estabilidade da jurisprudência*. Sob o ponto de vista do cidadão, não existe um direito à manutenção da jurisprudência dos tribunais, mas sempre se coloca a questão de saber se e como a proteção da confiança pode estar condicionada pela uniformidade, ou, pelo menos, estabilidade, na orientação dos tribunais. É uma dimensão irredutível da função jurisdicional a obrigação de os juízes decidirem, nos termos da lei, segundo a sua convicção e responsabilidade. A bondade da decisão pode ser discutida pelos tribunais superiores que, inclusivamente, a poderão «revogar» ou «anular», mas o juiz é, nos feitos submetidos a julgamento, autonomamente responsável.[186]

[183] Mitidiero, Daniel. **Precedentes**: da persuasão à vinculação. 3. ed. rev. e atual. São Paulo: Revista dos Tribunais, 2018. p. 26.

[184] Grimm, Dieter. **Constituição e política**. Tradução: Geraldo de Carvalho. Belo Horizonte: Del Rey, 2006. p. 13.

[185] Canotilho, J. J. Gomes. op. cit., p. 264.

[186] Canotilho, J. J. Gomes. op. cit., p. 265.

O paradigma português, exemplificado pela interpretação teórica de Canotilho, não é o mais adequado ao nosso sistema, sobretudo por ainda estar atrelado à ideia de um livre convencimento quase absoluto.

Assim, por mais penoso e desafiador que seja, é necessário discordar do grande constitucionalista que é Canotilho, ao menos quanto ao ponto em análise, eis que ao cidadão deve, sim, ser garantida a confiança nos precedentes gerados pelas Cortes de Justiça, em especial no que se refere às decisões tomadas pela ditas Cortes de Vértice (tema que será melhor explorado no capítulo 3).

Com efeito, o presente livro parte do pressuposto de que o Direito, assim entendido como sua interpretação e aplicação, não se limita à lei em sentido formal[187]. Trabalha-se com a ideia de *juridicidade*, e não da mera *legalidade*[188-189].

Como já enfrentado à exaustão no capítulo antecedente, os enunciados normativos, no pós-positivismo (momento atual), não são apenas os atos normativos primários, como ocorria na época do legalismo. Mais que isso, neste grupo incluem-se os precedentes, os quais vão formando, ao

[187] "(...) *como a previsibilidade não descura da circunstância de que a norma deve ser interpretada, tornou-se necessário tocar na questão da interpretação jurídica, daí tendo naturalmente surgido a preocupação com a efetividade do sistema jurídico em sua dimensão de capacidade de permitir a previsibilidade, na medida em que o conhecimento da norma e a uniformidade da interpretação de nada adiantariam caso o jurisdicionado não pudesse contar com decisões previsíveis*". (Marinoni, Luiz Guilherme. O precedente na dimensão da segurança jurídica. *In*: Marinoni, Luiz Guilherme (coord.). **A força dos precedentes**: estudos dos cursos de Mestrado e Doutorado em Direito Processual Civil da UFPR. Salvador: Juspodivm, 2010. p. 213).

[188] Consoante lição de Humberto Ávila, "*A norma jurídica, em geral, não contém um único sentido, mas alternativas semânticas e núcleos de significação*". (Ávila, Humberto. **Segurança jurídica**: entre permanência, mudança e realização do Direito Tributário. 2. ed. rev. e atual. São Paulo: Malheiros, 2012. p. 158).

[189] "*De uma vez por todas: a* lei não é mais a única e exclusiva fonte do direito e, assim, não é mais o Legislativo o órgão constitucional de soberania detentor do monopólio da produção normativa ('criação do direito') caracterizada pela generalidade e abstração". (Pedra, Anderson Sant'Ana. A criação do direito pela Justiça Eleitoral e o princípio da anualidade. *In*: Fux, Luiz; Pereira, Luiz Fernando Casagrande; AGRA, Walber de Moura (coord.). **Direito Constitucional Eleitoral**. Belo Horizonte: Fórum, 2018. p. 448).

longo do tempo, o corpo jurídico íntegro[190] (romance em cadeia[191]) a que faz alusão o multicitado jusfilósofo Ronald Dworkin, no qual o cidadão deposita confiança ao se planejar para agir.

Dworkin adverte que "*um juiz ou um cidadão que precisa decidir o que é direito quando se vê diante de alguma questão complexa, deve interpretar o direito do passado para descobrir quais os princípios melhor o justificam e, em seguida, decidir o que tais princípios exigem no novo caso*".[192]

A **historicidade**, esta característica tão elementar ao Direito, consistente na preocupação com o contexto em que manejado (espaço e tempo), é assim retratada pelo ex-Ministro do Supremo Tribunal Federal e Professor Eros Roberto Grau: "*o juiz decide sempre dentro de uma situação histórica determinada, participando da consciência social de seu tempo, considerando o direito todo, e não apenas um determinado texto normativo*".[193]

Em assim sendo, cumpre averiguar se o princípio da segurança jurídica – no que respeita à ideia de *cognoscibilidade*, *calculabilidade* e *previsibilidade* – tem o condão de garantir, a exemplo do que o faz com o ato jurídico perfeito, o direito adquirido e a coisa julgada, o que Gustavo Bohrer Paim denominou de "*estabilidade da interpretação jurisprudencial*".[194]

A doutrina e a jurisprudência caminham nesse sentido ao reconhecer o caráter normativo dos precedentes. Celso Antônio Bandeira de Mello, a propósito da função judicial e o dever de obediência ao postulado fundamental da segurança jurídica, adverte:

[190] Neste sentido, ABBOUD, Georges. **Processo Constitucional brasileiro**. São Paulo: Revista dos Tribunais, 2016. p. 77: "(...) *a norma é um produto da interpretação, ela tem o caráter de atribuição de sentido a um texto que se manifesta na linguagem a partir de um processo de mediação com a Tradição, que é o espaço de atuação do jurista. A atividade interpretativa é sempre histórica, porque o texto somente é abordável a partir da historicidade do intérprete*".

[191] A esse propósito, confira-se o escólio de STRECK, Lenio Luiz; ABBOUD, Georges. **O que é isto**: o precedente judicial e as súmulas vinculantes? 3. ed. Porto Alegre: Livraria do Advogado, 2015. p. 86: "(...) *a integridade na aplicação do direito significa reconstrução histórica da cadeia de casos interpretados/julgados (doutrina e jurisprudência)*".

[192] DWORKIN, Ronald. **A justiça de toga**. Tradução de Jefferson Luiz Camargo. São Paulo: Martins Fontes, 2016. p. 200.

[193] GRAU, Eros Roberto. **Ensaio e discurso sobre a interpretação:** aplicação do direito. 5. ed. rev. São Paulo: Malheiros Editores, 2009. p. 42.

[194] PAIM, Gustavo Bohrer. **Direito Eleitoral e Segurança Jurídica**. Porto Alegre: Livraria do Advogado, 2016. p. 30.

> No Estado Democrático de Direito é tão acentuado o respeito aos direitos da cidadania que até mesmo as decisões do Poder Judiciário, órgão encarregado da dicção do Direito no caso concreto, cumprindo, a luminosa função, por assim dizer, oracular de esclarecer e impor o direito a se aplicar em uma situação dada, pode ocorrer de ser adotada solução que leve em conta a necessidade de preservar ao menos relativamente as situações de fato já ocorridas.[195]

Da mesma forma se posicionam Gilmar Ferreira Mendes e Paulo Gustavo Gonet Branco, ao relembrarem que "*não só a revisão de atos administrativos, como também a mudança de entendimento jurisprudencial podem causar ofensa à segurança jurídica se não acompanhadas de providências adequadas*".[196] Veja-se, portanto, que não é de imutabilidade jurisprudencial que se trata. Longe disso, aliás. O que se exige, para fins de garantir previsibilidade aos cidadãos, é a tomada de **providências adequadas** quando da necessária superação do entendimento até então adotado pelas Cortes.

O que seria então uma providência adequada? Na lição de Lucas Buril de Macêdo, seria a *regulação da eficácia temporal* da decisão, nada mais e nada menos do que a conhecidíssima "modulação dos efeitos", tão cara aos que trabalham com controle de constitucionalidade, a qual, nas palavras do aludido acadêmico, "é importantíssima, pois assim se evita o ferimento à segurança jurídica e, dessa forma, a desconsideração da confiança legitimamente depositada pelas pessoas nos atos do Estado".[197]

Contudo, é preciso ter cuidado com a modulação. Tal providência, na precisa lição do Professor Georges Abboud, não pode servir para atender aos interesses estatais, em nome do "interesse público". Segundo adverte

[195] Bandeira de Mello, Censo Antônio. *In*: Valim, Rafael; Oliveira, José Roberto Pimenta; Dal Pozzo, Augusto Neves (coord.). **Tratado sobre o princípio da segurança jurídica no direito administrativo**. Belo Horizonte: Fórum, 2013. p. 45.

[196] Mendes, Gilmar Ferreira; Branco, Paulo Gustavo Gonet. **Curso de Direito Constitucional**. 11. ed. São Paulo: Saraiva, 2016. p. 396.

[197] Macêdo, Lucas Buril de. **Precedentes judiciais e o Direito Processual Civil**. Salvador: Juspodivm, 2015. p. 472.

o referido autor, o que prevalece nessas situações excepcionais[198] é justamente o *interesse social*, relacionado com as expectativas dos cidadãos[199].

É dizer, a decisão com eficácia *pro futuro* "*preserva o interesse social dos cidadãos e não o interesse público puramente*".[200] Ademais disso, a regulação temporal da eficácia das sentenças "*não constitui prerrogativa discricionária do Judiciário, logo deve haver fundamentação legal para a limitação dos efeitos*".[201]

De fato, cabe não olvidar que o cidadão é o elo mais fraco na relação que estabelece com o Poder Público. Portanto, salvo ocasiões excepcionalíssimas, a modulação temporal das viragens jurisprudenciais deve ser adotada como mecanismo de resguardo dos interesses das pessoas, estas sim detentoras de direitos fundamentais (neste rol está incluída a segurança jurídica), e não como forma de remediar erros e despropósitos do Poder Público, sob pena, inclusive, de se incentivar esse tipo de medida em prejuízo dos destinatários das normas de direito fundamental, o que seria um contrassenso caricato.

[198] Em tom de alarme, Georges Abboud se posiciona no sentido da utilização excepcionalíssima da técnica de regulação temporal das sentenças, premissa da qual o presente trabalho não compartilha, nada obstante se entenda pela nota de excepcionalidade da modulação de efeitos. Confira-se o alerta do autor: "*Ocorre que a aplicação dessas sentenças deve ser totalmente excepcional, seu uso deve ocorrer apenas quando os efeitos da declaração de inconstitucionalidade possam acarretar consequências extremamente gravosas, um estado de anomia, no qual toda a legalidade fica suspensa, permitindo a manifestação do estado de exceção, diante do qual as relações jurídicas estabelecidas entre os particulares os direitos subjetivos delas provenientes ficariam totalmente fulminados*". (Abboud, Georges. **Processo constitucional brasileiro**. São Paulo: Revista dos Tribunais, 2016, p. 396).

[199] Abboud, Georges. **Processo constitucional brasileiro**. São Paulo: Revista dos Tribunais, 2016. p. 393-4: "(...) *a modulação de efeitos deve ocorrer para preservar os atos praticados pelos particulares diante de um regime de legalidade que eles confiavam ser regular e constitucional. Nessa hipótese, a modulação de efeitos preserva a confiança dos cidadãos na Administração Pública, preservando direitos adquiridos e atos celebrados, o que, por sua vez, acarreta a preservação do interesse social*".

[200] Abboud, Georges. **Processo constitucional brasileiro**. São Paulo: Revista dos Tribunais, 2016, p. 397.

[201] Abboud, Georges. **Processo constitucional brasileiro**. São Paulo: Revista dos Tribunais, 2016. p. 393.

Do ponto de vista da disciplina legal, importa lembrar que antes mesmo da nova previsão do Código de Processo Civil que, no §3º[202] do artigo 927 expressamente institui a modulação de efeitos, o ordenamento jurídico já contava com o artigo 27[203] da Lei nº 9.868/1.999, a evidenciar o longo respaldo legal dessa providência.

A novidade é que a Lei Adjetiva Civil expandiu a modulação, originariamente adotada apenas nos casos de controle vertical de validade dos atos normativos, para as mudanças jurisprudenciais ocorridas nos "*tribunais superiores*", englobando, portanto, viragens de entendimento pretoriano de temas infraconstitucionais decididos pelo Superior Tribunal de Justiça, Tribunal Superior Eleitoral e Tribunal Superior do Trabalho, por exemplo.

De toda forma, no campo pretoriano, o Supremo Tribunal Federal, no julgamento do Recurso Extraordinário nº 630.733/DF, antes mesmo do advento do *Code Fux*, já havia assentado a necessidade de modulação dos efeitos da decisão que "*altera jurisprudência longamente adotada*".

Em casos que tais, numa louvável postura institucional, reconheceram os membros da Alta Corte que: "*fica evidente que o Tribunal não poderá fingir que sempre pensara dessa forma. Daí a necessidade de, em tais casos, fazer-se o ajuste do resultado, adotando-se técnica de decisão que, tanto quanto possível, traduza a mudança de valoração*".[204]

Da mesma forma se decidiu no Conflito de Competência nº 7.204/MG:

[202] "*Na hipótese de alteração de jurisprudência dominante do Supremo Tribunal Federal e dos tribunais superiores ou daquela oriunda de julgamento de casos repetitivos, pode haver modulação dos efeitos da alteração no interesse social e no da segurança jurídica*".

[203] "*Art. 27. Ao declarar a inconstitucionalidade de lei ou ato normativo, e tendo em vista razões de segurança jurídica ou de excepcional interesse social, poderá o Supremo Tribunal Federal, por maioria de dois terços de seus membros, restringir os efeitos daquela declaração ou decidir que ela só tenha eficácia a partir de seu trânsito em julgado ou de outro momento que venha a ser fixado*".

[204] BRASIL. Supremo Tribunal Federal. **Recurso Extraordinário nº 630.733 Distrito Federal.** Recurso Extraordinário. Remarcação de reste de aptidão física em concurso público em razão de problema temporário de saúde. Vedação expressa em edital. Constitucionalidade [...]. Relator: Min. Gilmar Mendes, acórdão de 15 de maio de 2013. Disponível em: http://portal.stf.jus.br/processos/detalhe.asp?incidente=3957697. Acesso em: 12 jan. 2019

O Supremo Tribunal Federal, guardião-mor da Constituição Republicana, pode e deve, em prol da segurança jurídica, atribuir eficácia prospectiva às suas decisões, com a delimitação precisa dos respectivos efeitos, toda vez que proceder a revisões de jurisprudência definidora de competência *ex ratione materiae*. O escopo é preservar os jurisdicionados de alterações jurisprudenciais que ocorram sem mudança formal do Magno Texto.[205]

De se ver, portanto, que o Judiciário reconhece o caráter normativo de suas decisões, assim entendidas como fontes de conhecimento do Direito por parte dos cidadãos, a ponto de se chamar à própria responsabilidade de dosar os efeitos de suas reconsiderações, evitando rupturas, traumas e demais consequências indesejáveis àqueles que depositaram legítima confiança em seus pronunciamentos.

Dito isso, cumpre advertir que a preocupação com a estabilidade da interpretação jurisprudencial se acentua no âmbito do Direito Eleitoral[206], ramo das ciências jurídicas de que é o objeto central do presente trabalho, máxime em razão da regra da anualidade e do postulado (ou princípio) da *anterioridade eleitoral*, objeto de maior detalhamento no tópico seguinte.

2.3. Direito Eleitoral e segurança jurídica

A despeito do princípio da segurança jurídica ser compreendido, como exposto alhures, como ideário de *previsibilidade*, *calculabilidade* e *cognoscibilidade*, resultantes, em último aspecto, na legitimidade do sistema pela

[205] BRASIL. Supremo Tribunal Federal. **Conflito de Competência 7.204-1 Minas Gerais.** Constitucional. Competência judicante em razão da matéria. Ação de indenização por danos morais e patrimoniais decorrentes de acidente de trabalho, proposta pelo empregado em face de seu (ex-) empregador [...]. Relator: Min. Carlos Britto, acórdão de 29 de junho de 2005. Disponível em: http://portal.stf.jus.br/processos/detalhe.asp?incidente=2283308. Acesso em: 12 jan. 2019. p. 47-58.

[206] Mendes, Gilmar Ferreira; Gonet, Paulo Gustavo Branco. op. cit., p. 396: "(...) ao tratar da mudança de *orientação jurisprudencial no âmbito do TSE, o Supremo Tribunal Federal pacificou que a segurança jurídica impõe também a aplicação da anterioridade eleitoral nas mudanças radicais de interpretação da Constituição*".

sua confiabilidade[207], a Constituição Federal de 1988 inovou ao introduzir no ordenamento a regra da anualidade eleitoral.

Trata-se de um dispositivo curto (no aspecto textual), mas de grande densidade jurídica, a saber: "*Art. 16. A lei que alterar o processo eleitoral entrará em vigor na data de sua publicação, não se aplicando à eleição que ocorra até um ano da data de sua vigência*".

Em comentário ao aludido dispositivo, Néviton Guedes relembra que a referida norma, em sua concepção original,

> (...) busca, em síntese, proteger o processo eleitoral de mudanças casuísticas, ou seja, alterações que possam atender aos interesses de quem, na condição de legislador e simultaneamente destinatário da norma, sabe que terá que enfrentar a disputa eleitoral proximamente e poderá, por isso mesmo, cultivar a tentação de introduzir alterações legislativas com o propósito inconfessável de obter vantagens em futuras eleições.[208]

Nesse sentido era a orientação tradicional do Supremo Tribunal Federal, qual seja, de que o destinatário da norma é o Congresso Nacional, único legitimado, *ex vi* do artigo 22 da Constituição Federal, a disciplinar a matéria eleitoral. A esse respeito, dentre várias decisões, cumpre verificar o seguinte excerto da ementa autoexplicativa da ADI nº 3.345:

> A norma consubstanciada no art. 16 da Constituição da República, que consagra o postulado da anterioridade eleitoral (cujo precípuo destinatário é o Poder Legislativo), vincula-se, em seu sentido teleológico, à finalidade ético-jurídica de obstar a deformação do processo eleitoral mediante modificações que, casuisticamente introduzidas pelo Parlamento, culminem por romper a necessária igualdade de participação dos que nele atuam como protagonistas relevantes (partidos políticos e candidatos), vulnerando-lhes, com inovações

[207] "*A segurança, desdobrada na confiança que os cidadãos depositam nas instituições estatais é, portanto, um dos fatores que compõem a legitimidade do sistema*". (SILVEIRA, Marilda de Paula. op. cit., p. 33).

[208] GUEDES, Néviton. Comentário ao artigo 16. *In*: CANOTILHO, J. J. Gomes; MENDES, Gilmar F.; SARLET, Ingo W.; STRECK, Lenio L. (coord.). **Comentários à Constituição do Brasil**. São Paulo: Saraiva: Almedina, 2013. p. 689.

abruptamente estabelecidas, a garantia básica de igual competitividade que deve sempre prevalecer nas disputas eleitorais.[209]

Esse contingenciamento de ordem temporal imposto à atividade legiferante do Congresso Nacional, no plano específico do Direito Eleitoral, justifica-se, no escólio de Fávila Ribeiro, como forma de impedir que as eleições *"fiquem ao sabor do dirigismo normativo das forças dominantes de cada período, alterando-se as leis sem qualquer resguardo ético, aos impulsos de eventuais conveniências, em círculo vicioso, para impedir que as minorias de hoje tenham legítima ascensão ao poder"*.[210]

A essência da regra (ou princípio, dirão outros) da anualidade eleitoral reside essencialmente em seu caráter moralizador, o qual *"impede mudanças 'ad hoc' no processo eleitoral"*.[211] Ou ainda, no escólio de Pinto Ferreira, *"busca proibir o casuísmo eleitoral, usado durante a época do Estado autoritário"*.[212]

De se ver, portanto, que o artigo 16 da Constituição Federal de 1988, no que introduz, no contexto do constitucionalismo brasileiro, a regra da anualidade eleitoral, tem em si uma inegável carga histórica, representando a repulsa, pelos constituintes, da velha prática do regime de exceção em manietar as regras eleitorais[213] ao sabor da maioria subserviente ao Governo Militar, pródigo em atos antidemocráticos.

[209] BRASIL. Supremo Tribunal Federal. **ADI 3.345 Distrito Federal.** Fiscalização normativa abstrata. Processo de caráter objetivo. Legitimidade da participação de ministro do Supremo Tribunal Federal (que atuou no TSE) no julgamento. [...]. Relator: Min. Celso de Melo, acórdão de 25 de agosto de 2005. Disponível em: http://portal.stf.jus.br/processos/detalhe.asp?incidente=2254824. Acesso em: 12 jan. 2019.

[210] Ribeiro, Fávila. **Pressupostos Constitucionais do Direito Eleitoral**. Porto Alegre: Sergio Antonio Fabris Editor, 1990. p. 93.

[211] Ferreira Filho, Manoel Gonçalves. **Comentários à Constituição Brasileira de 1988.** São Paulo: Saraiva, 1990. v. 1. p. 134.

[212] Pinto Ferreira. **Comentários à Constituição Brasileira**. v. 1. São Paulo: Saraiva, 1989. p. 317.

[213] Reis, Daniel Gustavo Falcão Pimentel dos. **Ativismo judicial no Brasil:** o caso da verticalização. 2014. 60 f. Tese (Doutorado em Direito do Estado) – Faculdade de Direito, Universidade de São Paulo São Paulo, 2014. p. 255: *"O constituinte originário o previu para prevenir o sistema político-eleitoral brasileiros de alterações casuísticas como as verificadas durante o Regime Militar de 1964 (vide itens 3.4.2, 4.3 e 4.4 para o exame da evolução histórica da legislação*

A referida regra, portanto, foi idealizada e instituída tendo como pressuposto a preocupação real com os perigos ofertados pelas maiorias dominantes no seio do Poder Legislativo da União (titular exclusivo da competência para alterar as regras de Direito Eleitoral). Esse receio residia no poder das grandes bancadas federais, em detrimento da necessária igualdade que deveria existir entre todos os partidos, grandes ou pequenos.

Por todos, Celso Ribeiro Bastos assim captou a vontade do constituinte:

> (...) A preocupação fundamental consiste em que a lei eleitoral deve respeitar o mais possível a igualdade entre os diversos partidos, estabelecendo regras equânimes, que não tenham por objetivo favorecer nem prejudicar qualquer candidato ou partido. Se a lei for aprovada já dentro do contexto de um pleito, com uma configuração mais ou menos delineada, é quase inevitável que ela será atraída no sentido dos diversos interesses em jogo, nessa altura já articulados em candidaturas e coligações. A lei eleitoral deixa de ser aquele conjunto de regras isentas, a partir das quais os diversos candidatos articularão as suas campanhas, mas passa ela mesma a se transformar num elemento da batalha eleitoral.
> É, portanto, a 'vacatio legis' contida neste art. 16, medida saneadora e aperfeiçoadora do nosso processo eleitoral.[214]

Essa percepção inicial e geral da regra da anualidade – no que sugere um mínimo de anterioridade da norma a ser aplicada ao próximo pleito eleitoral – evoluiu ao longo dos anos.

Isto é, seja pelo agigantamento do Poder Judiciário, decorrente do fenômeno crescente da judicialização da vida, sobretudo na área eleitoral, em que a Justiça possui papel de destaque e com variadas funções (não só a de resolver conflitos judiciais, mas de regulamentar o pleito e organizar, o que acaba por ensejar uma função mais proativa da institui-

eleitoral brasileira). A manipulação dos pleitos por meio da legislação eleitoral é característica histórica inerente ao Brasil. A anterioridade eleitoral, portanto, veio no bojo de garantir maior segurança jurídica, confiabilidade e legitimidade às eleições brasileiras".

[214] Bastos, Celso Ribeiro. **Comentários à Constituição do Brasil**. São Paulo: Saraiva, 1989. v. 2. p. 596-7.

ção), ou seja, ainda, em razão do reconhecimento de que a jurisprudência assume papel de relevo na criação do direito[215], a ideia de anterioridade, extraída da regra da anualidade eleitoral, passou a ser invocada pelos *players* eleitorais em desfavor do próprio Poder Judiciário.

Aliás, do ponto de vista institucional isso é muito bom. É que o reconhecimento de efeitos prospectivos na invalidação de um precedente é sinal de maturidade de um sistema jurídico, o que jamais será alcançado na perspectiva do positivismo, como bem registra Richard A. Posner.[216]

No Brasil, o *leading case* é o Recurso Extraordinário com Repercussão Geral nº 637.485/RJ, relatado pelo Ministro Gilmar Ferreira Mendes, tal qual já anunciado no introito do presente trabalho. O acórdão, no que interessa, restou assim ementado:

> RECURSO EXTRAORDINÁRIO. REPERCUSSÃO GERAL. REELEIÇÃO. PREFEITO. INTERPRETAÇÃO DO ART. 14, § 5º, DA CONSTITUIÇÃO. MUDANÇA DA JURISPRUDÊNCIA EM MATÉRIA ELEITORAL. SEGURANÇA JURÍDICA. I. REELEIÇÃO. MUNICÍPIOS. INTERPRETAÇÃO DO ART. 14, § 5º, DA CONSTITUIÇÃO. PREFEITO. PROIBIÇÃO DE TERCEIRA ELEIÇÃO EM CARGO DA MESMA NATUREZA, AINDA QUE EM MUNICÍPIO DIVERSO.
> (...)
> II. MUDANÇA DA JURISPRUDÊNCIA EM MATÉRIA ELEITORAL. SEGURANÇA JURÍDICA. ANTERIORIDADE ELEITORAL. NECESSIDADE DE AJUSTE DOS EFEITOS DA DECISÃO. Mudanças radicais na interpretação da Constituição devem ser acompanhadas da devida e cuidadosa reflexão sobre suas consequências, tendo em vista o postulado da segurança jurídica. Não só a Corte Constitucional, mas também o Tribunal que exerce o papel de órgão de cúpula da Justiça Eleitoral devem adotar tais

[215] "*(...) o princípio da anualidade (anterioridade) eleitoral trazido pelo art. 16 da CFRB deve espraiar sua norma não apenas para atingir a produção legislativa advinda do parlamento (legislação infraconstitucional ou de emendas constitucionais), mas também a 'criação do direito' realizada pela Justiça Eleitoral por meio da função normativa realizada pelo TSE ou pelo STF*". (PEDRA, Anderson Sant'ana. op. cit., p. 448).

[216] Segundo o autor, "*a invalidação* ex nunc *do precedente* (prospective overruling) *horroriza os positivistas*" (POSNER, Richard A. **A problemática da teoria moral e jurídica**. Tradução de Marcelo Brandão Cipolla. São Paulo: Martins Fontes, 2012. p. 385).

cautelas por ocasião das chamadas viragens jurisprudenciais na interpretação dos preceitos constitucionais que dizem respeito aos direitos políticos e ao processo eleitoral. Não se pode deixar de considerar o peculiar caráter normativo dos atos judiciais emanados do Tribunal Superior Eleitoral, que regem todo o processo eleitoral. Mudanças na jurisprudência eleitoral, portanto, têm efeitos normativos diretos sobre os pleitos eleitorais, com sérias repercussões sobre os direitos fundamentais dos cidadãos (eleitores e candidatos) e partidos políticos. No âmbito eleitoral, a segurança jurídica assume a sua face de princípio da confiança para proteger a estabilização das expectativas de todos aqueles que de alguma forma participam dos prélios eleitorais. A importância fundamental do princípio da segurança jurídica para o regular transcurso dos processos eleitorais está plasmada no princípio da anterioridade eleitoral positivado no art. 16 da Constituição. O Supremo Tribunal Federal fixou a interpretação desse artigo 16, entendendo-o como uma garantia constitucional (1) do devido processo legal eleitoral, (2) da igualdade de chances e (3) das minorias (RE 633.703). Em razão do caráter especialmente peculiar dos atos judiciais emanados do Tribunal Superior Eleitoral, os quais regem normativamente todo o processo eleitoral, é razoável concluir que a Constituição também alberga uma norma, ainda que implícita, que traduz o postulado da segurança jurídica como princípio da anterioridade ou anualidade em relação à alteração da jurisprudência do TSE. Assim, as decisões do Tribunal Superior Eleitoral que, no curso do pleito eleitoral (ou logo após o seu encerramento), impliquem mudança de jurisprudência (e dessa forma repercutam sobre a segurança jurídica), não têm aplicabilidade imediata ao caso concreto e somente terão eficácia sobre outros casos no pleito eleitoral posterior. III. REPERCUSSÃO GERAL. Reconhecida a repercussão geral das questões constitucionais atinentes à (1) elegibilidade para o cargo de Prefeito de cidadão que já exerceu dois mandatos consecutivos em cargo da mesma natureza em Município diverso (interpretação do art. 14, § 5º, da Constituição) e (2) retroatividade ou aplicabilidade imediata no curso do período eleitoral da decisão do Tribunal Superior Eleitoral que implica mudança de sua jurisprudência, de modo a permitir aos Tribunais a adoção dos procedimentos relacionados ao exercício de retratação ou declaração de inadmissibilidade dos recursos repetitivos, sempre que as decisões recorridas contrariarem ou se pautarem pela orientação ora firmada. IV. EFEITOS DO PROVIMENTO DO RECURSO EXTRAORDI-

NÁRIO. Recurso extraordinário provido para: (1) resolver o caso concreto no sentido de que a decisão do TSE no RESPE 41.980-06, apesar de ter entendido corretamente que é inelegível para o cargo de Prefeito o cidadão que exerceu por dois mandatos consecutivos cargo de mesma natureza em Município diverso, não pode incidir sobre o diploma regularmente concedido ao recorrente, vencedor das eleições de 2008 para Prefeito do Município de Valença-RJ; (2) deixar assentados, sob o regime da repercussão geral, os seguintes entendimentos: (2.1) o art. 14, § 5º, da Constituição, deve ser interpretado no sentido de que a proibição da segunda reeleição é absoluta e torna inelegível para determinado cargo de Chefe do Poder Executivo o cidadão que já exerceu dois mandatos consecutivos (reeleito uma única vez) em cargo da mesma natureza, ainda que em ente da federação diverso; (2.2) as decisões do Tribunal Superior Eleitoral que, no curso do pleito eleitoral ou logo após o seu encerramento, impliquem mudança de jurisprudência, não têm aplicabilidade imediata ao caso concreto e somente terão eficácia sobre outros casos no pleito eleitoral posterior.[217]

Mas é preciso interpretar *cum grano salis*[218] o aludido precedente. É que, numa detida análise do inteiro teor do acórdão e dos debates que circundaram a decisão do Tribunal, não se pode concluir, com razoável margem de segurança, se o fundamento nuclear da decisão colegiada é a regra da anualidade do artigo 16 da Constituição Federal ou o princípio constitucional da segurança jurídica.

[217] BRASIL. Supremo Tribunal Federal. **RE 637.485 Rio de Janeiro.** Recurso Extraordinário. Repercussão Geral. Reeleição. Prefeito. Interpretação do art. 14, § 5º, da Constituição. Mudança da jurisprudência em matéria Eleitoral. Segurança jurídica. Relator: Min. Gilmar Mendes, de 01 de agosto de 2012. Disponível em: http://portal.stf.jus.br/processos/detalhe.asp?incidente=4050271. Acesso em 12 jan. 2019.

[218] Já advertia Rui Barbosa: "*Mas, senhores, os que madrugam no ler, convém madrugarem também no pensar. Vulgar é o ler, raro o refletir. O saber não está na ciência alheia, que se absorve, mas, principalmente, nas idéias próprias, que se geram dos conhecimentos absorvidos, mediante a transmutação, por que passam, no espírito que os assimila. Um sabedor não é armário de sabedoria armazenada, mas transformador reflexivo de aquisições digeridas. Já se vê quanto vai do saber aparente ao saber real. O saber de aparência crê e ostenta saber tudo. O saber de realidade, quanto mais real, mais desconfia, assim do que vai aprendendo, como do que elabora*". (Barbosa, Rui. **Oração aos moços**. 5. ed. Rio de Janeiro: Edições Casa Rui Barbosa, 1999. p. 32).

Em outras palavras, percebe-se que o Supremo Tribunal Federal, no luminoso pronunciamento, se limita a asseverar que o Tribunal Superior Eleitoral, enquanto intérprete e guardião final do Direito Eleitoral, não pode promover mudanças abruptas[219] em sua jurisprudência, não fixando, entretanto, o momento limite para a viragem jurisprudencial.

Aliás, tal percepção não é exclusiva desta obra. O tema foi objeto de análise científica de Herman Benjamin, Ministro do Superior Tribunal de Justiça e ex-Corregedor-Geral da Justiça Eleitoral, ao tratar da relevância institucional do Tribunal Superior Eleitoral enquanto Corte de Precedentes:

> (...) a despeito de o art. 16 da Constituição referir-se à "*lei* que alterar o processo eleitoral", o Tribunal Superior vem lançando mão da regra da anterioridade – e da segurança jurídica, implicitamente prevista – também em sua jurisprudência, com amplitude ainda maior, reforçando o papel institucional de preservar a democracia e assegurar a legitimidade das eleições.
>
> Com efeito, é indene de dúvidas que modificação de entendimento jurisprudencial já firmado para certo pleito também pode vir a gerar casuísmos – ou ao menos gerar ao eleitorado essa indesejável percepção.[220]

Deveras, não há na referida decisão colegiada do Pretório Excelso, e esse foi o maior desafio da dissertação de Mestrado que ora se apresenta em versão editorial, a precisa delimitação temporal de quando, em se

[219] Posner, na exata medida de seu pragmatismo, trabalha bem o dilema com o qual os tribunais se deparam em cada situação desse jaez: "*A questão jusfilofósica, porém, poderá ser contornada se propusermos uma questão prática: acaso a confiança que a comunidade tem em uma decisão anterior deve ser ponderada quando o tribunal está decidindo se deve ou não invalidar essa decisão? Ou deve essa confiança ser simplesmente deixada de fora da equação, autorizando-se os tribunais a invalidarem* ex nunc *suas decisões?*" (Posner, Richard A. **A problemática da teoria moral e jurídica**. Tradução de Marcelo Brandão Cipolla. São Paulo: Martins Fontes, 2012. p. 385).

[220] Benjamin, Antonio Herman de Vasconcelos e. O Tribunal Superior Eleitoral e sua relevância institucional. *In*: Noronha, João Otávio de; Kim, Richard Pae (coord.). **Sistema político e direito eleitoral brasileiros**: estudos em homenagem ao Ministro Dias Toffoli. São Paulo: Atlas, 2016. p. 390.

confirmando a necessidade de modulação dos efeitos[221] da viragem ou da evolução da jurisprudência, o Tribunal deve peremptoriamente se autoconter na aplicação do novo entendimento.

Isso tudo leva à inarredável conclusão de que a verdadeira *ratio decidendi* do precedente estabelecido no RE nº 637.485/RJ é o princípio da segurança jurídica decorrente da ideia matriz de *anterioridade eleitoral*, e não a regra da *anualidade*. Aliás, é justamente isso que faz tão importante a referida decisão, a ponto de ser considerada um precedente paradigmático.

Com efeito, fosse uma lei editada pelo Congresso Nacional objeto de questionamento por se pretender valer em desrespeito à anualidade, bastaria a aplicação mecânica do artigo 16 da Constituição Federal que se traduz numa regra clara e induvidosa.[222]

Aliás, o artigo 105[223] da Lei nº 9.504/1.997, ao estipular a data limite de 5 de março de cada ano eleitoral, ao Tribunal Superior Eleitoral, para editar as resoluções regulamentadoras do pleito (valendo consignar que as eleições ocorrem sempre no primeiro domingo de outubro, ou seja, em média sete meses após o termo *ad quem* para a edição dos regulamen-

[221] A doutrina não deixou passar em branco essa falta de parâmetros coerentes na modulação de efeitos. Por todos, confira-se DIAS, Roberto; DE LAURENTIIS, Lucas. A segurança jurídica e o Supremo Tribunal Federal: modulação dos efeitos temporais no controle da constitucionalidade. *In*: VALIM, Rafael; OLIVEIRA, José Roberto Pimenta; DAL POZZO, Augusto Neves (coord.). **Tratado sobre o princípio da segurança jurídica no direito administrativo**. Belo Horizonte: Fórum, 2013. p. 219, para quem: "(...) *o Supremo Tribunal Federal não tem uma sólida jurisprudência a respeito da possibilidade de modulação de efeitos no modo concreto de controle da constitucionalidade e (...) quando busca aplicar essa técnica, não adota parâmetros coerentes e fixos a ditarem o resultado do julgamento*".

[222] Consoante adverte Hermes Zaneti Jr., "*não será precedente a decisão que aplicar lei não objeto de controvérsia, ou seja, a decisão que* apenas *refletir a interpretação dada a uma norma legal vinculativa pela própria força da lei não gera um precedente, pois a regra legal é uma razão determinativa, e não depende da força do precedente para ser vinculativa*" (ZANETI JR., Hermes. **O valor vinculante dos precedentes**: Teoria dos Precedentes Normativos Formalmente Vinculantes. 2. ed., Salvador: Juspodivm, 2016. p. 309).

[223] "*Art. 105. Até o dia 5 de março do ano da eleição, o Tribunal Superior Eleitoral, atendendo ao caráter regulamentar e sem restringir direitos ou estabelecer sanções distintas das previstas nesta Lei, poderá expedir todas as instruções necessárias para sua fiel execução, ouvidos, previamente, em audiência pública, os delegados ou representantes dos partidos políticos*".

tos), evidencia que a regra da anualidade do artigo 16 da Constituição Federal não se destina ao Poder Judiciário, seja no aspecto regulamentar, ou mesmo no seu papel de Corte de Vértice.

É o fato de se reconhecer o caráter normativo das decisões do Tribunal Superior Eleitoral, e sua importância para a expectativa legítima dos cidadãos, impedindo, justamente por isso, mudanças abruptas de entendimento desacompanhadas de uma solução de transição (modulação de efeitos; eficácia *pro futuro*), que faz da decisão proferida no já referenciado RE nº 637.485/RJ um verdadeiro precedente.

Não é por menos que Hermes Zaneti Jr. assevera que só podem ser considerados precedentes "*aqueles casos que constituírem acréscimos (ou glosas) aos textos legais relevantes para a solução de questões jurídicas*".[224]

Portanto, uma análise crítica da Constituição Federal e do referido pronunciamento do Supremo Tribunal Federal, aliada à nova teoria das fontes do direito (capítulo 1), permite extrair, do microssistema eleitoral, duas normas distintas: a primeira, *anterioridade eleitoral*, princípio implícito decorrente do postulado fundamental da segurança jurídica, oponível a todos os Poderes; e a segunda, a regra da *anualidade*, vazada no artigo 16 da Lei Maior, oponível apenas ao Congresso Nacional.

Não é mais possível, a esta altura, tratá-las como uma só norma, tal qual o fez Daniel Gustavo Falcão Pimentel dos Reis em sua tese de doutoramento na Universidade de São Paulo[225]. A defesa do referido autor diz respeito, de acordo com as premissas ora adotadas, à regra da *anualidade*.

Por isso mesmo não é possível concordar com a afirmação de José Antônio Dias Toffoli e Lília Maria da Cunha Fernandes, para os quais o limite temporal do artigo 16 da Constituição Federal, isto é, o prazo ânuo, "*se estende às chamadas 'viragens jurisprudenciais'*".[226]

[224] Op. cit., p. 310.

[225] Op. cit., p. 256: "*A anterioridade eleitoral é, indubitavelmente, princípio constitucional dirigido ao legislador. A Constituição, a critério do constituinte originário, estabelece limite temporal para a plena eficácia das regras que tratam do processo eleitoral. Dessa forma, a norma que alterar aspecto do processo eleitoral só terá eficácia um ano após o início de sua vigência. Se houver eleição nesse período, prevalece a norma anterior, em respeito à confiança nas regras do jogo eleitoral em andamento*".

[226] Toffoli, José Antonio Dias; Fernandes, Lília Maria da Cunha. As novas diretrizes do Direito Processual Brasileiro e o Processo Eleitoral. *In:* Costa, Daniel Castro Gomes

No mesmo equívoco incorre Antônio Veloso Peleja Júnior ao se referir ao "*princípio da anualidade*"[227-228] como fundamento do §3º[229] do artigo 105 da Lei Geral das Eleições. O princípio sustentador da referida regra é o da *anterioridade eleitoral*, até mesmo porque seria ilógico invocar prazo ânuo quando a própria legislação infraconstitucional trabalha com lapso temporal menor, qual seja, 7 (sete) meses, e já dentro do ano eleitoral.

Embora insista na utilização do termo *princípio da anualidade*, José Jairo Gomes parece ser um dos poucos compreender a diferença entre *anualidade* e *anterioridade*, tal qual ora se defende, ao registrar a seguinte percepção:

> Ao interpretar essa matéria, os tribunais eleitorais têm se sensibilizado pelas circunstâncias reinantes, afastando a mera ideia *temporal* de "anualidade" em prol de um suposto sentido substancial, mais afinado com os valores em voga. Este consistiria em repelir, às vésperas do pleito, a incidência no processo eleitoral de normas casuísticas, que surpreendam os participantes do certame, engendradas com o fito de beneficiar ou prejudicar determinadas candidaturas. Revelam-se a igualdade, a imparcialidade (= a aplicação indistinta da norma a todos os candidatos) e a *não surpresa*. De sorte que o significado literal do princípio em tela tem cedido lugar a seu sentido essencial e à afirmação de valores considerados mais elevados ou de maior densidade.[230]

da; ROLLEMBERG, Gabriela; KUFA, Karina; CARVALHO NETO, Tarcísio Vieira de. **Tópicos avançados de Direito Processual Eleitoral**. Belo Horizonte: Arraes Editores, 2018. p. 32.

[227] Op. cit., p. 45.

[228] A lista de autores que se equivocam é grande. Camila de Freitas Gondim também se equivoca ao asseverar que "*as demandas eleitorais também devem observar os princípios inerentes a esta matéria, como, por exemplo, o princípio da anualidade eleitoral*". (GONDIM, Camila de Freitas. Incidente de resolução de demandas repetitivas: aplicabilidade no âmbito da justiça Eleitoral. **Revista TRE-RS**, Porto Alegre, n. 44, p. 337-374, jan./jun. 2018. p. 363). A anualidade eleitoral é uma regra derivada do princípio da anterioridade eleitoral.

[229] "*Serão aplicáveis ao pleito eleitoral imediatamente seguinte apenas as resoluções publicadas até a data referida no caput*".

[230] GOMES, José Jairo. **Direito Eleitoral**. 13. ed. rev. e atual. São Paulo: Atlas, 2017. p. 312.

Portanto, diferentemente da regra da *anualidade*[231], o princípio da *anterioridade eleitoral* é oponível também – e precipuamente – ao Judiciário, e sua instrumentalização não se dá necessariamente mediante a aplicação da regra temporal do artigo 16 da Constituição Federal.

Se dá, no tocante à função administrativa (regulamentadora), pela regra do §3º do artigo 105 da Lei nº 9.504/1.997, e, no que atine à função integrativa própria da jurisdição[232-233], pela sistemática brasileira de precedentes vinculantes instituída pelo Novo Código de Processo Civil.

2.4. Conclusão parcial

Se com o primeiro capítulo se chegou à conclusão de que há uma significativa reformulação na teoria das fontes do direito, ganhando destaque a função das Cortes Supremas enquanto estabelecedoras de precedentes, o presente capítulo, por sua vez, tem o condão de esclarecer o impacto das decisões judiciais, encaradas agora como normas definidoras de condutas, no planejamento dos cidadãos.

[231] O Ministro Luiz Fux defendeu exatamente isso em seu voto-concorrente no já citado RE nº 633.703/MG, Rel. Min. Gilmar Mendes, ocasião em que registrou: "(...) *o enunciado normativo do art. 16 da Constituição Federal, como decorre da moderna teoria geral do direito e, mais particularmente, da novel teoria da interpretação constitucional, consubstancia uma* **regra jurídica**. (...) *Em síntese, o fato de o legislador optar por instituir uma regra – e não um princípio –, como no caso do art. 16 da CF, é motivo suficiente para que não sejam desconsiderados seus enunciados lingüísticos, que representam, na realidade, a decisão já tomada no domínio da democracia quanto às diversas razões que poderiam conduzir a soluções opostas, ou simplesmente diferentes, a respeito da segurança jurídica no processo eleitoral*".

[232] A propósito do caráter esclarecedor e supletivo dos precedentes, Luiz Guilherme Marinoni pontua: "*Ora, se a previsibilidade não depende da norma em que a ação se funda, mas da sua interpretação judicial, é evidente que a segurança jurídica está ligada à decisão judicial e não à norma jurídica em abstrato*" (MARINONI, Luiz Guilherme. **Precedentes obrigatórios**. 5. ed. rev. e atual. São Paulo: Revista dos Tribunais, 2016. p. 100).

[233] De forma muito parecida, Hermes Zaneti Júnior trabalha com a ideia de "*interpretação operativa*": "*Para esta tese uma teoria dos precedentes corretamente adotada atua no campo da interpretação operativa e, portanto, não afeta em nada os princípios da legalidade, da separação de poderes e da independência dos juízes*" (ZANETI JR., Hermes. **O valor vinculante dos precedentes**: Teoria dos Precedentes Normativos Formalmente Vinculante. 2. ed. rev. e atual. Salvador: Juspodivm, 2016. p. 21). Ou seja, a premissa do autor é a de que o Judiciário atua nos espaços das normas positivadas, tendo o seu texto como limite intransponível.

Ao se trabalhar com a ideia de segurança jurídica na perspectiva da *previsibilidade, calculabilidade* e *cognoscibilidade,* isto é, como direito do cidadão de poder depositar um mínimo de confiabilidade nas decisões interpretativas do Poder Judiciário, põe-se em evidência a necessidade de maiores cuidados em casos de "*viragens abruptas de jurisprudência*".

A dimensão integrativa das decisões judiciais, como próprio nome revela, integram, em caráter adicional, o conteúdo dos enunciados normativos, condicionando a atuação dos *players* de cada microssistema jurídico, de modo que quando um precedente é superado (*overruling*), se faz necessária, em nome da segurança jurídica, uma transição entre o entendimento anterior e a nova posição que se estabeleceu com o novo precedente, evitando traumas e sequelas próprias de uma verdadeira e irrefletida ruptura.

Especificamente no microssistema eleitoral, o precedente instituído no julgamento do Recurso Extraordinário nº 637.485/RJ, Rel. Min. Gilmar Mendes, é um verdadeiro divisor de águas, na medida em que **estabelece um princípio jurídico universalizável**, distinto da regra da anualidade expressa no artigo 16 da Constituição Federal, **que é o da anterioridade eleitoral.**

Por anterioridade eleitoral deve se entender a necessidade de certeza, por parte dos *players* eleitorais[234], do real sentido das normas, tarefa que é desincumbida pelas Cortes de Vértice (Tribunal Superior Eleitoral e, em última instância, o Supremo Tribunal Federal).

Desse princípio universal esculpido pelo Supremo Tribunal Federal é possível extrair a regra de que em havendo superação abrupta (portanto, não sinalizada) de um precedente, há de ser realizada a modulação dos

[234] Embora defendam a aplicabilidade do prazo ânuo às viragens jurisprudenciais, o que não é correto, Toffoli e Fernandes parecem compreender a necessidade de se garantir previsibilidade por meio de precedentes com vistas às eleições futuras, senão confira-se: "(...) *a Justiça Eleitoral brasileira dispõe de importantes ferramentas para assegurar a efetividade dos direitos políticos e dos valores democráticos, tarefa essa que o TSE vem desempenhando com muita responsabilidade, independência e autoridade, guiando-se pelo princípio da segurança jurídica, como se verifica em inúmeras julgados da Corte Eleitoral, bem como na recente atualização da súmula de sua jurisprudência, o que garante a previsibilidade das regras que vão orientar as eleições vindouras, e, consequentemente, maior tranquilidade aos jurisdicionados e a todos os que participam do processo democrático*" (Toffoli, José Antonio Dias; Fernandes, Lília Maria da Cunha. op. cit., p. 33).

efeitos dessa decisão, o que não coincide, necessariamente, com o prazo ânuo do artigo 16 da Constituição Federal, dirigido exclusivamente ao Congresso Nacional.

O Judiciário trabalha com uma lógica própria e bem diferente do Legislativo, e o arcabouço legal infraconstitucional (Código de Processo Civil de 2015 ou Código "Fux"), no que regulamentou o novo processo civil brasileiro, com a instituição da figura dos precedentes vinculantes, é capaz de suprir às inteiras a necessidade regulatória do princípio da anterioridade eleitoral.

3.

O Tribunal Superior Eleitoral como corte de vértice

Devidamente situado o papel do órgão judicial na interpretação/aplicação do direito, bem ainda a normatividade de suas decisões, as quais geram expectativas nos cidadãos, em razão do princípio da anterioridade eleitoral, cumpre verificar de que forma a Justiça Eleitoral, por intermédio de seu órgão de cúpula, influencia no aprimoramento do Direito Eleitoral.

De forma mais minudente, cumpre investigar, nesse novo cenário, qual o verdadeiro papel do Tribunal Superior Eleitoral[235] enquanto órgão de cúpula da Justiça Eleitoral dentro do novo marco processual introduzido com o Novo Código de Processo Civil que sabidamente evoluiu no

[235] Da Silva, Fernando Neves. Comentários ao art. 121, §3º. *In*: Canotilho, José Joaquim Gomes; Mendes, Gilmar Ferreira; Sarlet, Ingo Wolfang; Streck, Lenio Luiz (coord.). **Comentários à Constituição do Brasil**. São Paulo: Saraiva, 2013. p. 1.502: "(...) *a interpretação da legislação eleitoral infraconstitucional é dada de modo terminativo pelo Tribunal Superior Eleitoral, o que é extremamente conveniente, pois além da necessidade de as questões eleitorais chegarem ao seu final, é importante que elas terminem rapidamente, inclusive para que os eleitos possam exercer seus mandatos com tranquilidade e a população saiba, com segurança, quem efetivamente são os legítimos ocupantes dos cargos disputados. A demora na solução dos conflitos relativos às eleições, com sucessivas trocas no exercício da função pública, o que em determinadas situações acaba por acontecer, é tanto ou mais perniciosa que os vícios que pretendem corrigir.*
No campo do direito processual eleitoral existem instrumentos que permitem procedimentos céleres e decisões eficazes, já o mesmo não acontece no processo comum, ao qual se adaptam os processos eleitorais quando chegam ao Supremo Tribunal Federal, claramente inviabilizado no quadro das obrigações que foram impostas a seus integrantes. Assim, plenamente justificável a limitação de acesso à Corte Constitucional, a ser preservada para sua atribuição maior, que é a de interpretar e guardar a Constituição da República".

tocante aos precedentes[236], instituindo as Cortes de Vértice[237], a figura dos precedentes "vinculantes"[238-239] e da modulação de efeitos em casos de alterações jurisprudenciais.

3.1. De corte de cassação a corte de precedentes

Inicialmente, cumpre reconhecer que, se é certo que a jurisdição ocupa papel central na aplicação do direito[240], também é correta a conclusão no

[236] Mitidiero, Daniel. **Cortes Superiores e Cortes Supremas**: do controle à interpretação, da jurisprudência ao precedente. 3. ed. São Paulo: Revista dos Tribunais, 2017. p. 28: "*o papel do precedente é de reduzir o âmbito de equivocidade inerente ao Direito, viabilizando a sua maior cognoscibilidade*".

[237] "*O papel de Corte de Vértice do Supremo Tribunal Federal impõe-lhe dar unidade ao direito e estabilidade aos seus precedentes*". (BRASIL. Supremo Tribunal Federal. **Recurso Extraordinário nº 655.265 Distrito Federal.** Ingresso na carreira da Magistratura. Art. 93, I, CRFB. EC 45/2004. Triênio de Atividade Jurídica Privativa de Bacharel em Direito. Requisito de Experimentação Profissional. Momento da Comprovação [...]. Relator: Min. Luiz Fux, acórdão de 13 de abril de 2016. Disponível em: http://portal.stf.jus.br/processos/detalhe.asp?incidente=4132332. Acesso em: 12 jan. 2019.)

[238] A vinculatividade, assim dita, é alvo de profundo debate acadêmico. Por todos, Streck, Lenio Luiz. **Precedentes judiciais e hermenêutica**: o sentido da vinculação no CPC/2015. Salvador: Juspodivm, 2018. p. 95, ao rebater Marinoni *et all*: "*O CPC não contém, pois, um sistema de precedentes e nem comporta teses gerais e abstratas com pretensões que os precedentalistas têm em mente. Teses só nas súmulas vinculantes, com a ressalva do CPC de que, na aplicação, devem ser vistos os casos – sim, os casos – que a conformaram, no julgamento de 'recursos repetitivos' e no incidente de resolução de demandas repetitivas e no incidente de assunção de competência, que, obviamente, só terão sentido – as teses – se tiverem relação com os casos incluídos no âmbito da repetição. Simples assim*".

[239] De acordo com Marinoni, a vinculatividade dos precedentes, própria do *stare decisis*, garantiu racionalidade ao *common law*. Segundo o autor, "(...) *Weber não identificou racionalidade jurídica formal com previsibilidade, mas, ao contrário, viu no* stare decisis *um mecanismo capaz de propiciar a previsibilidade num direito formalmente irracional, o que não compromete a ideia de que, embora o* common law não detenha a mesma racionalidade do direito continental europeu, ele teria sido capaz de garantir, em virtude do sistema dos precedentes obrigatórios, um grau de previsibilidade que permitiu o florescimento do capitalismo". (Marinoni, Luiz Guilherme. **A Ética dos Precedentes**: justificativa do Novo CPC. 2. ed. rev. e atual. São Paulo: Revista dos Tribunais, 2016. p. 43).

[240] Grimm, Dieter. op. cit., p. 13: "*Embora a aplicação do direito não ocorra apenas diante do tribunal, mas em todo o lugar no qual uma conduta seja orientada por exigências legais ou examinada por suas conseqüências jurídicas, a aplicação do direito culmina na jurisdição, pois os tribunais*

sentido de que a Justiça Eleitoral ostenta o protagonismo na interpretação e aplicação do Direito Eleitoral.

Nesse trilhar, convém observar que, ao lado da mudança no paradigma interpretação/aplicação do direito, consoante já visto no primeiro capítulo, os precedentes judiciais vêm ganhando força no sistema jurídico pátrio, tendo no "Código Fux"[241] o seu corifeu.

De certo, essa aproximação[242] com a *common law*[243] acentua sobremaneira o papel dos Tribunais de Ápice, na medida em que neste sistema "*os precedentes têm importância preponderante como fonte do direito*".[244]

Com efeito, ao se defender os precedentes judiciais como fonte do direito não se pretende proceder à *bipartição entre normas jurídicas*[245], mas tão somente salientar que, ao lado da lei, a jurisprudência inova na ordem jurídica, pelo simples motivo de que dá sentido ao direito, reduzindo seu natural e inerente âmbito de equivocidade, próprio do atual estágio em

certificam, em uma situação de conflito com o condão da obrigatoriedade de última instância, o que uma norma significa e exige no caso concreto".

241 O ministro Luiz Fux presidiu, em 2009, a comissão de juristas designada pelo Senado Federal para elaborar o anteprojeto do novo Código de Processo Civil (CPC). A exemplo do CPC/1973, alcunhado de Código Buzaid, o novo CPC é denominado de Código Fux dada a notória influência do Ministro Luiz Fux em seus alicerces reformistas.

242 Falar em aproximação é mais seguro e conveniente para a quadra vivenciada, uma vez que não se pode sustentar, por variadas razões, que o nosso sistema se converteu em *common law*. O que se tem, hoje, é uma recém instituída teoria dos precedentes. Sobre a necessidade de se elaborar uma teoria dos precedentes no Brasil, ver Mitidiero, Daniel. **Cortes Superiores e Cortes Supremas**: do controle à interpretação, da jurisprudência ao precedente. 3. ed. São Paulo: Revista dos Tribunais, 2017. p. 35: "*A formação e o respeito ao precedente judicial exigem certamente uma adequada teoria dos precedentes*".

243 Mitidiero, Daniel. **Cortes Superiores e Cortes Supremas**... 3. ed., op. cit., p. 102: "*Como parece evidente, não é possível promover a unidade do Direito sem uma* 'common interpretation of the law' *pelo Supremo Tribunal Federal e pelo Superior Tribunal de Justiça, dado que sem interpretação não há sentido normativo que deve ser observado dentro da ordem jurídica*".

244 Macêdo, Lucas Buril de. **Precedentes judiciais e o direito processual civil**... op. cit., p. 55-6.

245 Macêdo, Lucas Buril de. **Precedentes judiciais e o direito processual civil**... op. cit., p. 265.

que proliferam-se conceitos jurídicos vagos e indeterminados e cláusulas gerais[246].

Como decorrência desse novo modelo de raciocínio jurídico adotado no Brasil, onde todos os juízes interpretam as leis e controlam sua validade vertical (seja via controle de constitucionalidade ou convencionalidade), cabe às Cortes de Vértice definir, em pronunciamento final, o sentido da norma numa dada situação de litigiosidade[247].

Depois do pronunciamento do Tribunal Superior ou Supremo, "*por consequência lógica, nenhum juiz ou tribunal, nem mesmo a Corte Suprema, poderá resolver caso ou decidir em desatenção ao precedente firmado*".[248]

Sobre a centralidade das Cortes de Vértice, diz Marinoni:

> Como não resta mais qualquer dúvida de que o intérprete pode, a partir de atividades-interpretação legítimas e razoáveis, retirar mais de uma norma de um só texto legal, surge por mera consequência lógica a necessidade de conferir às Cortes de vértice a função de definir o significado atribuível à lei, sem a qual, aliás, a atividade do legislador jamais ganharia completude. Essa função, como é fácil perceber, guarda relação com a necessidade de se ter uma ordem jurídica coerente e com o respeito aos espaços de liberdade, à distribuição igualitária do direito e à segurança jurídica. É que o direito mudou de lugar; abandonou o texto legal – em que, na verdade, nunca se acomodou plenamente – e passou a ocupar o lugar das decisões das Cortes Supremas. Assim, essas, por mera consequência lógica, passaram a representar os critérios de orientação da sociedade e de solução dos casos conflitivos, dando origem ao que se chama de precedente.[249]

[246] ALVIM, Teresa Arruda; DANTAS, Bruno. **Recurso Especial, Recurso Extraordinário e a nova função dos Tribunais Superiores**. 5. ed. rev. e atual. São Paulo: Revista dos Tribunais, 2018. p. 219: "*As cláusulas gerais, ao lado dos princípios jurídicos e dos conceitos vagos ou indeterminados, que cada vez mais integram os textos das leis, são elementos característicos do direito contemporâneo*".

[247] Ou não. Como já se viu, o Tribunal Superior Eleitoral também tem a prerrogativa de responder consultas, as quais não exigem, necessariamente, conflitos. E, como bem se verá, a resposta às consultas não deixa de ser precedentes do TSE, necessariamente observáveis nos casos futuros.

[248] MARINONI, Luiz Guilherme. **A Ética dos Precedentes**... op. cit., p. 104.

[249] MARINONI, Luiz Guilherme. **A Ética dos Precedentes**... op. cit., p. 94.

No âmbito próprio da Justiça Eleitoral, no cume da pirâmide institucional, o Tribunal Superior Eleitoral é a Corte de Vértice[250] do sistema. A Corte, além da função ordinária de resolução de lides, própria da estrutura judiciária, ostenta ainda competências administrativas (execução das eleições) e regulamentares.[251]

Ademais, o Tribunal Superior Eleitoral, *ex vi* do inciso XII do artigo 23 do Código Eleitoral, pode responder consultas[252] formuladas em tese (ou seja, em abstrato, sem referência a um determinado caso concreto) sobre

[250] Insistimos na palavra Corte de Vértice, ao invés de Corte Superior, pois adotamos a premissa de Daniel Mitidiero [*In* **Cortes Superiores e Cortes Supremas**... 3. ed., op. cit.,] sobre a evolução da postura dos Tribunais de Ápice dentro do sistema jurídico pátrio, os quais deixam de ser Cortes de controle para serem Cortes de interpretação. A esse propósito, é elucidativa a seguinte passagem [p. 110]: "(...) *uma corte reativa e de controle tende a fixar-se na decisão recorrido, deixando de lado os aspectos gerais que envolvem a interpretação do Direito e tudo aquilo que avança para além do caso examinado, notadamente o tratamento dado a outros casos idênticos ou semelhantes* (...) É justamente para evitar esse particularismo e essa inconstância que o Supremo Tribunal Federal e o Superior Tribunal de Justiça devem ser vistos como cortes proativas e de adequada interpretação da Constituição e da legislação infraconstitucional federal – cortes, portanto, que tomam a decisão recorrida como ponto de partida para o desenvolvimento da sua função de outorga de unidade ao Direito, isto é, de tutela do direito em uma dimensão geral".

[251] MAIA, Clarissa Fonseca. **Jurisdição e soberania popular**: uma abordagem normativa de diálogo institucional entre a Justiça Eleitoral e o Congresso Nacional. Rio de Janeiro: Lumen Juris, 2017. p. 167: "*A justiça eleitoral brasileira concentra as dimensões de governança eleitoral no padrão que se observa em outros modelos comparados – exercidos por um ou dois OEs –, pois desenvolve em suas atividades regulares o* rules application *e o* rules adjudication. *Compete, então, a essa jurisdição organizar, executar e controlar os processos de escolha dos candidatos a mandato eletivo, bem como os processos de plebiscito e referendo. É também sua atribuição a solução das lides em caráter definitivo quando o caso concreto necessitar a invervenção do Estado-juiz*".

[252] Sobre a atividade consultiva do Tribunal Superior Eleitoral, confira-se a Consulta nº 1.407, Relator(a) Min. Ayres Britto, Publicação: DJ – Diário de justiça, Data 28/12/2007, p. 1. Do aludido precedente, extrai-se o seguinte excerto do voto do então Ministro Caputo Bastos:

"(...) *ao responder a uma consulta, o Tribunal não está legislando, mas fazendo uma interpretação sistemática do ordenamento jurídico, entendido como um todo: a Constituição Federal, o Código Eleitoral, a lei eleitoral e, inclusive, as resoluções deste Tribunal.*

E se aparentemente não existe um dispositivo explícito, a interpretação da Corte é dinâmica, construtiva, no sentido de dar completude ao ordenamento jurídico".

questão eleitoral, de forma a solucionar dúvidas de caráter interpretativo que tenha surgido entre os *players* eleitorais.[253]

Finalmente, como intérprete e guardião final[254] da legislação eleitoral, verdadeiramente uma Corte de Vértice desse microssistema de tutela dos direitos políticos, cabe ao Tribunal Superior Eleitoral o papel de estabilizar a jurisprudência, garantindo-lhe coerência e integridade, ajudando a aprimorar as normas eleitorais, propiciando-lhes o caráter de unidade[255].

Daniel Mitidiero[256], ao abordar o *stare decisis*[257], diferencia os institutos da *uniformização* e da *unidade* da jurisprudência. Segundo o autor, cabe às Cortes de Justiça, de uma forma geral, o papel de uniformizar seu entendimento (*vinculação horizontal*), o que também se aplica às Cortes Supremas. Entretanto, somente essas últimas têm o condão de conferir

[253] Maia, Clarissa Fonseca (op. cit., p. 167) entende que a resposta às consultas não tem "*vinculação cogente*", premissa da qual o presente trabalho não compartilha, como se verá ao longo do desenvolvimento.

[254] O Tribunal Superior Eleitoral, guardadas as devidas peculiaridades, tem um papel idêntico ao do Superior Tribunal de Justiça, o qual, na esteira do ensinamento de Daniel Mitidiero [**Cortes Superiores e Cortes Supremas**... 3. ed. op. cit., p. 109]: "É uma Corte que visa a interpretar a legislação infraconstitucional federal para formar precedentes nessa matéria. É uma corte de precedentes federais".

[255] Marinoni, Luiz Guilherme. **A Ética dos Precedentes**... op. cit., p. 105: "*A unidade do direito é o resultado de um sistema de precedentes obrigatórios e reflete a coerência da ordem jurídica, viabilizando a previsibilidade e o tratamento uniforme de casos similares. O precedente, portanto, é um valor em si, pois é algo indispensável para que se tenha unidade do direito e uma ordem jurídica coerente, requisitos para a racionalidade do direito*".

[256] Mitidiero, Daniel. **Precedentes**: da persuasão à vinculação. 3. ed. rev. e atual. São Paulo: Revista dos Tribunais, 2018. p. 86-7.

[257] Fine, Toni M. **Introdução ao sistema jurídico anglo-americano**. Tradução de Eduardo Saldanha. São Paulo: Martins Fontes, 2011. p. 76: "*As regras do 'stare decisis' e a natureza vinculante do precedente são conceitos fundamentais no sistema jurídico dos Estados Unidos. 'Stare decisis' é um termo (sic) latino que tecnicamente significa 'deixe como está'; o sujeito oculto da sentença é o precedente ou casos decididos anteriormente. Constitui também a tendência de uma Corte de seguir a corrente adotada por cortes anteriores em questões legais semelhantes quando apresentam fatos materiais similares. Deste modo, os casos decididos anteriormente formam um conjunto de precedentes que vinculam as cortes em decisões subsequentes. Elas tendem a seguir a corrente adotada em casos anteriores, mesmo que não alcancem o mesmo resultado previsto em um primeiro momento*".

unidade ao ordenamento jurídico, isto é, impondo a *vinculação vertical* de suas decisões.[258]

Marinoni adverte que é o Judiciário enquanto instituição que colabora com Congresso para a edificação do direito, "*e não todo e qualquer juiz ao seu modo*". Conforme explica, os magistrados em geral "*colaboram para a atribuição de sentido ao direito até o momento em que a Corte Suprema dá a 'última palavra'. Essa é a lógica da instituição e do exercício do poder*".[259]

Como o Tribunal Superior Eleitoral está no ponto mais alto da hierarquia judicial-eleitoral, cabe-lhe não mais o papel exclusivo de controlar a juridicidade das decisões recorridas[260], mas também – e sobretudo – a "*função de nomofilaquia interpretativa*".[261]

A despeito desse desenho institucional, acrescido das novidades legislativas introduzidas com o advento da nova legislação adjetiva, o Tribunal Superior Eleitoral, segundo a doutrina[262] e pelo que se observa juris-

[258] MITIDIERO, Daniel. **Precedentes**... op. cit., p. 92: "*Essa é a razão pela qual as Cortes Supremas devem outorgar unidade à ordem jurídica e mantê-la estável, estando todas as Cortes de justiça e todos os juízes de primeiro grau obrigados a observar – isto é, aplicar – os precedentes das Supremas cortes e a jurisprudência vinculante das próprias cortes a que vinculados (*stare decisis *vertical)*".

[259] MARINONI, Luiz Guilherme. **A Ética dos precedentes**... op. cit., p. 107.

[260] Chamada de *função dikelógica*, o papel de garantir justiça ao caso concreto vai, a cada dia mais, se afastando das atividades preponderantes dos órgãos de cúpula do Judiciário brasileiro, o que se acentuou com a Lei nº 11.410/2006 que instituiu o instituto da repercussão geral no direito processual civil. Nesse sentido, ALVIM, Teresa Arruda; DANTAS, Bruno. **Recurso Especial, Recurso Extraordinário e a nova função dos Tribunais Superiores.** 5. ed. rev. e atual. São Paulo: Revista dos Tribunais, 2018. p. 332-3: "*De fato, o instituto da repercussão geral representa, no sistema brasileiro, um passo determinante no sentido do prestígio às funções nomofilática e uniformizadora*".

[261] MITIDIERO, Daniel. **Cortes Superiores e Cortes Supremas**... 3. ed. op. cit., p. 111.

[262] NUNES, Dierle; THEODORO JR., Humberto; BAHIA, Alexandre. Breves considerações da politização do judiciário e do panorama de aplicação no direito brasileiro: Análise da convergência entre o *civil law* e o *common law* e dos problemas da padronização decisória. *In*: **Revista de Processo**, São Paulo, v. 35, n. 189, p. 9-57, nov. 2010. p. 43: "*em face da pressuposição brasileira de que os Ministros (e juízes) devem possuir liberdade decisória, cria-se um quadro de 'anarquia interpretativa' na qual nem mesmo se consegue respeitar a história institucional da solução de um caso dentro de um mesmo tribunal. Cada juiz e órgão do tribunal julgam a partir de um 'marco zero' interpretativo, sem respeito à integridade e ao passado de análise daquele caso; permitindo a geração de tantos entendimentos quantos sejam os juízes*".

prudencialmente, não vem cumprindo com o seu desiderato de Corte Suprema[263].

Clarissa Maia, ao examinar as decisões do Tribunal Superior Eleitoral, chama a atenção para a *periodicidade* e a *rotatividade* na composição dos assentos dos Ministros, o que, em seu entender, "*favorece as oscilações dessas decisões pretorianas, gerando ainda mais instabilidade à já tão complexa jurisprudência eleitoral*".[264]

Quanto a este particular, a aproximação com o sistema *common law* fornece soluções para o problema. No sistema anglo-americano impera a doutrina dos precedentes vinculantes[265] (*doctrine of binding precedents*), a qual se traduz, na precisa lição de Lucas Buril de Macêdo, na "*obrigação do juiz, ao solucionar casos, de não de se desviar da solução empregada em precedente ensejado por decisão de um caso análogo, ainda que o próprio juiz do caso presente considere a solução inadequada ou injusta*".[266-267-268]

A imperatividade do precedente, é bom anotar, não significa sua imutabilidade. É de todos conhecida a técnica de superação dos precedentes

[263] ALVIM, Teresa Arruda; DANTAS, Bruno. **Recurso Especial, Recurso Extraordinário e a nova função dos Tribunais Superiores**. .5. ed. rev. e atual. São Paulo: Revista dos Tribunais, 2018. p. 274: "*Outro fenômeno que se tornou mais frequente nos últimos tempos foi o de que os Tribunais Superiores, notadamente o STJ, além de manterem jurisprudência desarmônica* interna corporis, *num mesmo momento histórico, mudam muito brusca e frequentemente sua posição. Isso, é claro, dificulta a uniformização – já que não há 'modelo' estável para os órgãos hierarquicamente inferiores do Poder Judiciário – e reforça o desrespeito à isonomia e à necessidade de tranquilidade social*".

[264] MAIA, Clarissa Fonseca. op. cit., p. 180.

[265] MITIDIERO, Daniel. **Precedentes**... 3. ed. op. cit., p. 37: "(...) *como é evidente, ou o precedente é uma norma jurídica – e, portanto, tem força vinculante – e vale independentemente de suas boas razões, ou é um simples exemplo, que obriga apenas nos limites em que a experiência anterior persuade o seu destinatário*".

[266] MACÊDO, Lucas Buril de. op. cit., p. 61.

[267] SCHAUER, Frederick. **Thinking like a lawyer:** a new introduction to legal reasoning. Cambridge: Harvard Univeristy Press, 2012. p. 41: "*the basic idea shold be now clear. When courts are constrained by precedent, they are obliged to follow a precedent not only they think it correct, but even when they think it incorrect. It is the precedent's source or status that gives it force, not the soundness of its reasoning nor the belief of the instant court that its outcome was correct*".

[268] CARDOZO, Benjamin. op. cit., p.111: "(...) *seria intolerável se as mudanças semanais na composição do tribunal fossem acompanhadas por mudanças em suas decisões. Em tais circunstâncias, não há nada a fazer exceto acatar os erros de nossos colegas da semana anterior, gostemos deles ou não*".

(*overruling*[269]). Mas esse é o ponto chave: os precedentes não podem mais ser simplesmente ignorados, como se o julgador partisse de um marco zero interpretativo.

Mais que isso: qualquer decisão que destoe de determinado precedente judicial deve passar necessariamente pela apropriada técnica de revisão/superação, como aliás se pode inferir das disposições processuais introduzidas na ordem jurídica brasileira com o advento do novo Código de Processo Civil[270] e com a introdução, na Lei de Introdução às Normas do Direito Brasileiro, pela Lei nº 13.655/2.018, dos artigos 23 e 24[271], *caput* e parágrafo único.[272]

[269] MACÊDO, Lucas Buril de. op. cit., p. 388-9: "*Deve-se destacar que a superação é uma prerrogativa dos tribunais superiores. Como o* stare decisis *está diretamente ligado à estrutura judiciária e à ordem jurídica processual, nomeadamente à previsão recursal, a superação dos precedentes judiciais obrigatórios só é permitida para o próprio tribunal que prolatou a decisão ou para outro que esteja em posição hierárquica superior. Assim, por exemplo, no* stare decisis *brasileiro, os precedentes dos tribunais superiores e do Supremo Tribunal Federal são obrigatórios, sendo certo que este pode reverter as decisões e superar os precedentes daqueles com base em sua competência recursal*".

[270] É bem verdade que o *common law* comporta superações implícitas de precedentes (*sub silentio*), tal qual adverte Lucas Buril de Macêdo [op. cit., p. 390]: "(...) *o* overruling *implícito se dá quando o tribunal, muito embora não diga expressamente, supera um entendimento, decretando nova norma jurídica. Trata-se de uma noção conforme a prática, embora o ideal seja que toda superação de precedente judicial seja feita de forma explícita, visando preservar a segurança jurídica*". Todavia, no sistema de precedentes à brasileira isso não é possível, *ex vi* dos incisos IV, V e VI, do §1º, do artigo 489 do Código de Processo Civil, que exigem, em qualquer decisão, respectivamente, (*a*) enfrentamento de todos os argumentos deduzidos no processo capazes de, em tese, infirmar a conclusão adotada pelo julgador; (*b*) que não se invoque precedente ou enunciado de súmula, sem identificar seus fundamentos determinantes nem demonstrar que o caso sob julgamento se ajusta àqueles fundamentos; e (*c*) que não se deixe de seguir enunciado de súmula, jurisprudência ou precedente invocado pela parte, sem demonstrar a existência de distinção no caso em julgamento ou a superação do entendimento.

[271] "*Art. 23. A decisão administrativa, controladora ou judicial que estabelecer interpretação ou orientação nova sobre norma de conteúdo indeterminado, impondo novo dever ou novo condicionamento de direito, deverá prever regime de transição quando indispensável para que o novo dever ou condicionamento de direito seja cumprido de modo proporcional, equânime e eficiente e sem prejuízo aos interesses gerais.*

Art. 24. A revisão, nas esferas administrativa, controladora ou judicial, quanto à validade de ato, contrato, ajuste, processo ou norma administrativa cuja produção já se houver completado levará em conta as orientações gerais da época, sendo vedado que, com base em mudança posterior de orientação geral, se declarem inválidas situações plenamente constituídas.

É da essência de um legítimo sistema de precedentes que a sua superação seja formal e substancialmente adequada, sob pena de sua própria desnaturação. A esse propósito, Conforme afirmado pelo *Justice* Antonin Scalia, "*the doctrine of stare decisis protects the ligitimate expectations of those who live under the law (...) Who ignores it must give reasons, and reasons that go beyond mere demonstration that the overruled opinion was wrong (otherwise the doctrine would be no doctrine at all)*".[273]

Logo, o fato de os Ministros do Tribunal Superior Eleitoral cumprirem mandatos curtos de 2 (dois) anos, renováveis por uma única ocasião, não significa liberdade para decidirem de forma *solipsista*, eis que a nova modelagem institucional exige respeito aos precedentes da respectiva Corte[274] e do Colendo Supremo Tribunal Federal.

Além disso, como se sabe, os precedentes trabalham basicamente em duas dimensões: da previsibilidade[275] e da igualdade[276-277]. Não há maio-

Parágrafo único. Consideram-se orientações gerais as interpretações e especificações contidas em atos públicos de caráter geral ou em jurisprudência judicial ou administrativa majoritária, e ainda as adotadas por prática administrativa reiterada e de amplo conhecimento público".

272 Sobre a normativa do parágrafo único do artigo 24 da LINDB, confira-se o escólio de ALVIM, Teresa Arruda; DANTAS, Bruno. **Recurso Especial, Recurso Extraordinário e a nova função dos Tribunais Superiores**. 5. ed. rev. e atual. São Paulo: Revista dos Tribunais, 2018. p. 300: "(...) *esse dispositivo significa que aquele que agiu reiteradamente com base em orientação pacificada dos tribunais, a respeito do sentido de certa norma jurídica, quando tem seus atos avaliados pelo Judiciário, quanto à sua validade, faz jus à apreciação de seu caso à luz dos parâmetros existentes à época em que a conduta se realizou, ainda que a orientação desse mesmo tribunal tenha sido alterada*".

273 UNITED STATES OF AMERICA. United States Supreme Court. **Hubbard v. United States:** certiorari to the united states court of appeals for the sixth circuit. 1995. Disponível em: http://supreme.justia.com/cases/federal/us/514/695/case.pdf. Acesso em 12 jan. 2019.

274 "*Pior do que não ter a melhor jurisprudência é ter uma jurisprudência que não se consolida nunca*". Ministro Luís Roberto Barroso quando do julgamento, no dia 27 de novembro de 2018 (acórdão publicado em sessão), do RO nº 060045183/AL.

275 MARINONI, Luiz Guilherme. **A Ética dos precedentes**... op. cit., p. 110: "*A previsibilidade efetivamente importa quando se percebe que de um mesmo texto legal podem ser extraídas várias interpretações ou normas jurídicas. A mera publicação da lei, como garante da previsibilidade, deixa de ter qualquer importância ao se saber que de um texto legal pode ser retirada uma pluralidade de significados. Nessa dimensão, bem vistas as coisas, o conhecimento do direito legislado chaga a não ter relevância*".

276 ALVIM, Teresa Arruda; DANTAS, Bruno. **Recurso Especial, Recurso Extraordi-**

res considerações quanto à última dimensão (igualdade), porquanto o Tribunal Superior Eleitoral, salvo casos isolados, vem aplicando os entendimentos firmados para os casos posteriores.[278-279]

nário e a nova função dos Tribunais Superiores. 5. ed. rev. e atual. São Paulo: Revista dos Tribunais, 2018. p. 176: "*Estão na base da necessidade de que se respeitem os precedentes de* civil law *o princípio da legalidade o da igualdade, ambos conaturais à ideia de Estado de Direito*".

[277] Marinoni, Luiz Guilherme. O precedente na dimensão da segurança jurídica. *In*: Marinoni, Luiz Guilherme (Coord.). **A força dos precedentes**: estudos dos cursos de Mestrado e Doutorado em Direito Processual Civil da UFPR. Salvador: Juspodivm, 2010. p. 227: "(...) *o Judiciário de* civil law não se submete ao princípio da igualdade no momento de decidir, vale dizer, no instante de cumprir o seu dever, prestando a tutela jurisdicional. Jaz inocultável que esse poder deixar de observar o princípio da igualdade no momento mais importante da sua atuação, exatamente quando tem que realizar o principal papel que lhe foi imposto. Raciocínio contrário, capaz de desculpar o Judiciário, apenas seria admitido como válido caso lhe coubesse decidir de forma desigual casos iguais".

[278] "*Em atenção aos princípios da coerência na função jurisdicional, da segurança jurídica e da igualdade, a orientação firmada por este Tribunal quanto ao tema nas Eleições de 2016 – da qual guardo reserva, que foi igualmente manifestada por outros ministros – deve ser adotada em relação à hipótese de inelegibilidade do art. 1º, I, d, da Lei Complementar 64/90, a qual contém idêntica exigência de que a condenação pela prática das condutas nela descritas – abuso do poder econômico ou político – advenha de decisão transitada em julgado ou proferida por órgão judicial colegiado*". (BRASIL. Tribunal Superior Eleitoral. **Agravo Regimental no Recurso Especial Eleitoral nº 229-69.2016.6.05.0189 – Classe 32 – Guaratinga – Bahia.** Eleições 2016. Agravo Regimental. Recurso Especial. Registro de Candidatura. Vereador. Inelegibilidade. Abuso de Poder [...]. Relator: Min. Admar Gonzaga, acórdão de 21 de setembro de 2017. Disponível: http://www.tse.jus.br/jurisprudencia/decisoes/jurisprudencia. Acesso em: 12 jan. 2019).

[279] "*1. Considera-se ilícita gravação realizada em local estritamente particular, por um dos interlocutores, sem conhecimento dos demais e sem autorização judicial. Precedentes. 2. Embora guarde ressalva quanto a esse entendimento, que a meu ver demanda estudo mais cuidadoso e atento à necessidade de se preservar a lisura do pleito e a paridade de armas entre candidatos, deve ser ele mantido para as Eleições 2012 em atenção à segurança jurídica, postulado contido no art. 16 da CF/88. Precedentes*". (BRASIL. Tribunal Superior Eleitoral. **Agravo Regimental no Recurso Especial Eleitoral nº 437-13.2015.6.00.0000 – Classe 32 – Reserva do Cabaçal – Mato Grosso.** Agravo Regimental. Recurso Especial. Eleições 2012. Prefeito. Ação de Investigação Judicial Eleitoral. Captação ilícita de Sufrágio. Art. 41-A da Lei 9.504/97. Relator: Min. Herman Benjamin, acórdão de 01 de agosto de 2016. Disponível: http://www.tse.jus.br/jurisprudencia/decisoes/jurisprudencia. Acesso em: 12 jan. 2019.).

A problemática reside na dimensão da previsibilidade, porquanto os *leading cases* são fixados após já iniciado[280] o pleito ou até mesmo após sua realização[281], a frustrar gravemente a legítima expectativa dos jurisdicionados.[282]

Um exemplo é o conhecido caso de Paulínia/SP referente às eleições de 2012 (*Recurso Especial Eleitoral nº 99-85*). No referido julgado, fixou-se o precedente de que a substituição de candidato majoritário às vésperas do pleito, sem motivo idôneo, configura fraude, a teor do §10 do artigo 14 da Constituição Federal. Só que isso se deu apenas em 23 de novembro de 2015 e a substituição que se operou se ancorou na legislação da época que, conforme expressamente reconhecido no acórdão, "*faculta ao*

[280] Confira-se, a propósito, o voto dos Ministros Admar Gonzaga e Rosa Weber no RO nº 060212355/RJ, julgado em 27/11/2018 (acórdão publicado em sessão) no qual relata a problemática envolvendo a incidência da inelegibilidade da alínea "L" do inciso I do artigo 1º da LC nº 64/1.990 em casos de condenação do candidato, na Justiça Comum, apenas pelo artigo 11 da Lei nº 8.429/1.992 (Lei de Improbidade Administrativa) e a variação jurisprudencial entre as eleições de 2014, 2016 e 2018.

[281] É o caso, por exemplo, da intertemporalidade da LC nº 64/1990 em sua redação original e as modificações temporais da LC nº 135/2010 (prazo das inelegibilidades decorrentes de condenação eleitoral), cujo entendimento novo (revisitando a jurisprudência) foi fixado apenas após transcorrido integralmente o pleito: "*Referida tese não destoa da jurisprudência remansosa da Corte Superior Eleitoral para as eleições de 2012, 2014 e 2016, fixada no leading case acerca da temática (REspe nº 283-41/CE, para o qual fui designado redator para o acórdão, PSESS de 19.12.2016)*". (BRASIL. Tribunal Superior Eleitoral. **Recurso Especial Eleitoral nº 145-89.2016.6.20.0047 – Classe 32 – Alto do Rodrigues – Rio Grande do Norte.** Eleições 2016. Recurso Especial Eleitoral. Indeferimento. Cargo. Prefeito. Condenação por abuso de poder em ação de investigação Judicial eleitoral [...]. Relator: Min. Luiz Fux, acórdão de 22 de maio de 2018. Disponível: http://www.tse.jus.br/jurisprudencia/decisoes/jurisprudencia. Acesso em: 12 jan. 2019. p 28/29).

[282] Interessante o recente debate travado entre os Ministros Admar Gonzaga e Luiz Edson Fachin no âmbito do Tribunal Superior Eleitoral quando do julgamento, no dia 27 de novembro de 2018 (acórdão publicado em sessão), do RO nº 060045183/AL: "***Min. Luiz Edson Fachin:*** *Vossa Excelência me permite um aparte, Min. Admar?* ***Min. Admar Gonzaga:*** *Pois não.* ***Min. Luiz Edson Fachin:*** *Apenas para contribuir com o debate, eis que quando nós aqui, mesmo em sede de recurso ordinário, apreciamos casos concretos, estamos, obviamente, apanhando fatos do passado, decodificando-os no presente e também os projetando sobre as eleições futuras que advirão*". Extrai-se daí, pelo menos da parte do Ministro Edson Fachin, a sua preocupação com a dimensão da previsibilidade dos precedentes mediante o reconhecimento do papel do Tribunal Superior Eleitoral enquanto Corte de Vértice.

partido/coligação a substituição de candidato a cargo majoritário até a véspera do pleito"[283].

Isso evidencia a necessidade de maior aprofundamento, em nome da dimensão da previsibilidade dos precedentes enquanto fonte primárias do direito, no tocante ao termo *ad quem* (prazo final) para a fixação de nova tese jurisprudencial e/ou de superação de precedente anterior (*overruling*), o que pressupõe uma análise pormenorizada da figura "*processo eleitoral*", o que será feito no capítulo seguinte.

Antes, porém, convém delimitar, para que não haja qualquer confusão ou incompletude no raciocínio, quais decisões podem ser consideradas *precedentes eleitorais* para fins de vinculação.

3.2. Precedentes eleitorais

A esta altura seria tautológico relembrar que a ideia de precedentes remonta ao sistema da *common law*[284], cuja recepção pelo nosso sis-

[283] "*ELEIÇÕES 2012. RECURSO ESPECIAL. AÇÃO DE IMPUGNAÇÃO DE MANDATO ELETIVO (AIME). PREFEITO E VICE-PREFEITO. FRAUDE. SUBSTITUIÇÃO DE CANDIDATO A CARGO MAJORITÁRIO. VÉSPERA DO PLEITO. AUSÊNCIA DE SITUAÇÃO EXCEPCIONAL. NÍTIDO ABUSO DO DIREITO DE REQUERER A SUBSTITUIÇÃO. INDUZIMENTO DO ELEITORADO A ERRO. REJEIÇÃO DA PRELIMINAR DE AFRONTA AO ART. 275 DO CE. DESPROVIMENTO DO APELO*
(...) 2. A legislação aplicável às eleições de 2012 faculta ao partido/coligação a substituição de candidato a cargo majoritário até a véspera do pleito. Contudo, tal medida deve ser interpretada em conformidade com o princípio da soberania popular, o qual constitui a base do Estado Democrático de Direito. 3. In casu, a moldura fática do acórdão recorrido está a demonstrar a inexistência de justo motivo para a substituição, revelando, ao revés, nítido abuso do direito de exercer tal faculdade. No ordenamento jurídico pátrio não há direito absoluto. 4. O eleitorado deve ter a clareza de quais candidatos efetivamente disputam o cargo, sob pena de configurar a fraude do art. 14, § 10, da CF. 5. Recurso especial ao qual se nega provimento". (BRASIL. Tribunal Superior Eleitoral. **Recurso Especial Eleitoral nº 9985.2013.6.26.0323 – Classe 32 – Paulínia – São Paulo.** Eleições 2012. Recurso Especial. Ação de Impugnação de Mandato Eletivo (AIME). Prefeito e vice-prefeito. Fraude. Substituição de candidato a cargo majoritário. Relatora: Min. Lucina Lóssio, acórdão de 01 de outubro de 2015. Disponível: http://www.tse.jus.br/jurisprudencia/decisoes/jurisprudencia. Acesso em: 12 jan. 2019. p. 87-88).

[284] Cardozo, Benjamin. op. cit., p. 110: "*Acho que a adesão ao precedente deve ser regra, não a exceção*".

tema, originado da tradição romano-germânica (*civil law*), é tida por tardia.[285]

Isso é muito importante para que não se proceda ao equívoco de confundir precedente com decisão proferida em processos submetidos ao rito dos casos repetitivos.[286]

O julgamento de casos repetitivos, longe de se tratar de um legítimo precedente (na acepção tradicional), é uma técnica de tutela pluri-individual vocacionada a resolver, principalmente no âmbito do STF e do STJ, o "*problema concreto que essas cortes vivenciavam de excesso de recursos que lhes chegava diariamente*".[287-288]

Assim também é para Daniel Carneiro Machado, para quem o IRDR (Incidente de Resolução de Demandas Repetitivas) se constitui, essencialmente, em uma técnica de julgamento para definição em bloco da tese jurídica discutida em várias demandas repetitivas, inspirado no modelo das chamadas "*ações de grupo do direito comparado*".[289]

Como salientam Teresa Alvim e Bruno Dantas, "é completamente estranho aos sistemas que adotam o stare decisis *o método de reabrir o julga-*

[285] Zaneti Jr., Hermes. op. cit., p. 63: "(...) *temos a recepção constitucional tardia dos precedentes, que exige dos juristas, na práxis, uma preocupação renovada com o método (não só no cotidiano forense, mas também na teoria e no ensino jurídico). São temas que deverão fazer parte do nosso cotidiano: a* ratio decidendi, *sem a qual se torna inaplicável na prática o modelo dos precedentes; o* distinguishing, *que trata da distinção entre os casos julgados e o caso em julgamento; e as diversas formas de derrogação dos precedentes, como o* overruling, *alertando para a possibilidade de superação dos precedentes anterior pela lei e pela própria jurisprudência*".

[286] "*Art. 928. Para os fins deste Código, considera-se julgamento de casos repetitivos a decisão proferida em: I – incidente de resolução de demandas repetitivas; II – recursos especial e extraordinário repetitivos. Parágrafo único. O julgamento de casos repetitivos tem por objeto questão de direito material ou processual*".

[287] Alvim, Teresa Arruda; Dantas, Bruno. op. cit., p. 542.

[288] Idem, p. 551: "*A técnica de tutela recursal pluri-individual é mais um capítulo nesse roteiro histórico de fortalecimento da função nomofilática dos recursos dirigidos ao STJ e do STF, e busca inverter o movimento pendular que conduziu essas cortes à beira da inviabilidade, dado o brutal volume de demandas que analisam a cada ano*".

[289] Machado, Daniel Carneiro. **A (in)compatibilidade do incidente de resolução de demandas repetitivas com o modelo constitucional de processo**: a participação democrática do juiz e das partes na construção do provimento jurisdicional. 2016. 319 f. Tese (Doutorado em Direito Processual) – Faculdade de Direito, Universidade Federal de Minas Gerais, Belo Horizonte, 2016. p. 87.

mento encerrado no tribunal inferior para novo exame do recurso à luz da decisão da corte superior no recurso-piloto"[290], o que é a principal característica dos recursos repetitivos à brasileira.[291]

Aliás, a sistemática de resolução de demandas repetitivas, da forma como desenhada no Código de Processo Civil, vem sendo duramente criticada pela doutrina pátria, chegando a ponto de ser concebida como inconstitucional.[292]

Outrossim, os próprios pressupostos filosóficos de que parte esta obra, não autorizariam que o sistema de julgamento de casos repetitivos fosse tratado como os precedentes o serão, pois não custa rememorar a precisa advertência de Georges Abboud no sentido de que inexiste qualquer pronunciamento judicial sem prévia interpretação.[293]

Por isso que o referido autor enfatiza que o artigo 927 do CPC/2015 não cria um sistema de precedentes, mas sim um "*sistema de provimentos vinculantes via atribuição legal*".[294]

Nesse trilhar, Marinoni adverte a possibilidade de o próprio CPC/2015 ser mal interpretado ao prever os recursos extraordinários e especiais repetitivos, fazendo supor que a tarefa das Cortes Supremas seja simplesmente a de resolver casos que se multiplicam perante o Poder Judiciário.

[290] Op. cit., p. 552.

[291] "*Art. 1.040. Publicado o acórdão paradigma: I – o presidente ou o vice-presidente do tribunal de origem negará seguimento aos recursos especiais ou extraordinários sobrestados na origem, se o acórdão recorrido coincidir com a orientação do tribunal superior; II – o órgão que proferiu o acórdão recorrido, na origem, reexaminará o processo de competência originária, a remessa necessária ou o recurso anteriormente julgado, se o acórdão recorrido contrariar a orientação do tribunal superior; III – os processos suspensos em primeiro e segundo graus de jurisdição retomarão o curso para julgamento e aplicação da tese firmada pelo tribunal superior; IV – se os recursos versarem sobre questão relativa a prestação de serviço público objeto de concessão, permissão ou autorização, o resultado do julgamento será comunicado ao órgão, ao ente ou à agência reguladora competente para fiscalização da efetiva aplicação, por parte dos entes sujeitos a regulação, da tese adotada*".

[292] Abboud, Georges. Cavalcanti, Marcos de Araújo. *Inconstitucionalidades no IRDR e os riscos ao sistema decisório.* **Revista de Processo**, São Paulo, n. 240, p. 221-242, fev. 2015. p. 230/237. No mesmo sentido se coloca Daniel Machado na tese de doutoramento alhures referenciada.

[293] Abboud, Georges. op. cit., p. 678.

[294] Idem, p. 568.

Segundo o autor, "*essa certamente não é a missão do Supremo Tribunal Federal, nem a do Superior Tribunal de Justiça*".[295]

Portanto, conclui o autor, "é equivocado supor que há precedente em casos repetitivos e não em casos não suscetíveis de repetição"[296], pois o que diferencia o recurso repetitivo do recurso ordinário é o fato de aquele se constituir mecanismo voltado à solução de casos de massa pendentes, enquanto que o precedente, na acepção estrita, mira o caso futuro, "*objetivando dar tutela à* previsibilidade no direito".[297]

A preocupação central dos provimentos judiciais proferidos em casos repetitivos é a enormidade de casos pendentes de decisão, isto é, sua atenção se volta especialmente ao passado e ao presente, enquanto que os precedentes têm como objetivo especial dar sentido ao direito com vistas aos casos de amanhã, ou seja, o foco é, essencialmente, o futuro.

Dessa forma, é preciso deixar desde logo registrado que o objeto de análise do presente tópico é o precedente judicial e não os provimentos judiciais vinculantes instituídos pelo novo Código de Processo.

Feito esse esclarecimento, cumpre retomar o raciocínio anterior, salientando também não ser novidade que atualmente não faz mais sentido sustentar a incompatibilidade de paradigmas entre os dois grandes sistemas jurídicos (*common law* e *civil law*), havendo entre eles, consoante reconhece Hermes Zaneti Jr., um crescente "*movimento de harmonização*".[298]

Contudo, diferentemente do sistema *common law*, os precedentes são vinculantes em *terrae brasilis* não por força do costume, mas por inequívoca imposição legal. É o Código de Processo Civil[299-300-301] que diz o que é um precedente.

[295] Marinoni, Luiz Guilherme. **Precedentes obrigatórios**... op. cit., p. 330.

[296] Idem, p. 331.

[297] Marinoni, Luiz Guilherme. **Precedentes obrigatórios**... op. cit., p. 332.

[298] Op. cit, p. 97.

[299] Em verdade o Código de Processo Civil simplesmente instrumentaliza a nova cultura legal de precedentes no Brasil, a qual tem como seu verdadeiro DNA o advento da *repercussão geral* ao nosso sistema, instituto que reformulou para sempre o papel das Cortes Supremas brasileiras. Nesse mesmo sentido, Marinoni, Luiz Guilherme. **Julgamento nas Cortes Supremas**: precedentes e decisão do recurso diante do novo CPC. 2. ed. rev. e atual. São Paulo: Revista dos Tribunais, 2017. p. 24: "*E isso para não precisar lembrar que*

Segundo o artigo 927 do Código de Processo Civil, os juízes e os Tribunais observarão: (i) as decisões do Supremo Tribunal Federal em controle concentrado de constitucionalidade; (ii) os enunciados de súmula vinculante; (iii) os acórdãos em incidente de assunção de competência ou de resolução de demandas repetitivas e em julgamento de recursos extraordinário e especial repetitivos; (iv) os enunciados das súmulas do Supremo Tribunal Federal em matéria constitucional e do Superior Tribunal de Justiça em matéria infraconstitucional; (v) a orientação do plenário ou do órgão especial aos quais estiverem vinculados.

A indagação que se coloca a esta altura é a seguinte: os precedentes não contemplados no rol do artigo 927 do Código de Processo Civil são vinculantes? Se sim, por qual motivo? A resposta para ambas as indagações é positiva, como se demonstrará nas linhas que se seguem.

um Código de Processo Civil não pode ter a pretensão de limitar a eficácia das decisões das Cortes Supremas. O art. 927, caput, *somente pode ser compreendido como uma norma equivocada e destituída de modéstia, pois a lei infraconstitucional não só não precisa dizer que as* rationes decidendi *das decisões das Cortes Supremas têm eficácia obrigatória, como obviamente não pode ter a pretensão de escolher as decisões ou definir os enunciados que podem ter essa eficácia. A eficácia obrigatória das* rationes decidendi *das decisões das Cortes Supremas é algo que logicamente deflui da leitura da Constituição à luz da teoria do direito".*

300 *"O novo Código constitui mais uma etapa deste esforço de melhorar o funcionamento do Judiciário: de tornar a prestação da tutela jurisdicional mais previsível, mais isonômica, mais rápida e eficaz. Esses foram os propósitos e os valores que levaram à criação de um novo sistema de precedentes vinculantes pelo CPC/2015".* (MELLO, Patrícia Perrone Campos; BARROSO, Luís Roberto. Trabalhando com uma nova lógica: a ascensão dos precedentes no direito brasileiro. **Revista da AGU**. Brasília, DF, v. 15, n. 3, p. 9-52, jul./set. 2016. p.24).

301 Reconhecendo que os precedentes não foram implementados de uma só vez, mas que foram objeto de progressiva evolução, confira-se: *"No Brasil, com a vigência da Constituição de 1988, iniciou-se uma longa e progressiva trajetória de valorização da jurisprudência e de atribuição de efeitos vinculantes aos precedentes jurisprudenciais. Ilustram tal trajetória: a expansão do controle concentrado da constitucionalidade; a aprovação de diversas alterações ao CPC/1973, pelas quais se conferiu a certas decisões judiciais uma eficácia intermediária, para além dos casos em que foram proferidas; e, por fim, a aprovação do CPC/2015, que criou um novo sistema de precedentes vinculantes no ordenamento jurídico brasileiro e conferiu-lhe eficácia por meio do alargamento das hipóteses de cabimento de reclamação".* (MELLO, Patrícia Perrone Campos; BARROSO, Luís Roberto. Trabalhando com uma nova lógica: a ascensão dos precedentes no direito brasileiro. **Revista da AGU**. Brasília, DF, v. 15, n. 3, p. 9-52, jul./set. 2016. p.45).

Existem dois motivos pelos quais os precedentes proferidos por Cortes de Vértice devem vincular no âmbito do ordenamento jurídico pátrio, sendo ***(i)*** um de índole processual (infraconstitucional) e ***(ii)*** outro de índole institucional (constitucional).

Quanto ao primeiro (índole processual), é de se registrar a crítica dirigida por Luiz Guilherme Marinoni ao artigo 927 do Código de Processo Civil, para quem "*a norma diz que os juízes devem observar hipóteses que não guardam qualquer homogeneidade*".[302]

Além da ausência de homogeneidade, é o caráter do rol do artigo 927 do NCPC que mais preocupa Marinoni. Adotando a tese exemplificativa[303] – e não exaustiva –, o processualista diz ser evidente que "*não são apenas as decisões proferidas em recursos extraordinários* repetitivos *que obrigam os juízes e tribunais, mas as proferidas em* todo e qualquer *recurso extraordinário*".[304-305]

E isso também deve ser observado a nível infraconstitucional: "*Do mesmo modo que o STJ tem a função de atribuir sentido ao direito federal infraconstitucional, as suas decisões, ainda que proferidas em sede de recurso especial 'não repetitivo', devem ser respeitadas pelos juízes e tribunais*".[306]

Também Daniel Mitidiero aponta para o desacerto da redação do artigo 927, para quem o dispositivo "*deixa de arrolar hipóteses em que*

[302] Idem, p. 21.

[303] Idem, p. 24: "*Vale dizer que o art. 927,* caput, *deve ser compreendido não só como norma que* apenas exemplifica *algumas hipóteses de decisões dotadas de eficácia obrigatória, mas que também trata de hipóteses que nunca terão a capacidade de efetivamente garantir a unidade do direito*".

[304] Op. cit., p. 21.

[305] MARINONI, Luiz Guilherme. **Julgamento nas Cortes Supremas**. precedentes e decisão do recurso diante do novo CPC. 2. ed. rev. e atual. São Paulo: Revista dos Tribunais, 2017. p. 22: "*A letra do art. 927 parece supor que a função das Cortes Supremas é resolver litígios que podem se repetir em massa para, dessa forma, otimizar a administração da justiça. Ora, isso nada tem a ver com a função das Cortes Supremas, que é a de definir, mediante as melhores razões, a norma que deflui do texto legal ou constitucional*".

[306] MARINONI, Luiz Guilherme. **Julgamento nas Cortes Supremas**. precedentes e decisão do recurso diante do novo CPC. 2. ed. rev. e atual. São Paulo: Revista dos Tribunais, 2017. p. 22.

pode haver a formação de precedentes", logo, "*deve ser visto como* meramente exemplificativo"[307], isto é, *numerus apertus.*

Seguem essa mesma linha Patrícia Perrone Campos Mello e Luís Roberto Barroso ao defenderem a eficácia normativa das orientações firmadas pelo plenário das Cortes, advertindo que "*esses entendimentos são obrigatórios e devem ser seguidos*".[308]

De forma contrária, Rodolfo de Camargo Mancuso aponta a eficácia meramente persuasiva[309] dos precedentes não-repetitivos proferidos pelas Cortes Supremas, posição que, com todo o respeito, não reflete a melhor interpretação do novo Código de Processo Civil.

Isto porque, é a interpretação sistemática do novo *Code* que espanca de vez qualquer dúvida a propósito do caráter meramente exemplificativo da lista de seu art. 927, como bem explica Marinoni:

> Outras normas do novo Código de Processo Civil confirmam claramente o caráter exemplificativo do art. 927, evidenciando que a eficácia obrigatória está nos *precedentes* das Corte Supremas – que, como é óbvio, podem derivar de recursos repetitivos ou não. Afirma o art. 489, §1º, que "não se considera fundamentada qualquer decisão judicial, seja ela interlocutória, sentença ou acórdão", que "se limitar a invocar *precedente* ou enunciado de súmula, sem identificar seus fundamentos determinantes nem demonstrar que o caso sob julgamento se ajusta àqueles fundamentos" (inc. V) e "deixar de seguir enunciado de súmula, jurisprudência ou *precedente* invocado pela parte, sem demonstrar a existência de distinção no caso em julgamento ou a superação do entendimento" (inc. VI). No momento mais importante para a regulação da eficácia obrigatória das decisões das Cortes Supremas, ou seja, naquele

[307] MITIDIERO, Daniel. **Precedentes**: da persuasão à vinculação. 3. ed. São Paulo: Revista dos Tribunais, 2018. p. 103.

[308] MELLO, Patrícia Perrone Campos; BARROSO, Luís Roberto. Trabalhando com uma nova lógica: a ascensão dos precedentes no direito brasileiro. **Revista da AGU**. Brasília, DF, v. 15, n. 3, p. 9-52, jul./set. 2016. p. 22-3. O que os diferencia das hipóteses contempladas no rol do artigo 927 do Código de Processo Civil, segundo os autores, é o não cabimento de reclamação, daí porquê a classificação de precedente judiciais de *eficácia intermediária* ou *eficácia normativa em sentido fraco.*

[309] MANCUSO, Rodolfo de Camargo. **Divergência jurisprudencial e súmula vinculante**. 6. ed. rev. e atual. Salvador: Juspodivm, 2018. p. 181.

> em que o juiz está a operar com tais decisões, o novo Código alude expressamente a "precedente". O fato de o Código falar em precedente sem aludir ao local em que proferido exatamente no momento em que regula a operação com as decisões dotadas de eficácia obrigatória é altamente significativo, pois evidencia que não há como restringir tal eficácia aos recursos repetitivos.[310]

Tal raciocínio é extremamente importante para o Direito Eleitoral, na medida em que o Tribunal Superior Eleitoral, até então, não adota a sistemática dos recursos repetitivos, trabalhando com uma lógica própria[311], sobremodo pela peculiaridade de não se dividir em turmas ou seções, sendo todas as suas decisões proferidas pelo colegiado único (Plenário) composto por todos os membros.[312]

Da mesma forma, não faz sentido algum aplicar a ritualística do incidente de resolução de demandas repetitivas na seara eleitoral, isto porque, consoante já adiantado, não há risco de órgãos colegiados fracionários proferirem decisões antagônicas ou contraditórias[313], pois o desenho

[310] Marinoni, Luiz Guilherme. **Julgamento nas Cortes Supremas**: precedentes e decisão do recurso diante do novo CPC. 2. ed. rev. e atual. São Paulo: Revista dos Tribunais, 2017. p. 24-5.

[311] Confira-se, *v.g.*, o artigo 2º da Resolução nº 23.478, de 10 de maio de 2016, que estabelece diretrizes gerais para a aplicação da Lei nº 13.105, de 16 de março de 2015 – Novo Código de Processo Civil –, no âmbito da Justiça Eleitoral: "*Art. 2º Em razão da especialidade da matéria, as ações, os procedimentos e os recursos eleitorais permanecem regidos pelas normas específicas previstas na legislação eleitoral e nas instruções do Tribunal Superior Eleitoral. Parágrafo único. A aplicação das regras do Novo Código de Processo Civil tem caráter supletivo e subsidiário em relação aos feitos que tramitam na Justiça Eleitoral, desde que haja compatibilidade sistêmica*".

[312] Teresa Arruda Alvim e Bruno Dantas (op. cit., p. 542), ao abordarem a gênese dos recursos repetitivos, deixam bem claro que a preocupação do legislador foi resolver a litigiosidade de massa que enfrentavam (e enfrentam) o Supremo Tribunal Federal e o Superior Tribunal de Justiça. Aliás, não é por outro motivo que o Código de Processo Civil faz menção expressa a essas duas Cortes, senão veja-se: "*Art. 1.036. Sempre que houver multiplicidade de recursos extraordinários ou especiais com fundamento em idêntica questão de direito, haverá afetação para julgamento de acordo com as disposições desta Subseção, observado o disposto no Regimento Interno do Supremo Tribunal Federal e no do Superior Tribunal de Justiça*".

[313] Alvim, Teresa Arruda; Dantas, Bruno. op. cit., p. 570: "*O julgamento do IRDR deve acarretar estabilidade, isonomia e segurança jurídica. Evidentemente, essas qualidades são incompatíveis com mudanças bruscas de entendimento, em especial porque, diferentemente das causas comuns, onde prevalece o* non liquet, *no IRDR o tribunal pode perfeitamente se escusar da instauração sob*

institucional da Justiça Eleitoral só permite decisão plenária, na qual todos os seus membros têm assento.

Dito de outro modo, o Tribunal Superior Eleitoral e os Tribunais Regionais Eleitoral não se subdividem em turmas, câmaras ou seções, de modo que o receio do legislador infraconstitucional, no sentido de existirem entendimentos divergentes entre órgãos fracionários da Corte, não se aplica no âmbito do microssistema eleitoral.

Feita essa necessária observação, cumpre avançar para se dizer que, a se adotar o raciocínio de que o artigo 927 do Novo Código de Processo Civil encerra um *numerus clausus*, nenhuma decisão proferida pelo Tribunal Superior Eleitoral vincularia os juízes e Tribunais Regionais Eleitorais, a revelar-se verdadeiro absurdo, dado o caráter de destaque da Corte Superior, como já pormenorizadamente analisado no tópico antecedente.

Ou seja, e agora já adentrando ao segundo fundamento (índole constitucional), os precedentes da Corte Superior Eleitoral vinculam também, como registra Hermes Zaneti Jr., em razão de que "*as decisões dos órgãos de vértice nos casos-precedentes devem ser levadas em consideração no momento de decidir os casos-atuais*".[314-315]

Daniel Mitidiero assevera que raciocínio contrário só pode se sustentar em razão de "*um equívoco que decorre da falta de compreensão da natureza do Supremo Tribunal Federal e do Superior Tribunal de Justiça como Cortes Supremas – de interpretação e não de controle, de precedentes e não de jurisprudência*".[316]

Em sentido contrário, Lenio Streck[317] assevera que a simples condição de Tribunais Superiores não faz nascer a regra de vinculação das decisões

o argumento de que o tema ainda não foi suficientemente debatido pelos juízos e órgãos colegiados inferiores, não estando apto, portanto, a receber decisão paradigmática e vinculante".

314 Op. cit., p. 325.

315 O autor, portanto, concluiu em sua pesquisa que mesmo na ausência de expressa previsão legal a propósito da vinculação, os precedentes devem ser rigorosamente seguidos pelas instâncias inferiores. Disse ele: "*Esta pesquisa visa a afirmar a força normativa dos precedentes mesmo quando estes não são formalmente vinculantes, decorrente da própria racionalidade da argumentação jurídica*". (Zaneti Jr., Hermes. op. cit., p. 326, nota de rodapé 89).

316 Mitidiero, Daniel. **Cortes Superiores e Cortes Supremas:** do controle à interpretação, da jurisprudência ao precedente. 3. ed. São Paulo: Revista dos Tribunais, 2017. p. 123.

317 Streck, Lenio Luiz. **Precedentes judiciais e hermenêutica**: o sentido da vinculação no CPC/2015. Salvador: Juspodivm, 2018. p. 69-86.

por estes proferidas, na linha de que é o magistrado do novo caso (*instant case*) que definirá se a *ratio decidendi* da decisão da Corte Superior, invocada no processo, consubstancia precedente ou não.

Entretanto, ousamos dizer que a razão não lhe acompanha. Isto porque, em geral, independentemente do país, os sistemas jurídicos ocidentais reservam às Cortes Supremas o papel de estabelecer precedentes.

Como exemplo, há de ser observada a comparação feita por Albie Sachs, ex-membro do Tribunal Constitucional da África do Sul, entre o papel da Corte Suprema de seu país e a da Suprema Corte dos Estados Unidos:

> Em supremas cortes experientes, o debate jurídico tenda a girar em torno não da enunciação de novos princípios, e sim em torno da expansão ou contração das fronteiras externas do próprio precedente da corte. Os momentos de grande avanço jurídico são raros, com o estabelecimento de princípios totalmente novos. Em nosso caso, porém, sendo um novo tribunal com uma nova Constituição, e, além disso, um tribunal incentivado a recorrer à jurisprudência internacional, a enunciação de princípios inovadores é nossa matéria básica. Nosso principal desafio é assentar os alicerces sólidos de uma jurisprudência constitucional transformadora. No entanto, mesmo com todas as diferenças entre o trabalho de nosso novo Tribunal e, digamos, a experiente Suprema Corte dos Estados Unidos, tenho a impressão de que simplesmente escrevemos em grande escala o que são processos universais de raciocínio jurídico em desenvolvimento, esteja onde estiver e seja qual for o tribunal.[318]

Teresa Arruda Alvim e Bruno Dantas, ao defenderem a obrigatoriedade dos precedentes dos Tribunais Superiores, asseveram que é "*função e razão de ser desses Tribunais a de proferir decisões paradigmáticas, que sirvam de 'modelo' aos demais órgãos do Poder Judiciário*".[319] Em seu entender, não faria sentido a sua existência se não houve essa obrigatoriedade.

[318] Sachs, Albie. **Vida e Direito**: uma estranha alquimia. Tradução de Saul Tourinho Leal. São Paulo: Saraiva, 2016. Série IDP: Linha direito comparado. p. 63-64.
[319] Op. cit., p. 276.

Firmadas essas premissas, cumpre analisar se a sistemática de precedentes normativos formalmente vinculantes (*de iure*)[320] instituída no Novo Código de Processo Civil se aplica ao processo eleitoral.

A resposta para a indagação é positiva. A cláusula de recepção do artigo 15 do *Code Fux* é clara: "*Art. 15. Na ausência de normas que regulem processos eleitorais, trabalhistas ou administrativos, as disposições deste Código lhes serão aplicadas supletiva e subsidiariamente*".[321]

O Tribunal Superior Eleitoral, no exercício de seu poder regulamentar, editou a Resolução nº 23.478, de 10 de maio de 2016, a qual "*estabelece diretrizes gerais para a aplicação da Lei nº 13.105, de 16 de março de 2015 – Novo Código de Processo Civil –, no âmbito da Justiça Eleitoral*". [322]

No corpo do dito regulamento, para o que interessa ao tema abordado, dispôs a Corte Superior Eleitoral:

> **Art. 2º** Em razão da especialidade da matéria, as ações, os procedimentos e os recursos eleitorais permanecem regidos pelas normas específicas previstas na legislação eleitoral e nas instruções do Tribunal Superior Eleitoral.
> **Parágrafo único.** A aplicação das regras do Novo Código de Processo Civil tem caráter supletivo e subsidiário em relação aos feitos que tramitam na Justiça Eleitoral, desde que haja compatibilidade sistêmica.[323]

[320] ZANETI JR., Hermes. op. cit., p. 325: "*A vinculatividade é compreendida a partir do ônus argumentativo previsto em lei, o qual reforça a presunção a favor do precedente através da obrigatoriedade legal de seguir os próprios precedentes (vinculação horizontal) e os precedentes das cortes hierarquicamente superiores (vinculação vertical). Os* precedentes normativos formalmente vinculantes (de iure) *possibilitam a impugnação por via recursal das decisões que não seguirem o precedente, com base na não observância*".

[321] BRASIL. **Lei nº 13.105 de 16 de março de 2015.** Código de Processo Civil. Brasília, DF: Presidência da República, 2015. Disponível em: http://www.planalto.gov.br/ccivil_03/_Ato2015-2018/2015/Lei/L13105.htm. Acesso em: 12 jan. 2019.

[322] BRASIL. Tribunal Superior Eleitoral. **Resolução nº 23.478, de 10 de maio de 2016.** Estabelece diretrizes gerais para a aplicação da Lei nº 13.105, de 16 de março de 2015 – Novo Código de Processo Civil –, no âmbito da Justiça Eleitoral. Brasília, DF: Tribunal Superior Eleitoral, 2016. Disponível em: http://www.tse.jus.br/legislacao/codigo-eleitoral/normas-editadas-pelo-tse/resolucao-no-23-478-de-10-de-maio-de-2016-2013-brasilia-2013-df. Acesso em: 12 jan. 2019.

[323] Idem.

A norma regulamentar deixa claro que os procedimentos, ações e recursos eleitorais, inclusive quanto ao prazo, serão regidos pelo microssistema eleitoral. Dito isso, cumpre analisar se a aplicação *supletiva* e *subsidiária* do Código de Processo Civil à seara eleitoral autoriza se falar, no âmbito eleitoral, de um sistema de precedentes normativos formalmente[324] vinculantes.

Elaine Harzheim Macedo, depois de diferenciar os conceitos de aplicação *subsidiária* e *supletiva*[325], defende a possibilidade de intérprete se valer de "*um instituto absolutamente inexistente na legislação especial, mas previsto na legislação comum*".[326]

Entretanto, a aplicação do *Code Fux* só se faz possível se houver "*compatibilidade sistêmica para eventual manejo subsidiário ou supletivo da norma processual civil*".[327]

No ponto, calha conferir a lição de Elpídio Donizetti:

> (...) na esfera processual eleitoral, muitas vezes encontramos vácuos legislativos que precisam ser complementados por meio de outras leis que não as precipuamente destinadas a regular o processo eleitoral. Nesse sentido, pode-se aplicar subsidiariamente o CPC ao processo jurisdicional eleitoral quando inexistirem regras específicas para solucionar determinada questão e quando a legislação especial não vedar a aplicação supletiva.[328]

[324] ZANETI JR., Hermes. op. cit., p. 323: "*Vinculação formal significa que um julgamento que não respeita um precedente vinculante com relevância institucional, ou seja, com relevância constitucional e regulada por normas jurídicas, não pode ser considerado juridicamente correto. Neste caso, a decisão será contrária ao direito (*not lawful; illegitimo*) e, portanto, poderá/deverá ser objeto de reversão pelos meios de impugnação disponíveis no ordenamento jurídico*".

[325] Segundo a autora, a aplicação subsidiária já era utilizada pela jurisprudência, e, em seu entender, tem menor alcance do que a inovação trazida pelo novo *Code*, a saber, a aplicação supletiva, a qual teria maior grau de abrangência e de incidência.

[326] MACEDO, Elaine Harzheim. O Código de Processo Civil de 2015 e a legislação processual eleitoral: um estudo sobre a resolução do TSE nº 23.478, de 10.5.2016. *In*: FUX, Luiz; PEREIRA, Luiz Fernando Casagrande; AGRA, Walber de Moura (coord.). **Direito Processual Eleitoral**. Belo Horizonte: Fórum, 2018. p. 75.

[327] Idem, p. 76.

[328] DONIZETTI, Elpídio. **Curso didático de direito processual civil**. 19. ed. São Paulo: Atlas, 2016. p. 85.

Não há vedação no microssistema eleitoral e nem contrariedade à principiologia que lhe é inerente. Pelo contrário, a divisão hierárquica da Justiça Eleitoral, a exemplo da Justiça Comum, recomenda e exige a aplicação do sistema de precedentes normativos formalmente vinculantes previsto no Novo Código de Processo Civil.

Maria Stephany dos Santos bem observa que o "*instituto do precedente visa salvaguardar os interesses dos jurisdicionados em qualquer área processual e sua aplicação na seara eleitoral garantirá o enaltecimento da segurança jurídica*".[329]

É este também o raciocínio de Alexandre Freire Pimentel e Paulo Roberto de Carvalho Lyra, para quem, nada obstante o Tribunal Superior Eleitoral não ter sido contemplado pela literalidade do artigo 927 do NCPC, "*o princípio da simetria orienta no sentido de que o mesmo tratamento conferido pelo art. 927 deve ser estendido aos demais ramos do Judiciário*".[330]

Pecam os referidos autores, todavia, ao entenderem pela aplicabilidade literal do artigo 927 do Novo *Code*, isto é, entendendo o rol como *numerus clausus*[331], com o que não se pode concordar, como já fora abordado alhures.

Ao abordar a necessidade de uniformização e integridade da jurisprudência, tal qual prevista no artigo 926 do NCPC, Antônio Carlos Mathias Coltro, ex-Presidente do Tribunal Regional Eleitoral de São Paulo, destaca "*sua importância e a necessidade de sua observância, com relevo na esfera eleitoral, em que os Tribunais têm sua composição alterada com frequência, reco-*

[329] SANTOS, Maria Stephany dos. O sistema de precedente no âmbito do Novo Código de Processo Civil e sua aplicabilidade no Direito Eleitoral. **Revista do TRE-RS**, Porto Alegre, n. 44, p. 309-335, jan./jun. 2018.

[330] PIMENTEL, Alexandre Freire; LYRA, Paulo Roberto de Carvalho. A estabilização da jurisprudência e o cabimento da tutela da evidência (liminar) no Direito Processual Eleitoral. *In*: FUX, Luiz; PEREIRA, Luiz Fernando Casagrande; AGRA, Walber de Moura (coord.). **Direito Processual Eleitoral**. Belo Horizonte: Fórum, 2018. p. 379.

[331] PIMENTEL, Alexandre Freire; LYRA, Paulo Roberto de Carvalho. op. cit., p. 379: "*(...) a jurisprudência sumulada do TSE, bem como os seus acórdãos proferidos em procedimentos de assunção de competência e incidentes de resolução de demandas repetitivas devem ser observados pelos tribunais regionais e juízes eleitorais*".

mendando o fato o exato cumprimento das normas processuais civis incidentes à matéria".[332-333]

Portanto, está fora de qualquer dúvida que a sistemática de precedentes do Código de Processo Civil é aplicável ao Direito Processual Eleitoral, à luz da norma de envio do artigo 15 do Código Fux.

Antes de findar, é necessário tratar do instituto processual dos *prejulgados* previsto no artigo 263 do Código Eleitoral e sua eventual correlação com a nova sistemática de precedentes normativos formalmente vinculantes aplicadas à seara eleitoral.

Dito de outro modo, é preciso investigar se a previsão dos *prejulgados* no Código Eleitoral consistiria em obstáculo à aplicação da sistemática de precedentes do Novo Código de Processo Civil.

Diz o artigo 263 do Código Eleitoral: "*No julgamento de um mesmo pleito eleitoral, as decisões anteriores sôbre questões de direito constituem prejulgados para os demais casos, salvo se contra a tese votarem dois terços dos membros do Tribunal*".[334]

Como já dito no capítulo 1 da presente investigação, os prejulgados foram reconhecidos como incompatíveis com a Constituição Federal,

[332] Coltro, Antônio Carlos Mathias. O novo Código de Processo Civil, a Constituição Federal e o Direito Eleitoral. *In:* Costa, Daniel Castro Gomes da; Rollemberg, Gabriela; Kufa, Karina; Carvalho Neto, Tarcísio Vieira de (org.). **Tópicos avançados de Direito Processual Eleitoral**. Belo Horizonte: Arraes Editores, 2018. p. 24.

[333] A preocupação com a rotatividade dos membros da Justiça Eleitoral, e em especial do Tribunal Superior Eleitoral, é registrada por Toffoli, José Antonio Dias; Fernandes, Lília Maria da Cunha. op. cit., p. 33: "*Um dos mais importantes reflexos do imperativo da segurança jurídica no âmbito da Justiça Eleitoral foi a recente atualização da Súmula de Jurisprudência do TSE, com o cancelamento e a atualização de enunciados superados e o acréscimo de verbetes que representam o entendimento pacificado da Corte acerca de temas relevantes, os quais vão nortear os órgãos de primeira e segunda instância, bem como advogados, partidos, candidatos e todos os que atuam perante aquela Justiça Especializada.*
A atualização foi feita nos autos do PA n. 323-45 e publicada no DJe de 28/6/2016. Com a edição das novas súmulas, evita-se a tendência natural da rotatividade existente nos órgãos da Justiça Eleitoral e que se reflete, por vezes, na oscilação da jurisprudência".

[334] BRASIL. **Lei nº 4.737 de 15 de julho de1965.** Institui o Código Eleitoral. Brasília, DF: Presidência da República, 1965. Disponível em: http://www.planalto.gov.br/ccivil_03/leis/L4737.htm. Acesso em: 12 jan. 2019.

pelo Tribunal Superior Eleitoral[335], por gerarem vinculação aos juízes, o que conflitaria com a ideia de independência jurídica e violaria a separação dos poderes.

Todavia, o tema está a merecer releitura. Antônio Veloso Peleja Jr. entende que "*o instituto deverá ressurgir via mutação constitucional*", uma vez que, em seu entender, "*as súmulas vêm exercendo forte influência em nosso sistema jurídico, principalmente após a criação da súmula vinculante, com a finalidade de padronização das decisões*".[336]

De fato, como o presente trabalho demonstra, não mais prevalecem as razões que levaram a Corte Superior Eleitoral a declarar a incompatibilidade vertical do instituto dos prejulgados com a Constituição Federal. Pelo contrário, a ideia de precedentes como normas vinculantes sugere justamente o reconhecimento validade constitucional do artigo 263 do Código Eleitoral, à exceção de sua parte final, a saber: "*salvo se contra a tese votarem dois terços dos membros do Tribunal*".

A parte final conflita com que decidido pelo Supremo Tribunal Federal, em sede de repercussão geral, no RE nº 637.485/RJ, pois as viragens abruptas de jurisprudência não podem ser realizadas por qualquer quórum, ainda que haja unanimidade quanto ao *overruling*. A Corte Suprema não fez qualquer distinção ao interpretar o princípio da anterioridade eleitoral, não cabendo ao Código Eleitoral fazê-lo.

Daí que, por contrariar pronunciamento do STF proferido em sede de repercussão geral (o qual possui inegável efeito vinculante), o artigo 263 do Código Eleitoral deve ser considerado parcialmente recepcionado pela Constituição Federal, com exceção da parte final alhures transcrita.

Uma consideração derradeira se faz necessária: o prejulgado não conflita com o sistema de precedentes, sobremodo porque regula apenas parcialmente a matéria da vinculação.

[335] BRASIL. Tribunal Superior Eleitoral. **Recurso nº 9.936 – Classe 4ª – Nova Friburgo – RJ.** Recurso especial: regularidade da apresentação do partido político pelo Diretório Municipal na sua interposição [...]. Relatora: Min. Sepúlveda Pertence, acórdão de 14 de setembro de 1992. Disponível em: http://www.tse.jus.br/jurisprudencia/decisoes/jurisprudencia. Acesso em: 12 jan. 2019.
[336] Op. cit., p. 495.

Como salienta Peleja Jr., *"a particularidade que envolve o prejulgado eleitoral é que ele deve verificar-se apenas em um mesmo pleito eleitoral, o que o torna mais restrito do que sai coirmã uniformização de jurisprudência"*.[337]

Isto é, conforme o mesmo autor, *"o prejulgado eleitoral visa unificar os julgados via aplicação isonômica de uma decisão a casos idênticos"*.[338] O seu fundamento é o princípio da isonomia e não propriamente o da anterioridade eleitoral. Em outros termos, o prejulgado trabalha com a dimensão da igualdade dos precedentes, mas não a dimensão da previsibilidade, a qual é trabalhada pela sistemática do NCPC via aplicação supletiva.

Ademais, a sua preocupação se restringe à *vinculação horizontal*[339-340], enquanto que o sistema de precedentes trabalha também, e principalmente, com a lógica da *vinculação vertical*[341] das decisões.

Isto é, em razão do artigo 263 se referir às decisões anteriores *"do Tribunal"*, o prejulgado muito se assemelha à figura do *self-precedent* (auto-

[337] Op. cit., p. 495.

[338] Idem.

[339] *"Os precedentes com força obrigatória naturalmente incidem sobre os tribunais e juízes que lhe são inferiores. Alude-se, neste sentido, à eficácia vertical dos precedentes. Porém, também se fala da vinculação da própria Corte aos seus precedentes, ou seja, da chamada eficácia horizontal dos precedentes"* (MARINONI, Luiz Guilherme. **Precedentes obrigatórios**... op. cit., p. 95).

[340] O instituto dos prejulgados, tal qual desenhado, isto é, com possibilidade de superação, ainda que por quórum rígido, parece refletir a ideia não tão ortodoxa de precedentes defendida por Richard Posner, para quem *"Os precedentes de evidente relevância têm, de fato, autoridade num tribunal de justiça, mas sua autoridade é de caráter político – ou seja, tem suas raízes basicamente na força – e não epistêmico. Os juízes seguem as decisões anteriores de seu tribunal quando estão de acordo com elas, ou quando consideram a estabilidade jurídica mais importante, naquelas circunstâncias, do que a compreensão correta do direito"* (POSNER, Richard A. **Problemas de filosofia do direito**. Tradução de Jefferson Luiz Camargo. São Paulo: Martins Fontes, 2007. p. 609).

[341] *"Os* precedentes *emanam exclusivamente das Cortes Supremas e são sempre* obrigatórios *– isto é,* vinculantes. *Do contrário, poderiam ser confundidos com simples* exemplos. *Isso quer dizer que existe no direito brasileiro um* forte efeito vinculante dos precedentes *('strong-binding-force'). Embora o Código tenha introduzido legislativamente o conceito de precedente entre nós,* a autoridade do precedente obviamente dele não decorre. *Na verdade, a autoridade do precedente decorre do fato desse encarnar o significado que é adscrito ao direito pelo Supremo Tribunal Federal e pelo Superior Tribunal de Justiça. Vale dizer:* a autoridade do precedente é a própria autoridade do direito interpretado e a autoridade de quem o interpreta" (MITIDIERO, Daniel. **Precedentes**... op. cit., p. 93).

precedente[342]), atrelado à ideia de "*vinculação da própria corte entre os juízes do passado (caso-precedente) e os juízes do presente (caso-atual)*".[343]

O *stare decisis* é importantíssimo no atual estágio, e em especial às Cortes Regionais Eleitorais e ao próprio Tribunal Superior Eleitoral que, como já dito, possuem uma incomum rotatividade de Juízes-Membros e Ministros.

Portanto, ao invés de antagonizar, o prejulgado é um auxiliar da nova sistemática de precedentes, a qual se aplica inteiramente ao microssistema eleitoral, sobretudo no tocante à *eficácia vertical*, carente de qualquer regulamentação nas leis eleitorais.

Isso é importante para a investigação em curso, porquanto o *timing* do precedente e de sua eventual superação, no âmbito do Tribunal Superior Eleitoral, e seus consectários lógicos, principalmente nos juízos inferiores, vão depender da correta delimitação do processo eleitoral, tema do próximo capítulo.

3.3. Conclusão parcial

O Tribunal Superior Eleitoral não é uma simples instância revisional. A sua posição destacada, no cume da pirâmide do direito infraconstitucional eleitoral, o credencia a ser considerado como uma Corte Suprema, na linha do que defende, dentre tantos, Luiz Guilherme Marinoni a propósito do Superior Tribunal de Justiça[344].

As suas decisões dão significância ao Direito Eleitoral, ainda mais nesse microssistema marcado por inúmeras reformas que o tornam tão peculiar e irremediavelmente complexo[345], sem contar os conceitos jurí-

[342] Krebs, Hélio Ricardo Diniz. **Sistemas de precedentes e direitos fundamentais**. São Paulo: Revista dos Tribunais, 2015. p. 130.

[343] Zaneti Jr., Hermes. op. cit., p. 314.

[344] Marinoni, Luiz Guilherme. **O STJ enquanto Corte de Precedentes**: recompreensão do sistema processual da Corte Suprema. 3. ed. rev. e atual. São Paulo: Revista dos Tribunais, 2017.

[345] O alerta de Fávila Ribeiro, no início dos anos 1990, nunca foi levado a sério: "*Ao invés de leis esparsas deveria persistir o sentido de integração do sistema codificado, com os corretivos e adições que o tempo fosse aconselhando, cumprindo-se, com a segurança de objetividade, prudente e compatível trabalho de modernização.*

dicos indeterminados e as cláusulas abertas[346] amplamente utilizadas pelo legislador, como é o caso da Lei Complementar nº 135/2010 que redesenhou as hipóteses de inelegibilidade, os(as) quais exigem a integração de sentido por intermédio das decisões do órgão de cúpula.

Quanto à sistemática processual, a despeito do Código de Processo Civil fazer expressa referência apenas ao Superior Tribunal de Justiça e ao Supremo Tribunal Federal, sua aplicação às decisões do Tribunal Superior Eleitoral decorre do seu caráter supletivo (CPC, art. 15) e de sua finalidade instrumental de operacionalizar a lógica de precedentes extraída de uma nova leitura dos Tribunais Superiores.

A ausência de regulamentação no âmbito do microssistema eleitoral atrai a sistemática de precedentes normativos formalmente vinculantes prevista no Novo Código de Processo Civil, sobretudo ante a peculiar forma de atuação do Tribunal Superior Eleitoral, o qual não é subdivido em Câmaras, Turmas ou Seções, decidindo todos os processos pelo seu órgão máximo, o Tribunal Pleno.

Portanto, os precedentes do Tribunal Superior Eleitoral vinculam os Tribunais Regionais Eleitoral e os Juízes Eleitorais, os quais passam a ser compelidos a segui-los ou, ao menos, demonstrar a sua não aplicação em cada caso em que forem invocados (*distinguishing*).

Essa é a nova lógica: e ela atingirá principalmente aqueles que resistirem a aceitá-la.

É defensável a atualização periódica do Código Eleitoral e de leis que permanecem dispersas, sempre que as necessidades sociais aconselharem, nunca, porém, devendo ser perdida a visão de conjunto, substituída por produções fragmentárias e desconectadas do sistema a que substancial e teleologicamente se deve conjugar" (Ribeiro, Fávila. op. cit., p. 95).

346 Richard Posner registra esse estado de coisas do ponto de vista do juiz em seu conhecido *The problems of jurisprudence*: "(...) *enquanto as regras têm uma estrutura lógica, as regras* jurídicas são frequentemente vagas, indeterminadas, fragilmente embasadas, extremamente contestáveis e não apenas alteráveis, como também comumente alteradas. Do ponto de vista do juiz, assemelham-se mais a diretrizes ou práticas do que ordens" (Posner, Richard A. **Problemas de filosofia do direito**. Tradução de Jefferson Luiz Camargo. São Paulo: Martins Fontes, 2007. p. 608).

4.
O processo eleitoral e as regras do jogo

Dando sequência aos temas analisados na presente investigação, cabe, neste momento, analisar o que se tem por processo eleitoral na atualidade, ou seja, qual é o "estado da arte" do tema.

Com efeito, se os precedentes eleitorais são fontes primárias do Direito Eleitoral (capítulo 1), e, por assim o ser, garantem previsibilidade (segurança jurídica) aos *players* eleitorais[347] (capítulo 2), cumpre averiguar até que momento o órgão prolator das decisões paradigmas, no caso o Tribunal Superior Eleitoral (capítulo 3), pode alterar seu entendimento e, então, a partir de qual momento ficariam essas decisões integradoras impedidas de produzirem efeitos imediatos no prélio que se avizinha ou já em curso.

[347] "(...) *2. Mediante o julgado paradigmático oriundo do Município de Quatá/SP (REspe nº 49–32/SP, Rel. Min. Luciana Lóssio, PSESS de 18.10.2016), no qual se confirmou que os requisitos do dano ao Erário e do enriquecimento ilícito devem ser cumulativos, e não alternativos, o TSE sinalizou, para o futuro, a possibilidade de rediscutir a matéria. 3. Todavia, em prol da segurança jurídica, a Corte deliberou por manter a jurisprudência e prestigiar o direito à elegibilidade por meio de interpretação estrita do dispositivo legal, mantendo-se fiel ao dever atribuído a todo e qualquer tribunal de uniformizar a sua jurisprudência e mantê-la estável, íntegra e coerente (arts. 926 e 927 do CPC/15). (...)*" (BRASIL. Tribunal Superior Eleitoral. **Recurso Ordinário nº 0600582-90.2018.6.08.0000 – Vitória – Espírito Santo.** Eleições 2018. Recurso Ordinário. Registro de Candidatura. Deferimento. Deputado Federal. Impugnação. Ato Doloso de Improbidade Administrativa. Suspensão dos Direitos Políticos. Requisitos Cumulativos. Dano Ao Erário E Enriquecimento Ilícito. Inelegibilidade do Art. 1º, I, /, da LC Nº 64/90. Não Configuração. Desprovimento. Relator: Min.Tarcísio Vieira de Carvalho Neto, acórdão de 04 de outubro de 2018. Disponível: http://www.tse.jus.br/jurisprudencia/decisoes/jurisprudencia. Acesso em: 12 jan. 2019).

Como as matérias em Direito Eleitoral são inúmeras, englobando filiação partidária, domicílio eleitoral, propaganda, financiamento, entre outros, optou-se, no presente trabalho, pelo recorte das causas impeditivas ou limitadoras do sufrágio passivo, isto é, condições de elegibilidade e causas de inelegibilidade, porquanto operam dentro de um sistema próprio[348-349], a comportar, justamente por isso, regras gerais e exceções.[350]

348 "*As causas de inelegibilidade devem ter interpretação estrita, porquanto atreladas ao exercício de direitos políticos fundamentais. Precedentes*" (BRASIL. Tribunal Superior Eleitoral. **Recurso Ordinário nº 0602190-25.2018.6.26.0000 – São Paulo – São Paulo.** Direito Eleitoral e Processual Civil. Agravo Interno em Recurso Ordinário. Eleições 2018. Registro de Candidatura. Cargo de Deputado Estadual. Inelegibilidade do Art. 1º, I, /, da LC nº 64/1990 não configurada. Interpretação Restritiva. Desprovimento. Relator: Min. Luis Roberto Barroso, acórdão de 30 de outubro de 2018. Disponível: http://www.tse.jus.br/jurisprudencia/decisoes/jurisprudencia. Acesso em: 12 jan. 2019).

349 "*(...) II. O princípio da separação dos poderes como barreira à interpretação ampliativa da causa de inelegibilidade 4. A atual redação da causa de inelegibilidade descrita na alínea l do inciso I do art. 1º da LC nº 64/90 (Lei de Inelegibilidades) foi dada pela Lei nº 135/2010 (Lei da Ficha Limpa), a qual integrou ao diploma normativo novas hipóteses de inelegibilidade e ampliou os respectivos prazos no intuito de robustecer a proteção estatal à probidade e à moralidade administrativa. 5. Considerando que a lei foi concebida no seio de processo legislativo autêntico, a interferência do Poder Judiciário nas escolhas políticas feitas pelo legislador deve ocorrer em situações excepcionais, sob pena de desnaturação do sistema de pesos e contrapesos (checks and balances), ínsito ao princípio da separação dos poderes. 6. Especificamente quanto aos requisitos a serem observados na aferição da hipótese de inelegibilidade decorrente de condenação por ato de improbidade administrativa, ir além da vontade do legislador para interpretar causa de inelegibilidade de forma diversa da literalidade da norma implicaria atentado contra a independência do Poder Legislativo e o princípio da separação dos poderes (art. 2º da CF). 7. Nessa perspectiva, é de ser mantida a solução dada pela jurisprudência até aqui consolidada, no sentido da aplicação cumulativa dos requisitos do dano ao Erário e do enriquecimento ilícito para a incidência da norma sancionadora e restritiva do ius honorum, prevista no art. 1º, I, l, da LC nº 64/90*". (BRASIL. Tribunal Superior Eleitoral. **Recurso Ordinário nº 0600582-90.2018.6.08.0000 – Vitória – Espírito Santo.** Eleições 2018. Recurso Ordinário. Registro de Candidatura. Deferimento. Deputado Federal. Impugnação. Ato Doloso de Improbidade Administrativa. Suspensão dos Direitos Políticos. Requisitos Cumulativos. Dano ao Erário e Enriquecimento Ilícito. Inelegibilidade do Art. 1º, I, /, da LC Nº 64/90. Não Configuração. Desprovimento. Relator: Min.Tarcisio Vieira de Carvalho Neto, acórdão de 04 de outubro de 2018. Disponível: http://www.tse.jus.br/jurisprudencia/decisoes/jurisprudencia. Acesso em: 12 jan. 2019).

350 Mais a frente será abordada a questão dos *ambientes decisionais*. Por ora, convém apenas traçar uma panorama geral para justificar o porquê do recorte teórico: "*Também relacionado à evolução e adaptabilidade do direito, bem como ao efeito surpresa, tem-se a questão do* ambiente

Dito isso, cumpre enfrentar o desafio ora proposto de delimitar, inicialmente, os principais marcos temporais do processo eleitoral, para após, em passo seguinte, estabelecer, à luz do julgamento, em sede de repercussão geral, do Recurso Extraordinário nº 637.485/RJ, qual o prazo limite para a jurisprudência do Tribunal Superior Eleitoral se estabilizar.

4.1. Breves considerações sobre a governança eleitoral

No Brasil, a condução das eleições nem sempre se deu pelo Tribunal Superior Eleitoral e pela Justiça Eleitoral de uma forma geral. Para se chegar a essa realidade, houve um longo caminho, o qual merece ser abordado, ainda que em linhas gerais, para se compreender a importância da governança eleitoral[351] e suas funções, aí compreendidas: *rule-making, rule-application* e *rule-adjudication*.[352]

No Brasil colônia, "*a Coroa exercia o domínio do processo eleitoral*",[353] o que se acentuava na medida em que crescia o interesse econômico do Rei, como se deu, por exemplo, em meados do século XVII, "*pois a simplória estrutura econômica dos latifúndios rurais passou a coexistir com uma ascendente burguesia comercial*".[354]

Um episódio de manipulação dos resultados eleitorais, citado por Clarissa Maia, bem evidencia esse cenário de imposição do Reino de Portugal à Colônia Brasil:

> Cita-se, como exemplo, a alteração do processo em Salvador, em que as eleições de pelouro, descritas nas ordenações, porque não eficazes para sufragar os interesses contrários à Coroa, foram por simples ordem do Rei substituí-

decisional *que, segundo Teresa Arruda Alvim Wambier, consiste na 'área do direito material ou substancial, com seus princípios e regras, em que o conflito deve ser resolvido'. Assim, a autora adverte que há determinados campos em que é desejável limitar a flexibilidade, em razão da segurança e da previsibilidade. Mas há outros, entretanto, que envolvem questões sociais delicadas, em que é conveniente dar ao juiz certa margem de flexibilidade para decidir, em detrimento dos valores segurança e previsibilidade*" (KREBS, Hélio Ricardo Diniz. op. cit., p. 227.

351 "*Pode-se definir governança eleitoral como o conjunto de atividades que se vinculam ao exercício do voto e à competição eleitoral*". MAIA, Clarissa Fonseca. op. cit., p. 160.

352 MAIA, Clarissa Fonseca. op. cit., p. 160 e ss.

353 Idem, p. 188.

354 Idem, p. 188-9.

> das pelas escolha dos ocupantes dos cargos camarários por Juízes da Relação, os quais elaboraram listas com nome dos eleitos que deveriam atuar nos próximos três anos, cabendo a escolha de quem assumia em cada ano exclusivamente ao Vice-Rei.[355]

A descoberta das primeiras jazidas de ouro em Minas Gerais foi o ponto culminante da desabrida intervenção da Coroa, que passou da condição de mera vigilante para *"feitor absoluto do processo eleitoral, agindo especialmente com a participação de interventores, diretamente nomeados pelo monarca, cuja função era retoricamente zelar pelo cumprimento da justiça"*.[356] É nesse contexto que surgem os "juízes de fora", pessoas letradas designadas pelo Monarca para intervir em comarcas para gerenciar os interesses reais. Estes eram, a um só tempo, chefe da administração e da justiça, Presidente da Câmara e, ainda, poderia eventualmente substituir o ouvidor-mor da comarca, em casos de ausência ou impedimento.[357]

A despeito da *"falsa máscara de legitimidade"* que os encobria, porquanto sua função era a de manietar os assuntos locais de acordo com os interesses da Coroa, é nesse período que se deitam raízes os argumentos a favor da neutralidade, imparcialidade e temporariedade do juiz eleitoral[358], os quais serão retomados com a Aliança Liberal em 1930.[359]

Com o advento do Império como consectário da independência do Brasil, *"conservou-se, sem maiores embaraços, o domínio efusivo da Coroa no processo eleitoral"*, instrumentalizado pela atuação dos magistrados, com

[355] Idem, p. 189.
[356] Idem.
[357] Idem, p. 189-190.
[358] Maia, Clarissa Fonseca. op. cit., p. 190-191. Destaca a autora: *"Portanto, embora sabidamente um interventor do monarca, o juiz de fora justificava seu poder sob o argumento de ser um garantidor da manutenção da ordem e da lisura do processo, especialmente porque não era eletivo e não residia na circunscrição onde prestava os serviços, nem mesmo poderia manter com a população local quaisquer outros vínculos, tais como matrimônio ou amizade íntima, o que os dotava de suposta neutralidade e imparcialidade"*.
[359] Silveira, José Neri da. op. cit., p. 19.

a novidade do Poder Moderador[360] conferido ao Imperador, "*que poderia dissolver a Câmara dos Deputados a qualquer tempo*".[361]

Nesse período, era permitida (e incentivada pelo poder central), aos magistrados, a atividade político-partidária, desde que houvesse fidelidade com os interesses reais. Havia, naquela época, uma clara simbiose da magistratura com a política, marcada por "*um viés clientelista, baseado em um sistema de troca de favores entre os magistrados e o governo central*".[362]

Tanto era assim que os juízes podiam ser eleitos para cargos representativos, sem que isso implicasse na impossibilidade do exercício do cargo de magistrado, ou seja, havia a possibilidade de acumulação das funções[363], o que é impensável nos dias atuais.

Todavia, ainda que assim o fosse, Clarissa Maia adverte que a figura do juiz nas eleições do Brasil colônia e imperial, embora muito se afaste da noção contemporânea de jurisdição eleitoral, contribuiu para reflexões futuras a propósito de uma autoridade que pudesse filtrar, dentre os candidatos, representantes ideias de uma classe política "idônea e capacitada"[364], seja lá o que isso efetivamente represente.

Com o advento da República[365], os poderes dos magistrados "eleitorais" diminuíram, afinal, "*a influência do poder local na administração das elei-*

[360] Sobre o Poder Moderador, Carlos Bastide Horbach explica: "*Para atuar como Poder Moderador, a Constituição dava ao Imperador as seguintes prerrogativas: a) nomear senadores (dentre os indicados nas listas tríplices); b) convocar extraordinariamente a Assembléia Geral; c) sancionar os atos da Assembléia Geral; d) aprovar e suspender os atos dos Conselhos Provinciais; e) prorrogar ou adiar a Assembléia Geral e dissolver a Câmara; f) nomear e demitir os Ministros de Estado; g) suspender magistrados; h) perdoar e moderar penas; e i) conceder anistia*" (Horbach, Carlos Bastide. O parlamentarismo no Império do Brasil (I): origens e funcionamento. **Revista de informação legislativa**, Brasília, DF, v. 43, n. 172, p. 7-22, out./dez. 2006. p. 12).

[361] Maia, Clarissa Fonseca. op. cit., p. 191.

[362] Idem, p. 195.

[363] Koerner, Andrei. **Judiciário e cidadania na constituição da república brasileira**. São Paulo: Hucitec, 1998. p. 46.

[364] Maia, Clarissa Fonseca. op. cit., p. 196.

[365] A propósito da manutenção da verdadeira comédia eleitoral com o advento da República, Faoro registra: "*A passagem do regime imperial ao republicano irá acentuar a exacerbar a função eleitoral do coronel. Tirar-lhe-á as albardas centrais, não para autonomizá-lo, mas para entregá-lo aos poderes estaduais. Esta transição está na essência dos acontecimentos que partem do 15 de novembro. O Governo Provisório, instalado em nome da soberania nacional, momentaneamente*

ções era destacada pois, junto aos juízes, na administração do pleito, funcionavam as comissões de alistamento, as mesas receptoras de votos e as juntas apuradoras"[366], cujos integrantes eram escolhidos sob a influência do governo local.

Além disso, os juízes não tinham competência decisória alguma após a votação, lhes falecendo atribuição no tocante ao resultado eleitoral, "*haja vista que a resolução de conflitos, acomodações de interesses contraditórios, proclamação dos eleitos e posse eram de competência do legislativo pelo sistema de verificação*".[367]

Também a nível estadual se dava a verificação e o reconhecimento dos poderes pelo Parlamento, "*que julgava, no fundo e na forma, as eleições para o governo e a Assembléia*".[368]

Daí o porquê de Walter Costa Porto dizer que "*o que se passava nas seções eleitorais era mera comédia, valendo, somente, o que se faria depois, as atas que se lavrariam mais tarde, em caso dos chefetes eleitorais, e sobre as quais se debruçaria, para confirmá-las, o poder verificador*".[369]

Ainda havia o agravante da regulação estadual das eleições, isto é, os próprios representantes do *status quo* eram os responsáveis pela elaboração normativa (*rule-making*) e pela verificação dos resultados (*rule-application*), inexistindo espaço para controle jurisdicional (*rule-adjudication*). Nada poderia ser pior.

Portanto, com um aparato judiciário[370] desfigurado como este, como era de se esperar, gracejaram fraudes, violências, corrupção e mentira, "*sem que houvesse atuação imparcial do judiciário para afastar esses vícios. Não*

representa pelas forças armadas, pretendia, na forma de promessa inscrita no seu primeiro ato, legitimar a revolução com o 'pronunciamento definitivo da nação, livremente expressado pelo sufrágio popular'. A tarefa estava definida: converter a opinião republicana, até então largamente minoritária, na opinião dominante. Nada mais simples. Substituir-se-ia a farsa eleitoral monárquica pela farsa eleitoral republicana, com a mesma unanimidade" (Faoro, Raymundo. **Os donos do poder.** 5. ed. São Paulo: Globo, 2012. p. 700-1).

366 Idem, p. 198.

367 Idem, p. 199.

368 Porto, Walter Costa. **A mentirosa urna**. São Paulo: Martins Fontes, 2004. p. 107

369 Porto, Walter Costa. **Dicionário do voto**. Brasília: UNB; São Paulo: Imprensa Oficial, 2000. p. 316.

370 Sobre a colaboração dos juízes com o coronelismo, confira-se a clássica lição de Victor Nunes Leal: "*Por estas portas largas passava a desenvolta colaboração da organização judiciária nos planos de dominação do situacionismo estadual, refletindo-se, diretamente, no mecanismo 'coro-*

existiam, então, meios eleitorais e institucionais que dessem margem à oposição ao regime".[371]

Disso tudo resulta a criação da Justiça Eleitoral, fruto da revolução de 1930, que se deu como única alternativa apta a romper com as forças políticas dominantes, pois seria impossível fazê-lo por meio de eleições, "*vez que estes procedimentos eram notoriamente fraudados*".[372]

Rompeu-se, portanto, com o sistema político de verificação[373] para se dar lugar ao sistema jurisdicional,[374] tendência já observada no mundo ocidental, a exemplo da Espanha (1907), Grécia (1911) e na Alemanha (1919)[375], e posteriormente adotada em outras tantas constituições europeias no primeiro pós-guerra.[376]

O grande nome, do movimento da Aliança Liberal, a empunhar a bandeira do sistema jurisdicional de controle das eleições foi Assis Brasil, para

nelista'" (LEAL, Victor Nunes. **Coronelismo, enxada e voto**. São Paulo: Alfa Omega, 1979. p. 203.).

371 MAIA, Clarissa Fonseca. op. cit., p. 199.

372 Idem, p. 200.

373 "*O sistema político, também denominado de sistema de verificação dos poderes, tradicional ou clássico, notabiliza-se por cometer a uma assembleia política, ou parte dela, o mister de verificar a regularidade das eleições de seus membros, equivalendo a uma autoqualificação*". (OLIVEIRA, Marcelo Roseno de. **Controle das eleições**: virtudes e vícios do modelo constitucional brasileiro. Belo Horizonte: Fórum, 2010. p. 32). O autor salienta a diferença entre a autoqualificação, alhures retratada, da heteroqualificação, que também se observava no Brasil, que se dá na hipótese de a "*casa legislativa exercer a atribuição relativa à qualificação de outros cargos, como ocorria com as eleições presidenciais no México até 1996*" (idem).

374 "*O controle das eleições, no sistema jurisdicional, é atribuído a um juiz ou um tribunal, que atua como terceiro, decidindo, mediante critérios normativos, de maneira imperativa e imparcial*" (OLIVEIRA, Marcelo Roseno de. op. cit., p. 35).

375 OLIVEIRA, Marcelo Roseno de. op. cit., p. 35.

376 Sobre o movimento de evolução do sistema de verificação de poderes para o de controle jurisdicional, observa Jorge Miranda que "*assim como o progresso do Estado de Direito tem vindo a manifestar-se, em quase todos os países europeus, nos últimos anos, na criação de Tribunais Constitucionais, também no domínio da apreciação da validade e da regularidade das eleições é uma verdade e própria justiça eleitoral (utilize-se ou não esse nome) que tem vindo a emergir, ultrapassando, de vez, os controlos administrativos e o sentido constitutivo da verificação de poderes pelos Parlamentos*" (MIRANDA, Jorge. **Direito Constitucional III**: direito eleitoral e direito parlamentar. Lisboa: AAFDL, 2003. p. 186).

quem "*o Poder Judiciário, pela série de condições que reveste, é em todos os países o mais independente de paixão partidária e o menos subserviente aos governos*".[377]

Juntamente com João G. da Rocha e Mario Pinto Serva, Assis Brasil apresentou, em 1929, um anteprojeto de Código Eleitoral de cunho nacional[378], o que acabou por render frutos 3 (três) anos depois, em 1932, com a instituição da Justiça Eleitoral no desenho institucional que até hoje se observa.[379]

A despeito de sua posterior extinção por Getúlio Vargas com a Constituição polaca de 1937 e seu retorno apenas em 1946 com a nova Constituição de então, bem ainda o período sombrio vivenciado sob os anos de chumbo (1964 a 1985), a Justiça Eleitoral de 1932 é, guardadas as devidas proporções, a mesma instituição dos dias atuais.

A esse propósito, confira-se o registro de Clarissa Maia:

> A padronização das regras de alistamento, identificação, práticas e regulamentações de todo o processo eleitoral foi a tarefa inicial primordial à Justiça Eleitoral, o que sujeitou o processo político a uma burocratização inédita até então. A necessidade imediata de preparar as eleições da Assembleia Constituinte envolveu a criação de novas práticas que não haviam sido descritas no Código de 1932, fazendo com que o Tribunal Superior Eleitoral lançasse mão de instruções normativas para regular os procedimentos, desenvolvendo, assim, o protagonismo normativo dessa instituição.
>
> Além das tarefas administrativas de governança eleitoral, a resolução dos conflitos e a contestação dos pleitos passaram a ser resolvidas exclusivamente pela Justiça Eleitoral, faculdade que atribuiu ao órgão o poder de modificar os resultados apurados pelas juntas eleitorais, anulando diplomas, seja por

377 Assis Brasil, Joaquim Francisco de. Manifesto da Aliança Libertadora do Rio Grande do Sul ao País. *In*: Brossard, Paulo (org.). **Ideias políticas de Assis Brasil**. Brasília, DF: Senado Federal, 1989. v. III. p. 162.

378 Maia, Clarissa Fonseca. op. cit., p. 201.

379 Idem, p. 202: "*Institui-se, pois, a Justiça Eleitoral de organização federal, centralizada e vertical, tendo como órgão máximo o Tribunal Superior Eleitoral, na capital da república, além de uma Corte Regional, em cada capital de Estado, no Distrito Federal e nos territórios, bem como juízes eleitorais nas comarcas e distritos*".

denúncias de fraudes ou irregularidades na votação, seja por defeitos na qualificação de eleitores ou no registro de candidaturas.[380]

De se ver, portanto, que desde a sua criação a Justiça Eleitoral, responsável pela governança eleitoral, ostenta a tríplice função regulamentar (alguns insistem no caráter normativo, o que é incorreto, porque à Justiça Eleitoral não é dado inovar na ordem jurídica), administrativa e judicial.

Ao longo de sua existência, a Justiça Eleitoral trouxe inegáveis avanços à Democracia. Todavia, como toda instituição e como tudo que existe no mundo, nada é bom demais que não possa melhorar.

Não é outra a consideração de Frederico Franco Alvim:

> O desenvolvimento gradativo do direito das eleições em uma ordem jurídica específica depende, antes de mais nada, de um correto diagnóstico a respeito de suas falhas, inadequações e flancos de exposição. Em um segundo momento, a ação de melhoria reclama a procura de alternativas que possibilitem a superação dos problemas enfrentados, em prol da otimização do desempenho de todo o sistema.[381]

No presente caso, propõe-se a melhoria na função jurisdicional. A dinâmica dos precedentes é afeta apenas a uma das funções da Justiça Eleitoral, a saber, a *rule-adjudication*. O objetivo do presente livro, portanto, é o de delimitar o momento ideal, à luz do sistema jurídico e da decisão do Supremo Tribunal Federal no julgamento do RE nº 637.485/RJ, para a estabilização da jurisprudência dentro do processo eleitoral, objeto da sobredita governança eleitoral.

Mas antes disso, é oportuno explicar a relação do processo eleitoral com a *regra da anualidade*, até mesmo para que melhor seja entendida a relação do processo eleitoral com o *princípio da anterioridade eleitoral*.

380 Idem, p. 204.

381 ALVIM, Frederico Franco. **Cobertura política e integridade eleitoral**: efeitos da mídia sobre as eleições. Florianópolis: Habitus, 2018. p. 197.

4.2. O processo eleitoral e a regra da anualidade

Quando o presente livro se refere ao termo *processo eleitoral*, o faz mirando o "*processo de formação e manifestação da vontade eleitoral*".[382] Não se trata, portanto, do Direito Processual Eleitoral[383] propriamente dito.

Da mesma forma, não se está a falar do *processo administrativo eleitoral*, de caráter oficioso, isto é, que pode ser instaurado de ofício pela autoridade eleitoral, "*fundando-se no exercício de funções administrativas da Justiça Eleitoral, bem como dos poderes de polícia, controle, organização e fiscalização que a lei lhe defere em atenção à eficaz organização e regularidade das eleições*".[384]

Trata-se, em verdade, como bem pontua José Neri da Silveira, do complexo procedimento que "*conduz à livre manifestação do povo na escolha de seus representantes*".[385]

Há muita discussão sobre o alcance do processo eleitoral, sobretudo com relação às matérias que nele estariam inseridas – isto é, se as normas materiais também estariam sob o escudo da regra da anualidade[386] – e o momento de seu início – ou seja, se se iniciaria a partir do alistamento

[382] Pereira, Rodolfo Viana. **Tutela coletiva no direito eleitoral**: controle social e fiscalização das eleições. Rio de Janeiro: Lumen Juris, 2008. p. 23.

[383] "*Em sentido restrito, a expressão* processo eleitoral *designa* processo jurisdicional eleitoral. *Seu fundamento é o controle das eleições.*
O processo jurisdicional eleitoral *é instaurado e se desenvolve perante órgão jurisdicional com vistas à resolução de conflito eleitoral; é individualizado, veiculando pedido específico entre partes bem definidas*" (Gomes, José Jairo. op. cit., p. 309).

[384] Gomes, José Jairo. op. cit., p. 310.

[385] Silveira, José Néri da. **Aspectos do Processo Eleitoral**. Porto Alegre: Livraria do Advogado, 1998. p. 20.

[386] Na ADI nº 354/DF, por exemplo, o Supremo Tribunal Federal, por maioria, "*fez a distinção entre processo eleitoral (art. 16 da CF) e Direito Eleitoral (art. 22, I, da CF), definindo que o princípio da anualidade se referia ao aspecto instrumental do Direito Eleitoral em contraposição à concepção de direito material consagrada no art. 22 da CF*" (ZÍLIO, Rodrigo López. **Direito Eleitoral**. 5. ed. Porto Alegre: Verbo Jurídico, 2016. p. 36-7). Como se verá nas linhas futuras, hoje já não é mais possível sustentar o raciocínio, o que não impede de trazê-lo à colação a título de exemplificar que, ao longo de quase 3 (três) décadas, o conceito de processo eleitoral flutuou ao sabor dos subjetivismos.

eleitoral, do domicílio eleitoral[387], da data da filiação, das convenções partidárias, do registro de candidatura.

No tocante ao conteúdo, inicialmente o Supremo Tribunal Federal estabeleceu entendimento no sentido de que apenas as normas de caráter processual estariam albergadas pela proteção constitucional. As normas de direito material, portanto, estariam fora do alcance do artigo 16 da Constituição.[388]

Posteriormente, quase 2 (dois) anos após o primeiro precedente, o Pretório Excelso decidiu, novamente por maioria, que o artigo 16 da CF/1988 não alcançava a vigência e eficácia imediata da recém editada Lei das Inelegibilidades (Lei Complementar nº 64/1.990), sob o fundamento de que a regra da anualidade não se aplicava a dispositivo de cunho constitucional, o que seria o caso, porquanto a edição da referida lei tinha como propósito o atendimento de determinação do Poder Constituinte.[389]

[387] "*O prazo de um ano antes da eleição não é mera criação cerebrina do legislador. É que ao menos uma das condições de elegibilidade (domicílio eleitoral na circunscrição) deve estar aperfeiçoada no prazo de um ano antes da eleição. Portanto, todos os cidadãos têm o direito de conhecer quais os requisitos exigíveis para a participação no processo eleitoral. Desta feita, todo aquele que pretende postular acesso à mandato de representação política deve ter ciência que, até um dia antes de completar o prazo ânua da data das eleições, é possível fixar domicílio na circunscrição que pretenda exercer mandato eletivo. Se o prazo de um ano é o mais amplo exigido por leio para o implemento de determinado requisito de elegibilidade, conclui-se que esse mesmo prazo é o mínimo razoável dentro do qual as normas que alteram o processo eleitoral não podem ter eficácia para o pleito vindouro*" (Zílio, Rodrigo López. op. cit., p. 39). O referido autor pecou ao se basear, para fins de justificar a inteligência da norma do artigo 16 da CF, na regra ânua do domicílio eleitoral, porquanto a Lei nº 13.488/2017, ao alterar o artigo 9º da Lei nº 9.504/1997, reduziu o prazo para 6 (seis) meses. Mais uma prova da confusão entre a regra da anualidade e o princípio da anterioridade eleitoral.

[388] BRASIL. Supremo Tribunal Federal. **ADI 354-2 código inexistente.** Não infringe o disposto no art. 16 da Constituição de 1988 (texto original) a cláusula de vigência imediata constante do art. 2º da Lei nº 8037, de 25 de maio de 1990, que introduziu na legislação eleitoral normas relativas apuração de votos. Relator: Min. Octavio Gallotti, acórdão de 24 de setembro de 1990. Disponível em: http://portal.stf.jus.br/processos/detalhe.asp?incidente=1503434. Acesso em: 12 jan. 2019.

[389] BRASIL. Supremo Tribunal Federal. **Recurso Extraordinário nº 129392-6 Distrito Federal**. Processo eleitoral: vacatio legis (CF, art. 16): inteligência.
Relator: Min. Sepúlveda Pertence, acórdão de 17 de junho de 1992. Disponível em: http://portal.stf.jus.br/processos/detalhe.asp?incidente=1506173. Acesso em: 12 jan. 2019.

Só em 2006 é que a Corte Suprema rompe com essa postura permissiva e passa a ter uma visão mais abrangente dos conteúdos albergados pela norma protetiva. Isso se deu no julgamento da ADI nº 3.685/DF, ocasião em que o Tribunal, por maioria, decidiu pela inaplicabilidade do §1º do artigo 17 da CF, alterado pela Emenda Constitucional nº 52/2006, às eleições deste mesmo ano (2006).[390]

A EC nº 52/2006 conferia ampla autonomia aos partidos para celebrarem coligações em todos os níveis federativos, consubstanciando-se em uma verdadeira resposta do Congresso à tese da verticalização adotada pelo Tribunal Superior Eleitoral naquele período.

Contudo, em ação objetiva atinente às mesmas eleições gerais de 2006, o Supremo Tribunal Federal, de volta à temática da anualidade, em 06 de agosto de 2006, manteve praticamente a integralidade da Lei nº 11.300/2006 para o prélio que se avizinhava, à exceção do artigo 35-A da Lei nº 9.504/1997 (que restringia temporalmente a divulgação de pesquisa eleitoral).

Ao assim decidir, o Supremo Tribunal Federal usou critério subjetivo de dificílima precisão, como bem se pode ver pela simples leitura da ementa do acórdão:

> AÇÃO DIRETA DE INCONSTITUCIONALIDADE. LEI 11.300/2006 (MINI-REFORMA ELEITORAL). ALEGADA OFENSA AO PRINCÍPIO DA ANTERIORIDADE DA LEI ELEITORAL (CF, ART. 16). INOCORRÊNCIA. MERO APERFEIÇOAMENTO DOS PROCEDIMENTOS ELEITORAIS. INEXISTÊNCIA DE ALTERAÇÃO DO PROCESSO ELEITORAL. PROIBIÇÃO DE DIVULGAÇÃO DE PESQUISAS ELEITORAIS QUINZE DIAS ANTES DO PLEITO. INCONSTITUCIONALIDADE. GARANTIA DA LIBERDADE DE EXPRESSÃO E DO DIREITO À INFORMAÇÃO LIVRE E PLURAL NO ESTADO DEMOCRÁTICO DE DIREITO. PROCEDÊNCIA PARCIAL DA AÇÃO DIRETA. I – Inocorrência de rompimento da

[390] BRASIL. Supremo Tribunal Federal. **ADI 3.685-8 Distrito Federal.** Ação Direta de Inconstitucionalidade art. 2º da EC 52 de 08.03.06. Aplicação imediata da nova regra sobre coligações partidárias eleitorais, introduzidas no texto do art. 17, § 1º, da CF. [...]. Relator: Min. Ellen Gracie, acórdão de 22 de março de 2006. Disponível em: http://portal.stf.jus.br/processos/detalhe.asp?incidente=2367564. Acesso em: 12 jan. 2019.

igualdade de participação dos partidos políticos e dos respectivos candidatos no processo eleitoral. II – Legislação que não introduz deformação de modo a afetar a normalidade das eleições. III – Dispositivos que não constituem fator de perturbação do pleito. IV – Inexistência de alteração motivada por propósito casuístico. V – Inaplicabilidade do postulado da anterioridade da lei eleitoral. VI – Direto à informação livre e plural como valor indissociável da idéia de democracia. VII – Ação direta julgada parcialmente procedente para declarar a inconstitucionalidade do art. 35-A da Lei introduzido pela Lei 11.300/2006 na Lei 9.504/1997.[391]

A subjetividade do critério utilizado pelo Supremo pode ser visualizada em expressões como "*inocorrência de rompimento da igualdade de participação dos partidos políticos e dos respectivos candidatos no processo eleitoral*", "*legislação que não introduz deformação de modo a afetar a normalidade das eleições*" e "*dispositivos que não constituem fator de perturbação do pleito*".

Tratou-se de um ponto fora da curva, e isso é facilmente comprovável pela passagem do tempo, conforme se verá do precedente posteriormente estabelecido pela Corte Suprema na última oportunidade em que teve para analisar o conteúdo jurídico do termo "*processo eleitoral*".

O último julgado do Supremo Tribunal Federal diz respeito à aplicação da Lei Complementar nº 135/2010 (Lei da Ficha Limpa) às eleições daquele ano. A referida norma, como é de conhecimento geral, criou novas causas de inelegibilidade e aumentou o âmbito de incidência de hipóteses restritivas já previstas.

A Corte salientou "*que qualquer restrição legal à elegibilidade do cidadão constitui uma limitação da igualdade de oportunidades na competição eleitoral*", razão pela qual entendeu aplicável o artigo 16 da CF, partindo da premissa de que um de seus escopos é justamente "*impedir alterações no sistema*

[391] BRASIL. Tribunal Superior Eleitoral. **Agravo Regimental no Recurso Especial Eleitoral nº 437-13.2015.6.00.0000 – Classe 32 – Reserva do Cabaçal – Mato Grosso.** Agravo Regimental. Recurso Especial. Eleições 2012. Prefeito. Ação de Investigação Judicial Eleitoral. Captação ilícita de Sufrágio. Art. 41-A da Lei 9.504/97. Relator: Min. Herman Benjamin, acórdão de 01 de agosto de 2016. Disponível: http://www.tse.jus.br/jurisprudencia/decisoes/jurisprudencia. Acesso em: 12 jan. 2019.

eleitoral que venham a atingir a igualdade de participação no prélio eleitoral".[392] Enfim, o retorno à objetividade.

Ademais, o Tribunal se baseou na garantia constitucional das minorias parlamentares, estabelecendo, portanto, que "*essa norma constitui uma garantia da minoria, portanto, uma barreira contra a atuação sempre ameaçadora da maioria*"[393], a evidenciar, aliás, que o prazo ânuo se traduz em uma regra, especificamente voltada contra os órgãos de produção normativa primária (Congresso Nacional), diferentemente do princípio da anterioridade que será tratado nas linhas futuras.

Não por outra razão que o Tribunal Superior Eleitoral, tomando carona nesta postura do Pretório Excelso, entendeu por inaplicável, às eleições gerais de 2014, as alterações normativas introduzidas na Lei Geral das Eleições (Lei nº 9.504/1.997) pela Lei nº 12.875/2013 (Consulta nº 847-42, Rel. Min. Henrique Neves, julgada em 27 de maio de 2014) e pela Lei nº 12.891/2013 (Consulta nº 1000-75, Rel. designado Min. Gilmar Mendes, julgado em 24 de junho de 2014).

Portanto, parece sedimentada, no âmbito das Cortes Superiores, a ideia de que a *regra da anualidade* alcança toda e qualquer matéria legislativa que inove em assunto eleitoral, à exceção de disposições de natureza secundária que tenham como escopo simplesmente regulamentar algum direito ou dever já estabelecido em lei.[394]

[392] BRASIL. Supremo Tribunal Federal. **Recurso Extraordinário nº 633.703 Minas Gerais.** Lei Complementar 135/2010, denominada Lei Da Ficha Limpa. Inaplicabilidade às Eleições Gerais 2010. Princípio Da Anterioridade Eleitoral (art. 16 da Constituição da República). Relator: Min. Gilmar Mendes, acórdão de 23 de março de 2011. Disponível em: http://portal.stf.jus.br/processos/detalhe.asp?incidente=4003780. Acesso em: 12 jan. 2019.

[393] Idem. Consta ainda da ementa do julgado o seguinte excerto: "*O princípio da anterioridade eleitoral constitui uma garantia fundamental também destinada a assegurar o próprio exercício do direito de minoria parlamentar em situações nas quais, por razões de conveniência da maioria, o Poder Legislativo pretenda modificar, a qualquer tempo, as regras e critérios que regerão o processo eleitoral. A aplicação do princípio da anterioridade não depende de considerações sobre a moralidade da legislação. O art. 16 é uma barreira objetiva contra abusos e desvios da maioria, e dessa forma deve ser aplicado por esta Corte*".

[394] Nesse sentido, Rodrigo López Zílio (op. cit., p. 41): "*Enfim, o critério a ser observado para a proteção do primado da anualidade eleitoral possui conteúdo substancialmente cronológico, apenas com a ressalva das normas meramente instrumentais. Em outras palavras, veda-se, como regra, a*

E, a despeito de discussões em sede doutrinárias sobre o início do processo eleitoral[395], as quais serão melhor aproveitadas quando da análise do princípio da anterioridade eleitoral, a anualidade, por se tratar de regra[396], não comporta interpretação alguma, dada a clareza[397] de seu texto e o entendimento do Supremo Tribunal Federal a propósito de sua aplicação.

A *regra da anualidade* atua na função normativa primária, isto é, associada à ideia de *rule-making*, mas não à função regulamentar do Tribunal Superior Eleitoral. Seu campo de incidência é restrito às leis do Congresso Nacional, as quais são produzidas por força do artigo 22, inciso I, da Constituição Federal[398]. Ou seja, a anualidade é condição de vigência, para o próximo pleito eleitoral, das normas de competência do Congresso Nacional.

Diferente é o tratamento a ser dado ao aqui defendido "*princípio da anterioridade eleitoral*".

4.3. O processo eleitoral e o princípio da anterioridade eleitoral

Como já defendido no tópico 2.3 do presente trabalho, além da *regra da anualidade* textualmente estampada no artigo 16 da Constituição Federal,

eficácia de toda e qualquer lei que alterar o processo eleitoral no período glosado, excepcionadas as matérias de cunho meramente formais".

395 Gomes, José Jairo. op. cit., p. 308. O tema voltará a ser abordado no tópico seguinte.

396 Eros Roberto Grau [op.cit., p.186], ao se apoiar na lição de J. J. Gomes Canotilho, assevera que diferentemente dos princípios, "*as regras não deixam espaço aberto para qualquer outra solução, pois se uma regra vale (tem validade) deve cumprir-se na exacta medida das suas prescrições, nem mais, nem menos*".

397 Mesmo no sistema de *common law* tradicional, a clareza da norma escrita é fator redutor de complexidade interpretativa, não cabendo ao Judiciário contrariar a literalidade do texto. A esse propósito, confira-se a clássica lição de Benjamin N. Cardozo: "*Em alguns casos, a norma da Constituição ou da lei escrita é clara, e então as dificuldades desaparecem*" (Cardozo, Benjamin N. **A natureza do processo judicial**. Tradução de Silvana Vieira. São Paulo: Martins Fontes, 2004, p. 08).

398 "*Art. 22. Compete privativamente à União legislar sobre: I – direito civil, comercial, penal, processual, eleitoral, agrário, marítimo, aeronáutico, espacial e do trabalho*". BRASIL. [Constituição (1988)]. **Constituição da República Federativa do Brasil de 1988**. Brasília, DF: Presidência da República, 1988. Disponível em: http://www.planalto.gov.br/ccivil_03/Constituicao/ Constituiçao.htm. Acesso em: 26 jan. 2019.

tal qual abordada no tópico anterior (4.2), é possível se extrair da Constituição Federal o *princípio da anterioridade eleitoral*.

A *anualidade*, como regra que é, apesar de também ostentar o aspecto da generalidade, "é especial na medida em que não regula senão tais atos"[399], isto é, as produções legislativas do Congresso Nacional.

É que as regras são editadas para serem aplicadas a uma situação jurídica determinada.[400] Na esteira da lição de Luís Roberto Barroso[401], *princípios* e *regras* se diferenciam pelo *conteúdo, estrutura normativa* e *modo de aplicação*, o que será melhor compreendido pela tabela a seguir elaborada:

	Regras	**Princípios**
Conteúdo	São relatos objetivos descritivos de condutas a serem seguidas	Expressam valores ou fins a serem alcançados
Estrutura normativa	Se estruturam, normalmente, no modelo tradicional das normas de conduta: previsão de um fato – atribuição de um efeito jurídico	Indicam estados ideais e comportam realização por meio de variadas condutas
Modo de aplicação	Operam por via do enquadramento do fato no relato normativo, com enunciação da consequência jurídica daí resultante, isto é, aplicam-se mediante *subsunção*	Podem entrar em rota de colisão com outros princípios ou encontrar resistência por parte da realidade fática, hipóteses em que serão aplicados mediante *ponderação*

[399] GRAU, Eros Roberto. op. cit., p. 188.

[400] "*(...) onde o juiz encontra a lei que ele incorpora em seu julgamento? Às vezes, a fonte é óbvia. A norma que se ajusta à causa pode ser fornecida pela Constituição ou pela lei emanada do Legislativo. Quando é assim, o juiz dá sua busca por encerrada. Certificada a correspondência, sua obrigação é obedecer. A Constituição prevalece sobre uma lei escrita, mas uma lei escrita, se coerente com a Constituição, prevalece sobre a lei dos juízes. Nesse sentido, o Direito criado pelos juízes é secundário e subordinado ao Direito criado pelos legisladores*" (CARDOZO, Benjamin N. op. cit., p. 5).

[401] BARROSO, Luís Roberto. **Curso de Direito Constitucional Contemporâneo**: os conceitos fundamentais e a construção do Novo Modelo. 5. ed. São Paulo: Saraiva, 2016. p. 356-357.

Como se vê, os princípios, ao contrário das regras[402], comportam "*uma série indefinida de aplicações*"[403], sendo o escopo da presente investigação justamente delimitar o alcance do *princípio da anterioridade eleitoral*, cujo campo de atuação é o já referido *processo eleitoral*.

Logo, se para a aplicação da *regra da anualidade* não há a necessidade de delongas sobre o momento do início do processo eleitoral, para a aplicação do *princípio*[404] *da anterioridade eleitoral* a sua definição revela-se fundamental, em especial porque o *leading case* a propósito do tema, o já multicitado RE nº 637.485/RJ, não delimitou o marco temporal limite para a estabilização da jurisprudência eleitoral.

Todavia, antes de se proceder ao intercâmbio entre o processo eleitoral e o princípio da anterioridade[405] eleitoral, revela-se imprescindível

[402] Sobre a distinção entre princípios e regras confira-se, por todos, Humberto Ávila: "*As regras são normas imediatamente descritivas, primariamente retrospectivas e com pretensão de decidibilidade e abrangência, para cuja aplicação se exige a avaliação da correspondência, sempre centrada na finalidade que lhes dá suporte ou nos princípios que lhes são axiologicamente sobrejacentes, entre a construção conceitual da descrição normativa e a construção conceitual dos fatos. Os princípios são normas imediatamente finalísticas, primariamente prospectivas e com pretensão de complementaridade e de parcialidade, para cuja aplicação se demanda uma avaliação da correlação entre o estado de coisas a ser promovido e os efeitos decorrentes da conduta havida como necessária à sua promoção*" (Ávila, Humberto. **Teoria dos princípios**: da definição à aplicação dos princípios jurídicos. 15. ed. São Paulo: Malheiros Editores, 2014. p. 102).

[403] Grau, Eros Roberto. op. cit., p. 188.

[404] É que, como ensina Marcelo Neves, os princípios estão no nível reflexivo da ordem jurídica, carecendo de significação exauriente *a priori*. Diz o autor: "*O enquadramento conceitual proposto no presente trabalho não comporta um terceiro 'tipo ideal' de normas (sem que se negue aqui a existência de outros padrões no sistema jurídico além das normas). Ou as normas estão no nível reflexivo da ordem jurídica, servindo tanto para o balizamento ou a construção hermenêutica de outras normas, mas não sendo razão definitiva para uma norma de decisão de questões jurídicas, e, portanto, devem ser classificadas primariamente como princípios; ou elas são normas suscetíveis de atuar como razão definitiva de questões jurídicas, não atuando como mecanismo reflexivo, e, portanto, devem ser classificadas primariamente como regras. Se não for possível enquadrá-la primariamente em nenhuma das categorias, cabe falar de híbridos*" (Neves, Marcelo. **Entre hidra e hércules**: princípios e regras constitucionais. 2. ed. São Paulo: Martins Fontes, 2014. p. 109). Os princípios dependem, portanto, de conformação por parte do intérprete, a demandar análise sistemática da ordem jurídica, o que se dá mediante a análise de sua relação com todos os institutos envolvidos.

[405] Mendes, Gilmar Ferreira; Branco, Paulo Gustavo Gonet. Op. cit., p. 365: "*O direito, por natureza, deve existir para disciplinar o futuro, jamais o passado, não sendo razoável entender que*

delimitar o conteúdo deste enunciado normativo constitucional de natureza implícita[406-407].

A *anterioridade normativa* se consubstancia como uma das exigências mínimas de moralidade do Direito, tal qual defendidas pelo jurista estado-unidense Lon L. Fuller no clássico "*The Morality of Law*"[408]. Mais precisamente, o referido autor assevera que a sua não observância – dessas sobreditas exigências mínimas de moralidade – implicaria numa tentativa fracassada de manter um sistema jurídico.

Cass R. Sustein e Adrian Vermeule, ao realizarem uma leitura contemporânea da obra de Fuller, sintetizam as oito maneiras[409] que este autor identifica como sintomas de esvaziamento da legitimidade de um ordenamento jurídico:

normas construídas a posteriori *possam dar definições e consequências novas a eventos já ocorridos no mundo fenomênico*".

406 Mendes e Branco (op. cit., p. 393-396) defendem o princípio da segurança jurídica como um subprincípio do Estado de Direito, isto é, uma decorrência inexorável do referido modelo de formatação estatal. Na prática, ainda que não expressamente previsto, o princípio da segurança jurídica seria uma condição *sine qua non* para a observância do Estado de Direito.

407 "*Em razão do caráter especialmente peculiar dos atos judiciais emanados do Tribunal Superior Eleitoral, os quais regem normativamente todo o processo eleitoral,* é razoável concluir que a Constituição também alberga uma norma, ainda que implícita, que traduz o postulado da segurança jurídica como princípio da anterioridade *ou anualidade em relação à alteração da jurisprudência do TSE*" (BRASIL. Supremo Tribunal Federal. **RE 637.485 Rio de Janeiro**, op. cit., p. 39 do acórdão e 29 do voto do relator). Grifo nosso.

408 Fuller, Lon L. **The morality of law**. New Haven: Yale University Press, 1969. p. 41: "*What appear at the lowest level as indispensable conditions for the existence of law at all, become, as we ascend the scale of achievement, increasingly demanding challenges to human capacity. At the height of the ascent we are tempted to imagine a utopia of legality in which all rules are perfectly clear, consistent with one another, known to every citizen, and never retroactive. In this utopia the rules remain constant through time, demand only what is possible, and are scrupulously observed by courts, police, and everyone else charged with their administration*".

409 De maneira bem parecida, mas no sentido inverso, André Ramos Tavares lista um rol de exigências mínimas para que se fale em segurança jurídica hodiernamente: "*Como primeira 'densificação' do princípio da segurança jurídica, tem-se: i) a necessidade de certeza, de conhecimento do Direito vigente, e de acesso ao conteúdo desse Direito; ii) a calculabilidade, quer dizer, a possibilidade de conhecer, de antemão, as consequências pelas atividades e pelos atos adotados; iii) a estabilidade da ordem jurídica*" (Tavares, André Ramos. **Curso de Direito Constitucional**. 14. ed. São Paulo: Saraiva, 2016. p. 625).

(1) a failure to make rules in the first place, ensuring that all issues are decided on a case-by-case basis;
(2) a failure of transparency, in the sense that affected parties are not made aware of the rules with which they must comply;
(3) an abuse of retroactivity, in the sense that people cannot rely on current rules and are under threat of change;
(4) "a failure to make rules understandable";
(5) issuance of rules that contradict each other;
(6) rules that require people to do things that they lack the power to do;
(7) frequent changes in rules, so that people cannot orient their action in accordance with them; and
(8) a mismatch between rules as announced and rules as administered.[410]

O princípio da anterioridade eleitoral exsurge como um potente e eficaz antídoto contra a maioria dessas patologias sistêmicas identificadas por Fuller, resultando daí a sua imprescindibilidade, inclusive e principalmente no tocante à função judicial, afinal de contas, a calculabilidade do Direito resta "*comprometida com decisões judiciais que inovam na esfera da liberdade dos indivíduos*".[411]

A irretroatividade normativa, assim designada por André Ramos Tavares[412], é observada em sede constitucional de forma explícita pelos Estados Unidos da América. A Constituição deste país dispõe, em seu artigo 1º, seção 9º: "*No Bill of Attainder or* ex post facto *Law shall be passed*".[413-414]

[410] SUSTEIN, Cass R.; VERMEULE, Adrian. The morality of administrative law. **Harvard Law review**, Cambridge, v. 131, n. 7, p. 1924-1978, May 2018. p. 1.926.
[411] TAVARES, André Ramos. op. cit., p. 625.
[412] Op. cit., p. 627.
[413] UNITED STATES OF AMERICA. [Constituição 1787]. **Constituition of the United States.** Filadélfia: United States Senate, 1787. Disponível em: https://www.senate.gov/civics/constitution_item/constitution.htm#a1_sec5. Acesso em: 30 jan. 2019.
[414] "*Não serão aprovados atos legislativos condenatórios sem o competente julgamento, assim como as leis penais com efeito retroativo*". (CONSTITUIÇÃO dos Estados Unidos da América – 1787. Universidade de São Paulo, Biblioteca Virtual de Direitos Humanos. Disponível em: http://www.direitoshumanos.usp.br/index.php/Documentos-anteriores-%C3%A0--cria%C3%A7%C3%A3o-da-Sociedade-das-Na%C3%A7%C3%B5es-at%C3%A9-1919/constituicao-dos-estados-unidos-da-america-1787.html. Acesso em: 12 jan. 2019).

Essa mesma proibição é extensível aos Estados-membros por força da redação da seção 10 do mesmo artigo da Carta norte-americana.[415]

O exemplo de Direito Comparado dos Estados Unidos é importante, na medida em que o sistema de precedentes observado hoje no Brasil se inspira no modelo daquele país.

Dito isso, cumpre anotar que **o conteúdo do *princípio da anterioridade eleitoral*, para efeito de definição normativa, é o impedimento, como regra, da retroatividade de novos entendimentos jurídicos firmados pelos Tribunais Eleitorais, em especial o Tribunal Superior Eleitoral, após a consolidação de entendimentos anteriores**.

Em assim sendo, cabe agora retomar à investigação a propósito do processo eleitoral, para efeito de se delimitar o exato momento em que as Cortes estão impedidas de aplicar retroativamente seus novos posicionamentos.

A definição de processo eleitoral de José Jairo Gomes é reveladora ao sintetizá-lo como o "*intrincado caminho que se percorre para a concretização das eleições, desde a efetivação das convenções pelas agremiações políticas até a diplomação dos eleitos*".[416]

Apesar de apontar que o início do processo eleitoral se dá com a realização das convenções partidárias, o que já defendemos em publicação sobre o tema[417], José Jairo Gomes relata a existência de uma controvérsia doutrinária a propósito do tema, destacando 4 (quatro) outras posições[418]:

415 "*Nenhum Estado poderá participar de tratado, aliança ou confederação; conceder cartas de corso; cunhar moeda; emitir títulos de crédito; autorizar, para pagamento de dívidas, o uso de qualquer coisa que não seja ouro e prata; votar leis de condenação sem julgamento, ou de caráter retroativo, ou que alterem as obrigações de contratos; ou conferir títulos de nobreza*".

416 Gomes, José Jairo. op. cit., p. 308.

417 Cyrineu, Rodrigo Terra. Qual o alcance do artigo 16 da CF/88? Breves notas sobre a segurança jurídica no Direito Eleitoral à luz da doutrina de R. Dworkin e F. Muller. **Revista Democrática**, Cuiabá, vol. 4, p. 133-158, 2018.

418 Gomes, José Jairo. op. cit., p. 308.

Registro de candidatura	*"o processo eleitoral começa com o pedido de registro de candidaturas, ou seja, no dia 15 de agosto do ano eleitoral"*
Prazos de desincompatibilização	*"seu início coincide com a data mais remota de desincompatibilização, que é o mês de abril do ano das eleições"*
Restrições impostas pela lei	*"principia com o início das restrições impostas pela legislação eleitoral, sendo esse marco o mês de janeiro do ano eleitoral ante o disposto no artigo 73, §10, da Lei nº 9.504/97, que proíbe, no ano em que se realizar eleições 'a distribuição gratuita de bens, valores ou benefícios por parte da Administração Pública'"*
Prazo do artigo 16 da Constituição	*"inicia-se um ano antes do certame, face ao princípio da anterioridade ou anualidade eleitoral, previsto no art. 16 da Constituição Federal"*

Segundo José Jairo Gomes, restou pacificado, entretanto, "*o entendimento de que o termo inicial do processo eleitoral coincide com as convenções partidárias para escolha de candidatos e deliberação sobre coligação*".[419]

No tocante a essa fase inicial, Rodrigo Zílio se refere ao "*processo eleitoral em sentido estrito*" ou "*microprocesso eleitoral*", isto é, "*ao início da campanha eleitoral propriamente dita*".[420]

Marcelo Abelha e Flávio Cheim Jorge lembram que o Supremo Tribunal Federal dividiu o processo eleitoral em 3 (três) fases distintas, a saber:

> (...) *a* fase pré-eleitoral, *que vai desde a escolha dos candidatos até a realização da propaganda eleitoral; a* fase eleitoral *propriamente dita, que compreende o início, a realização e o encerramento da votação e a* fase pós-eleitoral, *que se inicia com a apuração e a contagem de votos e finaliza com a diplomação do candidato.*[421]

[419] Idem.

[420] Op. cit., p. 289.

[421] RODRIGUES, Marcelo Abelha; JORGE, Flávio Cheim. **Manual de Direito Eleitoral**. São Paulo: Revista dos Tribunais, 2014. p. 167.

Frederico Franco Alvim também entende que o processo eleitoral em sentido mais estrito tem "*como ponto de partida o início das convenções partidárias, período a partir do qual recrudesce o caminhar em direção à disputa eletiva*".[422]

Seja como for, independentemente da nomenclatura, fato é que José Jairo Gomes tem razão ao asseverar que o *start* do processo eleitoral é dado com as convenções partidárias para a escolha de candidatos e realização de coligações, como aliás sugere o art. 12, §3º, do Código Eleitoral:

> Também nessa linha é o disposto no artigo 12, §3º, do Código Eleitoral, que proíbe – desde a homologação da respectiva convenção partidária até a diplomação – servir como juízes nos Tribunais Eleitorais, ou como juiz eleitoral, o cônjuge, parente consaguíneo ou afim, até o 2º grau, de candidato a cargo eletivo registrado na circunscrição.[423]

De fato, **a convenção partidária é o local onde os *players* eleitorais se constituem[424], na medida em que lá é que são celebradas as coligações entre os partidos e, subsequentemente, escolhidos os candidatos aos cargos majoritários e proporcionais**.

É nesse momento, então, que a jurisprudência deve se manter estável, porquanto os atos subsequentes do processo eleitoral, subdividido em várias etapas sequenciais, são preclusivos, isto é, as fases ultrapassadas, como convenções e registro de candidatos, não podem ser reabertas.

Ao tratar da proteção à confiança e da necessidade de anterioridade das normas eleitorais, André Ramos Tavares salienta a existência de

[422] ALVIM, Frederico Franco. **Curso de Direito Eleitoral**. 2. ed. rev. e atual. Curitiba: Juruá, 2016. p. 201.

[423] GOMES, José Jairo. op. cit., p. 309.

[424] É o que dispõe o artigo 8º da Lei nº 9.504/1.997: "*Art. 8º* A escolha dos candidatos pelos partidos e a deliberação sobre coligações deverão ser feitas no período de 20 de julho a 5 de agosto do ano em que se realizarem as eleições, lavrando-se a respectiva ata em livro aberto, rubricado pela Justiça Eleitoral, publicada em vinte e quatro horas em qualquer meio de comunicação. (...) § 2º Para a realização das convenções de escolha de candidatos, os partidos políticos poderão usar gratuitamente prédios públicos, responsabilizando-se por danos causados com a realização do evento". BRASIL. **Lei nº 9.504 de 30 de setembro de 1997**. Estabelece normas para as eleições. Brasília, DF: Presidência da República, 1997. Disponível em: http://www.planalto.gov.br/ccivil_03/LEIS/L9504.htm. Acesso em: 30 jan. 2019.

2 (dois) axiomas estruturais ligados à ideia de estabilidade mínima da ordem jurídica: (i) *estabilidade das ações estatais*, assim compreendida como a impossibilidade de as decisões públicas serem arbitrariamente modificadas; e (ii) *previsibilidade das ações estatais*, a qual pressupõe certeza e calculabilidade por parte dos cidadãos em relação aos efeitos jurídicos dos atos normativos.[425] A solução ora proposta visa justamente atender a esses dois axiomas.

Por outro lado, o motivo principal pelo qual a alteração jurisprudencial escapa ao rigoroso tratamento constitucional do artigo 16 (regra da anualidade), além do que já consignado neste tópico, é que, a despeito de algumas correntes[426] contrárias, "*não há falar-se em legislação em causa própria, tampouco interesse pessoal na alteração do entendimento pretoriano*".[427]

Ademais, como defendido ao longo deste livro, o Judiciário atua como órgão integrativo que atribui sentido às normas editadas pelo Congresso Nacional, visto que não lhe é dado inovar na ordem jurídica.

Logo, revela-se necessário um prazo maior para que os Tribunais, defrontados com leis recentemente editadas ou temas ainda não enfrentados, possam estabelecer a correta orientação aos jurisdicionados, contribuindo, ao fim, para a clareza das regras do jogo.

Isso tem especial relevo no tocante à função consultiva dos Tribunais Eleitorais, haja vista a possibilidade de responderem às consultas formuladas em tese pelos legitimados, de modo a solucionar alguma dúvida relacionada a algum dispositivo legal.

[425] TAVARES, André Ramos. Princípios constitucionais do processo eleitoral. *In*: TAVARES, André Ramos; AGRA, Walber de Moura; PEREIRA, Luiz Fernando (coord.). **O direito eleitoral e o novo Código de Processo Civil**. Belo Horizonte: Fórum, 2016. p. 36.

[426] É o caso de Mark Tushnet, para quem o juiz também pode responder a incentivos errôneos quando da elaboração de sua decisão, tal qual um parlamentar está sujeito quando de sua atividade congressual: "*judges are not entirely disinterested either (...). For example, they may want to build a reputation among one or another group of people they hang out with – legal academics, editorial writers, their former friends who remain active in political life. That desire may produce distortions parallel to the ones that affect politicians*". (TUSHNET, Mark. **Taking the Constitution away from the courts**. Princeton: Princeton University Press, 1999. pos. 1.611).

[427] CYRINEU, Rodrigo Terra. op. cit., p. 151.

Aliás, isso foi expressamente abordado no julgamento do *leading case* do Supremo Tribunal Federal (RE nº 637.485/RJ), mais especificamente no voto-vogal do Ministro José Antônio Dias Tóffoli:

> O SENHOR MINISTRO DIAS TOFFOLI:
> Senhor Presidente, o que nós temos no caso? O cidadão, no exercício do segundo mandato de prefeito, faz uma consulta, em fevereiro ou março, para saber se pode ou não ser candidato. Aí ele verifica que a jurisprudência de anos de eleições a fio do Tribunal Superior Eleitoral é no sentido da possibilidade de, caso ele renuncie seis meses antes do pleito ao seu atual mandato, disputar as eleições no município vizinho, ou em outro município. E a resolução do Tribunal Superior Eleitoral assim o dizia: é lícito fazê-lo. Ou seja, o Estado-Juiz disse a esse cidadão, no início do ano de 2008: Cidadão, você pode ser candidato em outro município, caso deixe o cargo que hoje ocupa. E o mesmo Estado-Juiz vai lá e lhe diz: Não, você não podia. É disso que se trata!
> A mudança de jurisprudência é possível? É possível. Qual a maneira de aplicá-la na Justiça Eleitoral? A maneira engendrada pelo Ministro **Gilmar Mendes** parece ser compatível não só com a Constituição, mas com a lógica de não haver alterações, dentro do mesmo processo eleitoral, abruptas, que pegam o cidadão na disputa do **jus honorum** – talvez o mais sagrado dos direitos, o de representar os concidadãos -; que pegam esse cidadão de maneira imprevista. Como ficam os advogados que aconselham sem uma jurisprudência que se sabe que valerá? E mais, quando há instrução! Instrução tem efeito de norma, nós todos sabemos![428]

A posição do Ministro José Antônio Dias Tóffoli, concorrente com a corrente majoritária capitaneada pelo relator, Ministro Gilmar Ferreira Mendes, é bem parecida com a que externou o *Justice Scalia* no conhecido caso *Bowen v. Georgetown University Hospital*[429], em que o tema era, a exemplo do caso brasileiro, retroatividade normativa, ocasião em que o jurista estado-unidense, como relatam Sustein e Vermeule, votou no sen-

[428] Op. cit., p. 55 do acórdão.
[429] Bowen v. Gerogetown Univ. Hosp., 488 U.S. 204, 208 (1988).

tido de que "*rules have legal consequences only for the future*".[430] A parafrasear o Ministro Toffoli, ao fim e ao cabo, é disso que se cuida.

Portanto, é de se concluir que o ***princípio da anterioridade eleitoral* exige que todas as regras do jogo eleitoral – aí compreendidas, evidentemente, os precedentes integrativos dos Tribunais, em especial os das Cortes de Vértice[431] – estejam fixadas quando da realização das convenções, não sendo possível, a princípio, alteração jurisprudencial com eficácia imediata[432] a partir dessa fase, sobremodo quando alcance atos já realizados sob a égide de jurisprudência anteriormente sedimentada.**

4.4. Conclusão parcial

A Justiça Eleitoral é, talvez, a instituição mais sobrecarregada da modelagem institucional brasileira, carregando consigo a função de administrar as eleições, expedir resoluções regulamentares, julgar conflitos eleitorais e processos de natureza voluntária (*v.g.*, prestação de contas) e, ainda, responder consultas formuladas pelas autoridades e entidades legitimadas.

Como se vê, são os Tribunais e Juízes eleitorais os responsáveis por salvaguardar, do início ao fim, a regularidade, a legitimidade, a normalidade, a lisura e a moralidade do processo eleitoral, entendido em sentido amplo como todo o espectro temporal correspondente a um ano antes do

[430] SUSTEIN, Cass R.; VERMEULE, Adrian. op. cit., p. 1.945. Tradução livre: "*As regras têm consequências legais apenas para o futuro*".

[431] "*Aqui não se pode deixar de considerar o peculiar caráter normativo dos atos judiciais emanados do Tribunal Superior Eleitoral, que regem todo o processo eleitoral. Mudanças na jurisprudência eleitoral, portanto, têm efeitos normativos diretos sobre os pleitos eleitorais, com sérias repercussões sobre os direitos fundamentais dos cidadãos (eleitores e candidatos) e partidos políticos. No âmbito eleitoral, portanto, a segurança jurídica assume a sua face de princípio da confiança para proteger a estabilização das expectativas de todos aqueles que de alguma forma participam dos prélios eleitorais*" (BRASIL. Supremo Tribunal Federal. **RE 637.485 Rio de Janeiro**, op. cit., p. 36 do acórdão e p. 26 do voto do relator).

[432] "*Logo, é possível concluir que a mudança de jurisprudência do Tribunal Superior Eleitoral está submetida ao princípio da anterioridade eleitoral. Assim, as decisões do TSE que, no curso do pleito eleitoral (ou logo após o seu encerramento), impliquem mudança de jurisprudência (e dessa forma repercutam sobre a segurança jurídica), não têm aplicabilidade imediata ao caso concreto e somente terão eficácia sobre outros casos no pleito eleitoral posterior*" (BRASIL. Supremo Tribunal Federal. **RE 637.485 Rio de Janeiro**, op. cit., p. 39 do acórdão e p. 29 do voto do relator).

próximo pleito eleitoral. A regra constitucional da anualidade (*CF, artigo 16*), idealizada como cláusula de proteção das minorias parlamentares, protege todo esse período. O seu âmbito de incidência é o do *rule-making*, prioritariamente a cargo do Congresso Nacional.

Já em sentido estrito, também chamado de período crítico, o processo eleitoral é assim compreendido a partir das convenções partidárias, momento no qual os *players* eleitorais definem coligações partidárias e escolhem seus candidatos. Essa fase dá o *start* oficial às eleições. É nesse momento que as regras do jogo eleitoral devem ser claras, seguras e estáveis, em atenção ao princípio constitucional implícito da anterioridade eleitoral[433].

Como já há a garantia da anualidade no tocante às normas que inovam na ordem jurídica, privativamente a cargo do Congresso Nacional por força do artigo 22, inciso I, da Constituição Federal, se pode dizer que o princípio da anterioridade eleitoral ganha relevo no campo da função integrativa[434] dos Tribunais em sede de resolução de demandas (*rule-adjudication*) e no exercício da função consultiva inerente aos Tribunais Eleitorais.

Na prática, portanto, as Cortes Eleitorais podem fixar seus precedentes até o final do primeiro semestre do ano[435] eleitoral, o qual se estende,

[433] Ferraz Jr., Tércio Sampaio. op. cit., p. 15: "*O estabelecimento, em termos normativos, de períodos (um dia, um mês, um ano), dentro dos quais a lei nova não produz efeitos, é, assim, vital para o implemento da segurança jurídica*".

[434] "*(...) a mudança na interpretação de um texto normativo implica o estabelecimento de uma nova norma jurídica. E, isto se diz por conta da inegável diferença entre texto e norma. Afinal, a norma jurídica é o produto da interpretação dada a um texto normativo. Ora, se assim é, a consolidação de uma nova interpretação implica a fixação de uma nova norma, distinta da que anteriormente se construía a partir do mesmo texto. E isto precisa ser levado em conta quando se altera ou cancela um enunciado de súmula de jurisprudência dominante*". (Câmara, Alexandre Freitas. Súmula da jurisprudência dominante, superação e modulação de efeitos no Novo Código de Processo Civil. **Revista de Processo**: RePro, São Paulo, v. 42, n. 264, p. 281-320, fev. 2017. p. 16).

[435] Alexandre Freitas Câmara (op. cit., p. 17) exemplifica, no que pode ser perfeitamente aplicado ao Direito Eleitoral por analogia, com a questão do entendimento pretoriano a propósito de uma hipótese de incidência tributária: "*(...) casos haverá em que um novo enunciado, que substitua o anterior, só poderá mesmo ter eficácia prospectiva. É o que se dá, por exemplo, no caso de a nova interpretação (e, pois, a nova norma) considerar existente uma hipótese de incidência tributária que antes não se reconhecia, caso em que será preciso respeitar-se o princípio constitucional*

costumeiramente, até o final do mês de junho, e assim o é em razão da necessidade de publicidade da jurisprudência, com a publicação dos acórdãos ou ao menos uma ampla informação sobre decisões paradigmas e *leading cases*, para que só assim as regras estejam suficientemente claras para os atores da disputa eleitoral, os quais passam a atuar a partir das convenções partidárias que se realizam entre os dias 20 de julho a 5 de agosto, *ex vi* do artigo 8º da Lei nº 9.504/1.997.

Todavia, como toda (ou quase toda) regra tem sua exceção, é preciso investigar, partindo-se dessa premissa, se há possibilidade, no âmbito do microssistema eleitoral, de evolução jurisprudencial, no curso do processo eleitoral ou logo após o seu encerramento, com eficácia retroativa. Esse é o segundo ponto inovador da presente obra, porquanto também não houve enfrentamento do tema no RE nº 637.485/RJ.

da anterioridade tributária (art. 150, III, b, da Constituição da República). Em casos assim, será preciso que se estabeleça que o novo enunciado só poderá ser aplicado a partir do ano seguinte ao de sua edição, a fim de que se respeita a anterioridade constitucionalmente exigida". A incidência tributária e a incidência em causa de inelegibilidade têm em comum a proteção pelo princípio da anterioridade, isto porque em ambos os casos há uma limitação no âmbito de proteção dos direitos dos cidadãos.

5.
Da exceção à regra da irretroatividade da viragem jurisprudencial

> *"Toda regra tem exceção. E se toda regra tem exceção, então, esta regra também tem exceção e deve haver, perdida por aí, uma regra absolutamente sem exceção".* (Millôr Fernandes)

Como já adiantado no final do capítulo anterior, quase toda regra jurídica possui uma ou mais exceções, e não seria diferente no caso da estabilização da jurisprudência eleitoral.

Para se estabelecer hipóteses excepcionais em que é possível, no âmbito eleitoral, a retroatividade da superação jurisprudencial, urge elencar, em primeiro plano, quais são os valores e princípios que norteiam esse microssistema jurídico.

Mais especificamente, cumpre delinear as premissas fundamentais da temática para, num passo posterior, investigar se há algum valor mais importante do que o da proteção à legítima confiança dos *players eleitorais* (precedentes eleitorais na dimensão da previsibilidade; princípio da anterioridade[436]), o qual recomende a aplicação imediata do novo entendimento pretoriano.

[436] Ao tratar da delicada situação entre O Direito e o Tempo, Tércio Sampaio Ferraz Júnior (op. cit., p. 14) menciona expressamente a existência do *princípio da anterioridade*, o qual é definido pelo autor, basicamente, como a impossibilidade de punição por ato cometido antes da lei que defina a infração ou a sanção.

Obviamente que não há a pretensão de exaurir todos os temas do vasto campo do Direito Eleitoral (*v.g., elegibilidade, propaganda, ilícitos eleitorais, prestação de contas*), máxime porque cada um deles carrega consigo uma série de particularidades.

Assim, o recorte da investigação se limitará às condições de elegibilidade e causas de inelegibilidade, as quais se traduzem, ao fim e ao cabo, em impedimentos ao sufrágio passivo, tema umbilicalmente ligado ao exercício dos direitos políticos.

5.1. Moralismo *versus* garantismo eleitoral[437]

> O SENHOR MINISTRO CARLOS AYRES BRITTO: Excelência, o juiz não pode fechar a sua visão para o mundo circundante. O Ministro Marco Aurélio fala muito do princípio da realidade.
> O SENHOR MINISTRO CEZAR PELUSO: Ao contrário, ministro. O juiz tem de fechar os olhos, porque, se ele julgar fora do que está nos autos e nos limites do ordenamento jurídico, ele não é mais juiz.[438]

Quando o assunto é direito à elegibilidade, antes de se verificar se os princípios que o norteiam se sobrepõem à segurança jurídica, de modo a ser esta regra de estabilidade afastada em prol daqueles, é necessário definir, para longe de qualquer suspeita, quais são os princípios cardeais regedores da temática.

Qualquer observador minimamente atento aos litígios eleitorais, em especial os de maior repercussão, sabe que existem duas correntes muito bem definidas acerca da hermenêutica incidente sobre os direitos políticos.

[437] O professor Napoleão Nunes Maia Filho (op. cit., p. 23) sintetiza as propostas do garantismo penal de Luigi Ferrajoli, as quais acabam por se espraiar para outros ramos do direito público, a saber: "*(1) a preexistência da pena, (2) a predefinição do delito, (3) a precedência da lei, (4) a demonstração da sua necessidade, (5) a materialização da ofensa, (6) a prática da ação, (7) a demonstração da culpabilidade, (8) o desenvolvimento de juízo, (9) a formulação concreta da acusação, (10) a produção desembaraçada de prova e (11) o pleno exercício da defesa*".

[438] TSE, RO nº 1.069 (Caso Eurico Miranda), julgado em 20 de setembro de 2006.

Uma delas, a qual denominaremos de *moralismo* eleitoral, basicamente parte da premissa de que o interesse coletivo se sobrepõe ao individual. A outra, denominada *garantismo* eleitoral, parte da concepção humanista do direito à elegibilidade, necessariamente tratado como regra, sendo os seus impedimentos tratados como hipóteses excepcionais[439].

O *moralismo* eleitoral, também alcunhado de *ficha-limpismo* em referência à Lei da Ficha-Limpa (Lei Complementar nº 135/2.010), tem raízes jurisprudenciais e posteriormente recebeu aceitação doutrinária.

O seu nascedouro pode ser identificado com a aplicação direta do §9º do artigo 14 da Constituição Federal, por parte dos Tribunais Eleitorais, sem intermediação legislativa a cargo do Congresso Nacional. É o que se deu no célebre caso "Eurico Miranda" já referido na introdução do presente livro.

No Tribunal Regional Eleitoral do Rio de Janeiro, Eurico Miranda, personalidade conhecida do mundo futebolístico, teve seu registro de candidatura indeferido por ser moralmente inidôneo. O substrato fático era: o candidato respondia, sem condenação definitiva ou colegiada, a 8 (oito) ações criminais e 1 (uma) ação de improbidade administrativa. O fundamento jurídico era a autoaplicabilidade do mandamento constitucional de proteção da moralidade eleitoral.

O Tribunal Superior Eleitoral, como bem se sabe, reformou a decisão do Regional fluminense, o fazendo, todavia, por uma apertada maioria de 4 (quatro) votos contra 3 (três).[440]

O fundamento da minoria, germe do *moralismo* eleitoral, consistiu basicamente na afirmação de que os direitos políticos, diferentemente de outros direitos de índole fundamental, se diferenciam na medida em que

[439] Foi a posição, por exemplo, do Ministro Marco Aurélio Mello (*voto-concorrente*) no *leading case* "Eurico Miranda" (RO nº 1.069): "*Estamos a julgar no campo da inelegibilidade, de regras que consubstanciam a exceção, no qual, portanto, somente pode ser interpretado de forma estrita o que nelas se contém*".

[440] Proveram o recurso e deferir o registro os Ministros Marcelo Ribeiro (jurista e Relator), Marco Aurélio (STF), Cezar Peluso (STF) e Gerardo Grossi (jurista). Ao lado do Ministro Carlos Ayres Britto (STF), quem deu o *start* à divergência derrotada, ficaram os Ministros Cesar Asfor Rocha (STJ) e José Delgado (STJ).

os seus titulares o utilizam em prol do coletivo, e não para protegerem interesses pessoais.[441]

Mais, a barulhenta minoria pautou-se numa denominada ética da interpretação, assim compreendida como aquela "*que leva o direito a cumprir a sua destinação emancipatória ou saneadora de costumes, para que não se faça dele, direito, uma interpretação que se poderia chamar de leniente, para não dizer cúmplice*".[442]

A ideia central dos defensores do *moralismo* eleitoral naquele momento era a de que caberia ao Judiciário o papel de árbitro do jogo eleitoral mediante a análise da vida pregressa dos candidatos, a ponto da Associação dos Magistrados Brasileiros (AMB) ingressar com uma Ação de Descumprimento de Prefeito Fundamental (ADPF) no Supremo Tribunal Federal para postular essa prerrogativa.

O feito foi registrado na Corte Suprema sob o nº 144 e abriu uma nova rodada de discussões, agora no Tribunal Constitucional, sobre a autoaplicabilidade do §9º do artigo 14 da Constituição Federal, o que, na prática, consistiria na (im)possibilidade de o Judiciário indeferir uma candidatura simplesmente mediante um exame da vida pregressa do candidato.

No âmbito da Corte Suprema, o Ministro Ayres Britto novamente ficou vencido, dessa vez juntamente com o Ministro Joaquim Barbosa, o qual acolhia o pedido da AMB nos seguintes termos – *verbis*:

> Voto, portanto, pedindo vênia ao eminente relator, pela procedência parcial da ADPF, reconhecendo a eficácia plena do parágrafo 9º do art. 14 da Constituição, com os adendos que lhe foram trazidos pela EC 4/94, entendendo que, para esse efeito, a sentença criminal condenatória, confirmada em

[441] Excerto do voto do Ministro Ayres Britto bem ilustra esse pensamento: "*O eleitor não exerce direito para primeiramente se beneficiar. Seu primeiro dever, no instante mesmo em que exerce o direito de votar, é para com a afirmação da soberania popular (valor coletivo) e a autenticidade do regime representativo (também valor de índole coletiva). O mesmo acontecendo com o candidato a cargo político-eletivo, que só está juridicamente autorizado a disputar a preferência do eleitorado para representar uma coletividade territorial por inteiro. Jamais para* presentar *(Pontes de Miranda) ou servir a si próprio*".

[442] RO nº 1.069/RJ, excerto de uma resposta do Ministro Ayres Britto a um aparte que lhe dirigiu o Ministro Marco Aurélio Mello.

segunda instância, constitui critério bastante para a aferição da probidade e da moralidade, para fins de preenchimento de requisitos de elegibilidade.[443]

O raciocínio do Ministro Joaquim Barbosa seria posteriormente utilizado para a edição da Lei Complementar nº 135/2.010, conhecida como "Lei da Ficha-Limpa". Mas, naquela ocasião, prevaleceu a corrente majoritária capitaneada pelo Ministro Celso de Mello[444], decano da Corte, que se consolidou, nas palavras da Ministra Ellen Gracie (*voto-concorrente*), no sentido da não autoaplicabilidade do §9º do art. 14 da CF, em razão da exigência constitucional de "*lei complementar para que se erijam novas hipóteses de inelegibilidade, sob pena de se conceber uma autêntica norma em branco acerca de inelegibilidade, a ser complementada pelo julgador, sem quaisquer parâmetros e critérios balizadores*".[445]

Sedimentou-se, portanto, o entendimento no sentido de que apenas lei complementar pode instituir hipóteses de restrição ao sufrágio passivo, o que veio a acontecer no ano de 2010 com a edição da Lei Complementar nº 135, de modo que a tensão entre *moralistas* e *garantistas* se deslocou temporariamente[446] da sede jurisdicional para a legislativa.

O Supremo Tribunal Federal analisou as Ações Declaratórias de Constitucionalidade (ADC) nºs. 29 e 30[447], propostas, respectivamente, pelo Partido Popular Socialista (PPS) e pelo Conselho Federal da Ordem

443 BRASIL. Supremo Tribunal Federal. **ADPF 144 Distrito Federal**. Arguição de Descumprimento de Preceito Fundamental – possibilidade de ministros do STF, com assento no STE, participarem do julgamento da ADPF – inocorrência de incompatibilidade processual [...]. Relator: Min. Celso de Mello, de 06 de agosto de 2008. Disponível em: http://portal.stf.jus.br/processos/detalhe.asp?incidente=2626865. Acesso em 12 jan. 2019. p. 5 do voto-vogal vencido do Ministro Joaquim Barbosa.

444 "*A perda da elegibilidade constitui situação impregnada de caráter excepcional, pois inibe o exercício da cidadania passiva, comprometendo a prática da liberdade em sua dimensão política, eis que impede o cidadão de ter efetiva participação na regência e na condução do aparelho governamental*" (Idem, excerto do voto do Ministro Celso de Mello, p. 68).

445 Idem, p. 3 do voto da Ministra Ellen Gracie.

446 Depois há o retorno à esfera jurisdicional, na medida em que, placitada a validade vertical da Lei Complementar nº 135/2010, a discussão ganha corpo na interpretação das hipóteses restritivas nela prevista.

447 As quais sequer eram cabíveis, diga-se de passagem, porque não havia controvérsia jurídica relevante a nível judicial, mas apenas especulações doutrinárias, o que acabou

dos Advogados do Brasil (CFOAB), e a Ação Direta de Inconstitucionalidade (ADI) nº 4.578, proposta pela Confederação Nacional das Profissões Liberais (CNPL), as quais tinham como objeto a Lei Complementar nº 135/2010, decidindo, ao final, pela constitucionalidade das alterações introduzidas no sistema de inelegibilidades.[448]

Basicamente, entendeu o Tribunal Constitucional brasileiro que:

> (...)
>
> 1. A elegibilidade é a adequação do indivíduo ao *regime jurídico* – constitucional e legal complementar – do processo eleitoral, razão pela qual a aplicação da Lei Complementar nº 135/10 com a consideração de fatos anteriores não pode ser capitulada na retroatividade vedada pelo art. 5º, XXXVI, da Constituição, mercê de incabível a invocação de direito adquirido ou de autoridade da coisa julgada (que opera sob o pálio da cláusula *rebus sic stantibus*) ante-

transmudando as referidas ações numa espécie de mordaça para a hierarquia judiciária de menor escalão no que se refere a eventual controle difuso de constitucionalidade.

[448] De forma bem sucinta, pode-se dizer que a LC nº 135: (*i*) aumentou os prazos de inelegibilidade de 3 (três) para 8 (oito) anos; (*ii*) deixou de exigir exclusivamente o trânsito para incidir as inelegibilidades previstas no art. 1º, I, LC nº 64/1990, bastando a existência de decisão judicial colegiada; (*iii*) "*introduziu oito novas alíneas no art. 1º, I, LC nº 135/2010 ('j' a 'q'), ampliando os casos de inelegibilidade: j) para os condenados por alguns ilícitos eleitores, k) aos Chefes do Poder Executivo Federal, Estaduais, Distrital e Municipais e os membros do Poder Legislativo de todos os entes federativos que renunciarem a partir do oferecimento de representação ou de petição que possa reconhecer a infringência da Constituição Federal, das Constituições Estaduais e das Leis Orgânicas, l) aos condenados por perda dos direitos políticos em ato do doloso em ação de improbidade por decisão judicial colegiada, m) aos excluídos do exercício da profissão pelos órgãos de classe, n) aos condenados por simulação de terem desfeito vínculo conjugal para burlar situação de inelegibilidade, o) aos demitidos do serviço público administrativa ou judicialmente desde que a decisão não tenha sido suspensa ou anulada pelo Poder Judiciário, p) à pessoa física ou aos dirigentes de pessoas jurídicas responsáveis por decisão eleitoral ilegal por condenação em órgão judicial colegiado e q) aos membros do Poder Judiciário e do Ministério Público aposentados compulsoriamente por sanção, perdido cargo por sentença ou que pediram exoneração ou aposentadoria no transcurso de processo administrativo disciplinar. Ainda, a alínea 'e' do art. 1º, I, LC nº 64/1990 teve a incorporação de novos crimes como causa de inelegibilidade*" (Marrafon, Marco Aurélio; Robl Filho, Ilton Norberto. Direito fundamental ao sufrágio passivo e princípios democrático, da probidade e da moralidade: análise constitucionalmente adequada das leis complementares nº 64/1990 e nº 135/2010. **Revista Eletrônica Direito e Política**, Itajaí, v. 13, n. 3, p. 1513-1540, 2018. p. 1.520).

riormente ao pleito em oposição ao diploma legal retromencionado; subjaz a mera adequação ao sistema normativo pretérito (expectativa de direito).
2. A razoabilidade da expectativa de um indivíduo de concorrer a cargo público eletivo, à luz da exigência constitucional de moralidade para o exercício do mandato (art. 14, § 9º), resta afastada em face da condenação prolatada em segunda instância ou por um colegiado no exercício da competência de foro por prerrogativa de função, da rejeição de contas públicas, da perda de cargo público ou do impedimento do exercício de profissão por violação de dever ético-profissional.
3. A presunção de inocência consagrada no art. 5º, LVII, da Constituição Federal deve ser reconhecida como uma regra e interpretada com o recurso da metodologia análoga a uma redução teleológica, que reaproxime o enunciado normativo da sua própria literalidade, de modo a reconduzi-la aos efeitos próprios da condenação criminal (que podem incluir a perda ou a suspensão de direitos políticos, mas não a inelegibilidade), sob pena de frustrar o propósito moralizante do art. 14, § 9º, da Constituição Federal.
4. Não é violado pela Lei Complementar nº 135/10 o princípio constitucional da vedação de retrocesso, posto não vislumbrado o pressuposto de sua aplicabilidade concernente na existência de consenso básico, que tenha inserido na consciência jurídica geral a extensão da presunção de inocência para o âmbito eleitoral.
5. O direito político passivo (*ius honorum*) é possível de ser restringido pela lei, nas hipóteses que, *in casu*, não podem ser consideradas arbitrárias, porquanto se adequam à exigência constitucional da razoabilidade, revelando elevadíssima carga de reprovabilidade social, sob os enfoques da violação à moralidade ou denotativos de improbidade, de abuso de poder econômico ou de poder político.
6. O princípio da proporcionalidade resta prestigiado pela Lei Complementar nº 135/10, na medida em que: (i) atende aos fins moralizadores a que se destina; (ii) estabelece requisitos qualificados de inelegibilidade e (iii) impõe sacrifício à liberdade individual de candidatar-se a cargo público eletivo que não supera os benefícios socialmente desejados em termos de moralidade e probidade para o exercício de referido *munus publico*.
7. O exercício do *ius honorum* (direito de concorrer a cargos eletivos), em um juízo de ponderação no caso das inelegibilidades previstas na Lei Comple-

mentar nº 135/10, opõe-se à própria democracia, que pressupõe a fidelidade política da atuação dos representantes populares.
8. A Lei Complementar nº 135/10 também não fere o núcleo essencial dos direitos políticos, na medida em que estabelece restrições temporárias aos direitos políticos passivos, sem prejuízo das situações políticas ativas.
9. O cognominado desacordo moral razoável impõe o prestígio da manifestação legítima do legislador democraticamente eleito acerca do conceito jurídico indeterminado de vida pregressa, constante do art. 14, § 9.º, da Constituição Federal.
10. O abuso de direito à renúncia é gerador de inelegibilidade dos detentores de mandato eletivo que renunciarem aos seus cargos, posto hipótese em perfeita compatibilidade com a repressão, constante do ordenamento jurídico brasileiro (v.g., o art. 55, § 4º, da Constituição Federal e o art. 187 do Código Civil), ao exercício de direito em manifesta transposição dos limites da boa-fé.
11. A *inelegibilidade* tem as suas causas previstas nos §§ 4º a 9º do art. 14 da Carta Magna de 1988, que se traduzem em *condições objetivas cuja verificação impede o indivíduo de concorrer a cargos eletivos ou, acaso eleito, de os exercer*, e não se confunde com a *suspensão ou perda dos direitos políticos*, cujas hipóteses são previstas no art. 15 da Constituição da República, e que importa restrição não apenas ao direito de concorrer a cargos eletivos (*ius honorum*), mas também ao direito de voto (*ius sufragii*). Por essa razão, não há inconstitucionalidade na cumulação entre a inelegibilidade e a suspensão de direitos políticos.[449]

Não se pretende, aqui, analisar pormenorizadamente todos os tópicos da rica discussão travada no âmbito da Corte Constitucional a propósito da validade vertical da Lei Complementar nº. 135/2010, isto é, a sua compatibilidade com a Constituição, o que renderia um trabalho inteiro[450],

[449] BRASIL. Supremo Tribunal Federal. **ACD's 29 e 30 e ADI 4.578**. Ação Declaratória de Constitucionalidade e Ação Direta de Inconstitucionalidade em julgamento conjunto. Lei complementar nº 135/10. Hipóteses de inelegibilidade [...]. Relator: Min. Luiz Fux, de 16 de fevereiro de 2012. Disponível em https://stf.jusbrasil.com.br/jurisprudencia/22085777/acao-declaratoria-de-constitucionalidade-adc-29-df-stf. Acesso em: 12 jan. 2019.
[450] Sobre o tema, já tivemos a oportunidade de demonstrar o desacerto da decisão da Suprema Corte brasileira ao se olvidar do aspecto internacional dos direitos políticos enquanto categoria de direitos humanos em: CYRINEU, Rodrigo Terra. Direitos políti-

mas apenas registrar que a corrente *moralista*, derrotada quanto à tese da autoaplicabilidade do §9º do artigo 14 da CF/88, agora se coloca como vitoriosa no campo da exegese.[451]

Com efeito, o reconhecimento da constitucionalidade das novas hipóteses de inelegibilidade atesta apenas validade da norma sob o ponto de vista formal e material[452], mas não significa que a interpretação a ser dada em cada um dos tipos legais deve se dar desta ou daquela forma.

Surge, portanto, mais uma rodada de discussões que coloca em situações antagônicas, tanto a nível doutrinário quanto jurisprudencial, os *moralistas* e os *garantistas*, agora no tocante à forma de interpretação das hipóteses de inelegibilidade.

No campo acadêmico, Marco Aurélio Marrafon e Ilton Norberto Robl Filho, em artigo intitulado "*Direito fundamental ao sufrágio passivo e princípios democrático, da probidade e da moralidade: análise constitucionalmente adequada das leis complementares nº 64/1990 e nº 135/2010*"[453], defendem a

cos como categoria de direitos humanos e sua interpretação pretoriana: da necessária recuperação do garantismo em sede de análise do sufrágio passivo. *In*: PEREIRA, Rodolfo Viana; SANTANO, Ana Cláudia (Org.). **Conexões Eleitoralistas**. Belo Horizonte: Abradep, 2016. p. 217-237.

451 A doutrina registra que o mesmo fenômeno vem ocorrendo em Portugal: "*Atravessamos um momento confrangedor, em que as decisões dos órgãos de soberania em matéria penal invocam, como suma autoridade, os brocardos segregrados pela* sabedoria popular, *num regresso atávico a formas primitivas de legitimação (?) que fazem gala em desprezar a racionalidade jurídica*" (CAEIRO, Pedro. "Quem cabritos vende e cabras não tem.." (sobre a criminalização do chamado enriquecimento ilícito). *In*: **Crime e Política**: corrupção, financiamento irregular de partidos políticos, caixa dois eleitoral e enriquecimento ilícito. LEITE, Alaor; TEIXEIRA, Adriano (org.). Rio de Janeiro: FGV Editora, 2017. p. 359).

452 É preciso registrar que a Corte Suprema não enfrentou a discussão sobre a validade vertical da Lei da Ficha Limpa sob a ótica da Convenção Americana de Direitos Humanos (Pacto de São José da Costa Rica) e da jurisprudência da Corte Interamericana, isto é, não procedeu ao exame da convencionalidade da LC 135/2010, o que certamente acontecerá num futuro não tão distante e poderá ocasionar uma reviravolta sobre o tema, como é o caso, p. ex., das candidaturas avulsas (ARE 1054490), processo no qual a Procuradoria-Geral da República, ao entender pela possibilidade de cidadãos se submeterem ao sufrágio popular sem filiação partidária, recorreu ao item 2 do artigo 23 da Convenção Americana, abrindo, portanto, a discussão dos direitos políticos sob a ótica dos direitos humanos.

453 MARRAFON, Marco Aurélio; ROBL FILHO, Ilton Norberto. Direito fundamental ao sufrágio passivo e princípios democrático, da probidade e da moralidade: análise cons-

preponderância dos valores democráticos e do combate à improbidade administrativa e à imoralidade. É o artigo mais bem articulado sobre o tema e por isso foi eleito para análise de suas premissas.

Segundo os autores, é necessário maior deferência ao Congresso Nacional que aprovou, por unanimidade, uma lei inicialmente fruto de uma proposta de iniciativa popular. Em outras palavras, o forte clamor popular respaldaria a aplicação da norma pautada pelo valor maior da moralidade.[454]

Ao enfrentar o argumento, nos deparamos com a velha tensão entre constitucionalismo e democracia.[455] Uma denominada vontade popular não pode servir de justificativa para a redução ilegítima do âmbito de proteção dos direitos fundamentais, aí incluídos os direitos políticos.

titucionalmente adequada das leis complementares nº 64/1990 e nº 135/2010. **Revista Eletrônica Direito e Política**, Itajaí, v. 13, n. 3, p. 1513-1540, 2018.

[454] "*Os autores entendem que o Supremo Tribunal Federal andou bem em exigir Lei Complementar para modificação dos casos de inelegibilidade, pois, apesar dos temas tratados no art. 14, § 9º, CF/88 serem centrais ao Estado Democrático de Direito, o texto originário da Constituição Federal brasileira já previa a necessidade de mediação de Lei Complementar. Dessa forma, o Projeto de Lei Complementar de iniciativa popular foi aprovado pelo Congresso Nacional brasileiro e sancionado pelo Presidente da República. Isto é, mais de um milhão e quinhentos mil cidadãos brasileiros assinaram Projeto de Lei, o qual foi aprovado unanimemente pelos representantes do povo no Parlamento e sancionado pelo Chefe de Estado e de Governo também escolhido popularmente. Dessa maneira, trata-se de lei com substancial legitimidade democrática*" (MARRAFON, Marco Aurélio; ROBL FILHO, Ilton Norberto. op. cit., p. 1.524).

[455] Em voto concorrente no multicitado RE nº 633.703/MG, o Ministro Dias Tóffoli (p. 2 de seu voto escrito) assinalou: "*Algumas vezes, deve-se proteger as maiorias contra elas mesmas e, muitas vezes, compete ao Poder Judicial o desagradável papel de restringir a vontade popular em nome da proteção do equilíbrio de forças democráticas, contra o esmagamento de minorias ou de pautas axiológicas que transcendem o critério quantitativo do número de votos em uma eleição ou um plebiscito. São exemplos disso as decisões que abominam a pena de morte, o banimento ou a degradação moral dos presos. No Brasil, em relação a esses três aspectos, convém lembrar, o próprio constituinte privou o Poder Legislativo de sobre eles deliberar, quando redigiu o artigo 60, § 4º, CF/1988. Essa pré-exclusão da capacidade legiferativa, chamada classicamente de* "técnica das cláusulas pétreas"*, é o melhor exemplo dessa postura defensiva contra as deliberações majoritárias. Qualquer pesquisa de opinião pública indicará a maciça adesão do povo brasileiro à pena de morte no caso de crimes hediondos. Não fossem as tais "cláusulas pétreas", o processo legislativo findaria por aprová-la e caberia ao Supremo Tribunal Federal o difícil papel de rejeitar (ou não...) essa potestade do legislador democrático*".

Em obra própria sobre o tema, Gustavo Zagrebelsky assinala que o moralismo constitucional é "*um terreno no qual nunca se concluiu nada e sempre [se] causou confusão*".[456]

A invocação da legitimidade democrática da Lei da Ficha-Limpa se traduz, na prática, numa espécie de populismo judicial, o qual se nega a enfrentar a discussão sob a ótica dos direitos fundamentais, substituindo-os pelo discurso moralista repreendido pelo ex-Presidente do Tribunal Constitucional italiano:

> São vários, hoje em dia, os sinais de adulação do povo, como o sentimento generalizado de contrariedade à política organizada, o apelo a uma suposta sabedoria natural das pessoas comuns, que não vai além dos conceitos e preconceitos individuais, a tendência a dar voz imediata na política a humores pré-políticos, saltando qualquer instância organizada intermediária, considerada diafragma, estorvo ou traição. Tudo na tentativa de manter o povo na condição de minoridade infantil, para melhor controlá-lo.[457]

Ademais, é no mínimo ingenuidade[458] afirmar que todas as pessoas que subscreveram o projeto que deu origem à Lei Complementar nº 135/2.010 tinham conhecimento técnico suficiente para discernir sobre todas as variantes incidentes em cada tipo legal, tomando-se como parâmetro a Constituição e a Convenção Americana de Direitos Humanos.

Essa impropriedade argumentativa é bem evidenciada pelo autor italiano, quando compara os dias atuais com o processo de crucificação de Jesus Cristo:

[456] Zagrebelsky, Gustavo. **A crucificação e a democracia**. Tradução de Monica de Sanctis Viana. São Paulo: Saraiva/IDP, 2011. p. 37.

[457] Zagrebelsky, Gustavo. op. cit., p. 145.

[458] Sobre o ponto, oportuna a transcrição de manifestação do Ministro Gilmar Mendes quando do julgamento do REspe nº 49-32 proveniente de Quatá/SP: " *O SENHOR MINISTRO GILMAR MENDES (presidente): Senhores Ministros, a questão que se coloca é que estamos falando de uma restrição muito enfática, de uma lei que veio cumulada de uma raiva muito grande, quer dizer, foi feita com aquela sanha.*
Vossa Excelência, que é um nordestino-paulista, sabe que eu já não me impressiono mais com a questão do número de assinaturas, porque aprendi em sua terra, São Paulo, que basta contratar um sindicato de camelôs para obter trezentas mil assinaturas em uma semana".

> **"E toda a multidão..."**
> Considera-se habitualmente o "crucifique-o" como o grito do povo da Judeia. Por essa razão, a acusação de deicídio de dois mil anos atrás pôde estender-se a toda a nação hebraica. Mas o processo de Jesus desenvolveu-se diante de uma multidão, uma multidão que representava uma parte, e, conquanto pudesse ser numerosa, uma parte ínfima do povo inteiro. Se a sua voz foi entendida como a voz de um grupo é apenas porque a ela se atribuiu um "valor representativo". De fato, quando não se pode suscitar a massa popular no seu conjunto, remete-se a um representante coletivo.
> É o mesmo que acontece hoje, de uma maneira que pode parecer diferente, mas que, na verdade, é muito parecida, quando se recorre à "praça" ou por meio das pesquisas com "amostragens representativas". Ambos os casos referem-se a "uma parte do todo". Mas como é determinada essa parte? Por quem é reunida? Com base em quais informações? Como foi formada a multidão diante do Pretório? Quem a exortou a reunir-se e com quais argumentações? Como foi apresentada a posição de Jesus e aquela de Barrabás? Essas perguntas não têm uma resposta específica. De qualquer forma, a única coisa clara é que se tratou de uma iniciativa externa ao próprio povo ou à parte do povo à qual foi dada a palavra.[459]

E isso é realmente intuitivo. Se houvesse tanta adesão popular aos ditames da Lei da Ficha-Limpa, eleitores não continuariam a votar em cidadãos já condenados pelo Judiciário ou demais instituições de controle. A exemplo da mitologia grega, o país embarcou e continua na mesma odisseia entre Cila e Caríbdis, com novas leis e novas frustrações.

As inúmeras anulações de eleições majoritárias e substituições de representantes proporcionais, incursos nas hipóteses de inelegibilidade da Lei Complementar nº 135/2.010, sinalizam que o discurso da adesão popular não é juridicamente procedente.[460]

459 Zagrebelsky, Gustavo. op. cit., p. 111.

460 Sobre o desencanto decorrente de legislações que prometem resolver todos os problemas da corrupção, confira-se o registro de Manuel da Costa Andrade ao tratar da legislação portuguesa que tipificou o enriquecimento ilícito: "*Lançar permanentemente leis – por definição, cada vez mais próximas da perfeição – tem outra aura. Sabe-se, porém, que isso condena a uma peregrinação entre frustrações, cada vez maiores, a induzir cotas cada vez mais elevadas*

Marrafon e Robl Filho argumentam ainda mediante referência a um dever de proteção adequada (proibição da proteção insuficiente) dos bens juridicamente tutelados pelo §9º do artigo 14 da Constituição Federal, o que na prática não passa de um apelo democrático que entendem presente na LC nº 135/2.010.

Essa pretensa aura majoritária da Lei da Ficha-Limpa, a justificar, segundo a corrente em análise, a redução no âmbito de proteção dos direitos políticos, lembra a história de Ulisses na Odisséia de Homero, para fazer uso, uma vez mais, da mitologia.

Ulisses era conhecedor do poder sedutor do canto das sereias, razão pela qual pediu aos tripulantes do navio que comandava que o amarrassem ao mastro de sua embarcação, isto após ter colocado cera nos ouvidos. Foi dessa maneira que se salvou. Assim foi que a racionalidade triunfou sobre o mito.[461]

Trazendo a metáfora para o tema em análise, o exercício otimizado dos direitos políticos só poderá ser inteiramente garantido quando a análise correta da compatibilidade vertical entre as hipóteses de inelegibilidade, tomando-se como paradigmas a Constituição Federal e os Tratados de Direitos Humanos, se der de maneira absolutamente técnica, despida de alarmantes[462] argumentações metajurídicas que podem ser consideradas até mesmo demagógicas.

de desesperança, cinismo e anomia. Cada lei que chega traz, renovados e reforçados, os marcadores da excelência. Alimentando a expectativa de em breve termos ao alcance da mão a resposta acabada aos problemas. Só que, quanto maior a esperança, maior a desilusão e mais dolorosa a frustração. E mais aguda a procura de novas leis. E mais inelutável o nosso destino, amarrados a esta dialética entre lei, esperança e frustração, situadas em níveis cada vez mais elevados e a induzir lastros cada vez mais insuportáveis de desencanto. Uma interminável cadeia em que a última lei e a última frustração são apenas penúltimas". (Andrade, Manuel da Costa. Enriquecimento ilícito: entre Cila e Caríbdis. *In:* Leite, Alaor; Teixeira, Adriano (org.) **Crime e Política**: corrupção, financiamento irregular de partidos políticos, caixa dois eleitoral e enriquecimento ilícito. Rio de Janeiro: FGV Editora, 2017. p. 348).

461 A metáfora foi originariamente utilizada, para fins de proteção dos direitos fundamentais por maioria circunstanciais, por: Elster, Jon. **Ulysses and the sirens**: studies in rationality and irrationality. Cambridge: Cambridge University Press, 1979.

462 No RE nº 633.703/MG, após registrar o uso, pelo regime militar de 1964-1985, da improbidade e da moralidade administrativa como forma abusiva de restrição de direitos fundamentais dos cidadãos-candidatos, o Ministro Dias Tóffoli (p. 4-5 do voto escrito)

Em continuidade, para justificar o seu raciocínio, asseveram Marrafon e Robl Filho que até mesmo sob a óptica de Ferrajoli, "*defensor de forte vinculação material entre a lei e os direitos fundamentais (em dimensão individual e social)*", "*admite-se plenamente a doutrina das restrições, especialmente quando elas são emanadas dos dispositivos constitucionais e efetivadas por práticas democráticas comprometidas com o Estado Democrático de Direito*".[463]

Mas é o mesmo Ferrajoli que, ao estabelecer sua doutrina garantista no âmbito do Direito Penal, diz ser possível a utilização de muitas de suas reflexões teóricas e filosóficas em outros setores do Direito Público, "*paralelamente investidos de uma crise estrutural das garantias do Estado de direito*".[464]

O garantismo, na síntese de Ferrajoli, não se confunde com o mero legalismo, formalismo ou processualismo. Consiste, em verdade, na satisfação dos direitos fundamentais, aí incluída a liberdade política, os quais representam "*os valores, os bens e os interesses, materiais e pré-políticos, que fundam e justificam a existência daqueles 'artifícios' – como os chamou Hobbes – que são o direito e o Estado, e cujo gozo por todos forma a base substancial da democracia*".[465]

Não é correto, portanto, asseverar que o pensamento jurídico de Luigi Ferrajoli abonaria a tese de restrição aos direitos políticos, categoria elementar de direito fundamental, em nome de uma mal definida moralidade, instituto jurídico desprovido de precisa significação e, por isso mesmo, duramente rechaçado pelo autor ao longo da obra citada.

Assim também defende Luiz Eugenio Scarpino Junior em crítica análise da Lei Complementar nº.135/2.010, para quem "*a efetivação das promessas constitucionais*", aí incluída a de candidaturas probas e moralmente

pontuou: "*Veja-se que o problema atualmente submetido ao crivo deste Pretório Excelso não é novo e os fundamentos moralizantes, típicos de épocas de "salvação nacional", estão de volta ao cenário político-jurídico da Nação. Ao menos por esse importante aspecto, julgo não ser ocioso avivar a memória coletiva sobre a correlação histórica e os riscos do discurso moralizante, quando ele chega ao extremo de desrespeitar o núcleo essencial de direitos fundamentais, ainda que de indivíduos pelos quais não se exprime uma opinião das mais favoráveis*".

463 Op. cit., p. 1527-8.

464 Ferrajoli, Luigi. **Direito e Razão**: teoria do Garantismo Penal. 3. ed. São Paulo: Revista dos Tribunais, 2010. p. 21.

465 Idem, p. 21-2.

aceitáveis (seja lá o que isso signifique), "*não perpassa por pisotear nas próprias garantias*".[466]

Além disso, existem dois erros fulcrais de premissa dos autores que acabam por comprometer completamente o acerto de sua conclusão, a saber: (*i*) a alegação de que os tratados de direitos humanos têm caráter meramente *supralegal*[467]; e (*ii*) a afirmação de que a Lei Complementar nº 135/2.010, no que atine às inelegibilidades, prevê "*regras claras e objetivas*"[468].

No que toca ao *status* dos tratados de direitos humanos, vale dizer na ordem constitucional brasileira, fazendo coro à quarta onda evolutiva do Estado de Direito[469], coloca-se aberta a recepcionar direitos e garantias previstos em tratados internacionais, de modo que o rol do artigo 5º da Constituição Federal configura-se como lista de direitos não taxativa, a qual formará, juntamente com os enunciados internacionais, o bloco de constitucionalidade brasileiro.

A propósito do tema, Ingo Wolfgang Sarlet leciona

> A norma contida no §2º do art. 5º da CF traduz o entendimento de que, além dos direitos expressamente positivados no capítulo constitucional próprio (dos direitos e garantias fundamentais), existem direitos que, por seu conteúdo e significado, integram o sistema da Constituição, compondo, em outras palavras, na acepção originária do direito constitucional francês, o assim chamado bloco de constitucionalidade, que não se restringe necessariamente a um determinado texto ou mesmo conjunto de textos constitu-

466 SCARPINO JR., Luiz Eugenio. **Moralidade eleitoral e juristocracia**: análise crítica da Lei da Ficha Limpa – Lei Complementar n. 135/10. Rio de Janeiro: Lumen Juris, 2016. p. 236.

467 MARRAFON, Marco Aurélio; ROBL FILHO, Ilton Norberto. op. cit., p. 1.535.

468 Idem, p. 1.532.

469 GOMES, Luiz Flávio; MAZZUOLI, Valério de Oliveira. **Direito Supraconstitucional:** do absolutismo ao estado constitucional e humanista de direito. São Paulo: Revista dos Tribunais, 2010. Coleção Direito e Ciências afins, v. 5. Os autores, de forma extremamente feliz, discorrem sobre quatro ondas de evolução do Estado, do Direito e da Justiça, assim compreendidas: onda zero (o absolutismo e sua desconstrução); primeira onda (o legalismo); segunda onda (o constitucionalismo); terceira onda (o internacionalismo) e quarta onda (o universalismo).

> cionais, ou seja, não se reduz a uma concepção puramente formal de constituição e de direitos fundamentais. Assim, a despeito do caráter analítico do Título II da CF, onde estão contidos os direitos e garantias como tal designados e reconhecidos pelo constituinte, cuida-se de uma enumeração não taxativa. O art. 5º, §2º, da CF, representa, portanto, uma cláusula que consagra a abertura material do sistema constitucional de direitos fundamentais como sendo um sistema inclusivo e amigo dos direitos fundamentais.[470]

Ainda nesse mesmo sentido, a favor do *status* constitucional dos tratados de direitos humanos, se posicionam os internacionalistas Francisco Rezek[471], Flávia Piovesan[472] e Valério de Oliveira Mazzuoli[473], bem ainda o constitucionalista André Ramos Tavares[474].

É a própria Constituição que carrega consigo a "*prevalência dos direitos humanos*" (art. 4º, inciso II), podendo daí se extrair uma pauta de interpretação que otimize os direitos estabelecidos em pactos internacionais incorporados à ordem doméstica[475], como aliás é a regra do já citado §2º do artigo 5º.

[470] SARLET, Ingo Wolfgang. Comentário ao artigo 5º, §2º. *In*: CANOTILHO, J.J. Gomes; MENDES, Gilmar F; STRECK, Lenio L.; (coord). **Comentários à Constituição do Brasil**. São Paulo: Saraiva: Almedina, 2013, p. 517.

[471] REZEK, Francisco. **Direito Internacional Público:** curso elementar. 10. ed. São Paulo: Saraiva, 2007. p. 101-103.

[472] PIOVESAN, Flávia. **Direitos Humanos e o Direito Constitucional Internacional**: um estudo comparativo dos sistemas regionais europeus, interamericano e africano. 7. ed. rev. e atual. São Paulo: Saraiva, 2017. p. 71-74.

[473] MAZZUOLI, Valério de Oliveira. **Curso de Direito Internacional Público**. 2. ed. São Paulo: Atlas, 2007. p. 694-695.

[474] TAVARES, André Ramos. **Reforma do Judiciário no Brasil pós-88:** (des)estruturando a Justiça: comentários completos à emenda constitucional n. 45/04. São Paulo: Saraiva, 2005. p. 47-48.

[475] Interessante, a esse propósito, o seguinte excerto do voto do Min. Gilmar Mendes no julgamento do RE 466.343/SP – *verbis*: "(...) à luz dos atuais elementos de integração e abertura do Estado à cooperação internacional, tutelados no texto constitucional, o entendimento que privilegie a boa-fé e a segurança dos pactos internacionais revela-se mais fiel à Carta Magna".

Cabe destacar, a esta altura, o escólio de Valério de Oliveira Mazzuoli e Luiz Flávio Gomes[476] a propósito do princípio interpretativo *pro homine*, isto é, "*as fontes plúrimas do direito atual (pós-moderno) estabelecem entre si um "diálogo" (dia = dois; logos = lógica; duas lógicas) e, assim, passam a admitir "dupla lógica" para que se encontre (e se possa aplicar) o melhor direito (o que melhor proteja o ser humano,* pro homine*) no caso concreto*".

Esse modelo exegético também é chamado pela doutrina alemã de dimensão amiga do direito internacional público, isto é, "*na aplicação dos tratados, as margens para a sua interpretação devem ser preenchidas de maneira conforme aos direitos fundamentais*".[477]

Os direitos políticos, à luz do art. 60, §4º, inciso IV da Constituição Federal, estão inseridos no seleto rol de cláusulas pétreas do sistema, não se revelando acertada, portanto, a afirmação de Marrafon e Robl Filho de que os tratados de direitos humanos ostentariam *status* supralegal.

Ademais, não é correta a premissa desses autores no sentido de que as hipóteses de inelegibilidade insertas na Lei Complementar nº 64/1.990, após o advento da Lei nº 135/2.010, são claras e objetivas.

Tome-se como o exemplo a alínea "g" que trata de rejeição de contas públicas. O dispositivo legal está vazado nos seguintes termos:

> g) os que tiverem suas contas relativas ao exercício de cargos ou funções públicas rejeitadas por irregularidade insanável que configure ato doloso de improbidade administrativa, e por decisão irrecorrível do órgão competente, salvo se esta houver sido suspensa ou anulada pelo Poder Judiciário, para as eleições que se realizarem nos 8 (oito) anos seguintes, contados a partir da data da decisão, aplicando-se o disposto no inciso II do art. 71 da Constituição Federal, a todos os ordenadores de despesa, sem exclusão de mandatários que houverem agido nessa condição.

O que se entende por irregularidade insanável? E que configure, além de tudo, ato doloso de improbidade administrativa? Há um amplo leque de atos que podem ser enquadrados nesse conceito, desde a simples

[476] Op. cit., p. 106-7.

[477] Michael, Lotar; Morlok, Martin. **Direitos fundamentais.** São Paulo: Saraiva, 2016. Série IDP p. 110.

dispensa de licitação até atos administrativos violadores dos princípios administrativos. Não há aí, obviamente, clareza e objetividade.

Atento a isso, indaga Scarpino Jr., "*como pode um juízo eleitoral declarar a insanabilidade da rejeição, se não participou dos atos de instrução?*"[478], para ao final concluir que vem-se permitindo a "*decretação de inelegibilidade com um alto grau de abstração e subjetivismo, o que, fatalmente, dificulta a segurança jurídica dos envolvidos, notadamente quando se depara em uma interpretação ampliativa para fins de reprimir um direito político*".[479]

Outro exemplo é o da alínea "*l*", por sua vez vazada nos seguintes termos:

> l) os que forem condenados à suspensão dos direitos políticos, em decisão transitada em julgado ou proferida por órgão judicial colegiado, por ato doloso de improbidade administrativa que importe lesão ao patrimônio público e enriquecimento ilícito, desde a condenação ou o trânsito em julgado até o transcurso do prazo de 8 (oito) anos após o cumprimento da pena.

Várias indagações e profundos debates exsurgem da referida hipótese de inelegibilidade, tais quais: o "e" no meio das expressões *lesão ao patrimônio público* e *enriquecimento ilícito* é conectivo ou disjuntivo? O enriquecimento ilícito é próprio ou pode ser de terceiro? A lesão ao patrimônio deve ser concreta ou pode ser presumida? Atos de improbidade punidos pelo artigo 11 da Lei nº 8.429/1.992 (Lei de Improbidade), dispositivo que rege a punição por violação a princípio(s) administrativo(s), pode ensejar a inelegibilidade?

Não se trata, portanto, de uma legislação de fácil e automatizada interpretação como sugerem Marrafon e Robl Filho, a evidenciar que também este último argumento não os socorre na tarefa que se propuseram.

Portanto, verificado o maior acerto do *garantismo* do ponto de vista doutrinário, mediante a comprovação do desacerto dos argumentos da corrente *moralista*, cumpre evidenciar que também a nível jurisprudencial o *moralismo* acabou derrotado no âmbito do Tribunal Superior Eleitoral.

[478] Op. cit., p. 137.
[479] Idem.

O Ministro Luiz Fux, coincidentemente o relator das ações de controle objetivo alhures referidas no âmbito do Supremo Tribunal Federal (ADC's 29 e 30 e ADI 4.578), é um dos expoentes da postura mais rígida no tocante às inelegibilidades, como se verifica do seguinte excerto de seu voto-vencido no julgamento do Recurso Especial Eleitoral nº 550-80/MG no âmbito do Tribunal Superior Eleitoral: "*nunca me conformei com o entendimento de se utilizar segurança jurídica contra moralidade das eleições*".[480]

A maioria da Corte, entretanto, se manifestou no sentido de que a segurança jurídica se sobrepõe ao princípio da moralidade eleitoral, ao consignar:

> Eventual revisão de enunciado sumular, ex vi do art. 927, § 4º, do CPC, deve levar em consideração os princípios da segurança jurídica, da proteção da confiança e da isonomia, os quais, para além de recomendar não seja procedida no caso concreto (nem para pleito já transcorrido), denotam a imperiosa necessidade de se evitar surpresa ao jurisdicionado, sobretudo na seara eleitoral, na qual o voto depositado pelo eleitor leva sempre em consideração a situação, que se pretende a mais estável possível, do candidato na data da eleição.[481]

Isso é um sinal mais do que evidente de que o princípio da moralidade eleitoral, ponto de esteio dos *moralistas*, também em nível jurisprudencial não é reconhecido como valor sobranceiro do microssistema dos direitos políticos.

[480] BRASIL. Tribunal Superior Eleitoral. **Recurso Especial Eleitoral nº 55080 - Guaxupé, MG.** Eleições 2016. Recurso especial. Recurso contra expedição de diploma - RCED. Vereador. Condenação. Improbidade administrativa. Suposta inelegibilidade da alínea I do inciso I do artigo 1º DA LC n. 64/90 [...]. Relator: Min. Tarcisio Vieira De Carvalho Neto, acordão de 17 de outubro de 2017. Disponível em: http://www.tse.jus.br/jurisprudencia/decisoes/jurisprudencia. Acesso em: 12 jan. 2019. p. 17 do acórdão.

[481] BRASIL. Tribunal Superior Eleitoral. **Recurso Especial Eleitoral nº 55080 - Guaxupé, MG.** Eleições 2016. Recurso especial. Recurso contra expedição de diploma - RCED. Vereador. Condenação. Improbidade administrativa. Suposta inelegibilidade da alínea I do inciso I do artigo 1º DA LC n. 64/90 [...]. Relator: Min. Tarcisio Vieira De Carvalho Neto, acordão de 17 de outubro de 2017. Disponível em: http://www.tse.jus.br/jurisprudencia/decisoes/jurisprudencia. Acesso em: 12 jan. 2019.

O valor que se destaca dentro do microssistema dos direitos políticos é, indubitavelmente, o da máxima efetividade do direito ao sufrágio passivo, assim compreendido como a necessidade de interpretação restritiva das causas de inelegibilidade.

Um caso emblemático e que bem evidencia esse ponto de vista é o Recurso Especial Eleitoral nº 49-32 proveniente de Quatá/SP, no qual se discutiu se a configuração da causa de inelegibilidade atinente à condenação por improbidade administrativa[482] exige reconhecimento cumulativo de enriquecimento ilícito e lesão ao erário ou apenas uma das duas figuras.

No dito precedente houve um profundo debate sobre o tema, daí o porquê de se considerar o caso como paradigma, e a corrente que saiu vitoriosa foi a da Relatora, Ministra Luciana Lóssio, no sentido da necessidade da cumulatividade dos requisitos "*enriquecimento ilícito*" e "*lesão ao erário*" para a configuração da causa de inelegibilidade, em acórdão que restou assim ementado:

> ELEIÇÕES 2016. PREFEITO. REGISTRO DE CANDIDATURA. RECURSO ESPECIAL. ART. 1º, I, L, DA LC Nº 64/90. ENRIQUECIMENTO ILÍCITO. AUSÊNCIA. INELEGIBILIDADE NÃO CONFIGURADA. RECURSO ESPECIAL PROVIDO.
>
> 1.Para a incidência da alínea l do art. 1º do inciso I da LC nº 64/90, é necessária a condenação por ato doloso de improbidade administrativa que implique, concomitantemente, lesão ao erário e enriquecimento ilícito, em proveito próprio ou de terceiro, ainda que tal reconhecimento não conste no dispositivo da decisão judicial (RO nº 1408-04/RJ, Rel. Min. Maria Thereza, PSESS de 22.10.2014; RO nº 380-23/MT, Rel. Min. João Otávio de Noronha, PSESS de 11.9.2014).
>
> 2. O legislador, após o recebimento de proposta de lei complementar de iniciativa popular e das conformações realizadas pelo Congresso Nacional,

[482] Lei Complementar nº 64/1.990, Art. 1º, inciso I, alínea l): "*os que forem condenados à suspensão dos direitos políticos, em decisão transitada em julgado ou proferida por órgão judicial colegiado, por ato doloso de improbidade administrativa que importe lesão ao patrimônio público e enriquecimento ilícito, desde a condenação ou o trânsito em julgado até o transcurso do prazo de 8 (oito) anos após o cumprimento da pena*".

determinou requisitos cumulativos para o reconhecimento de inelegibilidade no que concerne à condenação por improbidade administrativa.
3. A elegibilidade é direito fundamental de natureza política, por isso somente poderá sofrer limitação por determinação constitucional ou por lei complementar. Na linha da atual jurisprudência do Tribunal Superior Eleitoral, as causas de inelegibilidade devem ser interpretadas restritivamente, sendo vedada a interpretação extensiva in malam partem.
4. Na espécie, o Tribunal de Justiça afastou expressamente o locupletamento pessoal e reconheceu tão somente a existência de lesão ao erário, não havendo, portanto, elementos no dispositivo ou na fundamentação do decisum que permitam aferir a ocorrência de enriquecimento ilícito, o que impede, na linha da jurisprudência, a incidência da referida inelegibilidade.
5. Conforme a Súmula nº 41 deste Tribunal Superior, não cabe à Justiça Eleitoral decidir sobre o acerto ou desacerto das decisões proferidas por outros órgãos do Judiciário ou dos Tribunais de Contas que configurem causa de inelegibilidade.
6. Nos termos do voto do Ministro Herman Benjamin, a jurisprudência do Tribunal Superior Eleitoral merece revisão, para eleições vindouras, com a fixação da tese de que não se exige, para a incidência da inelegibilidade do art. 1º, I, l, da LC 64/90, que a suspensão de direitos políticos por ato doloso de improbidade administrativa decorra, cumulativamente, de enriquecimento ilícito e dano ao erário. Contudo, na ótica da maioria, além de não ser possível adotar tal interpretação, descabe indicar, desde logo, alteração da jurisprudência para pleito vindouro, pois não é possível vincular o entendimento de colegiado cuja composição será diversa, em razão da renovação natural que é característica desta Justiça.
7. Anotação, apenas a título de sinalização aos jurisdicionados, para que não se alegue insegurança jurídica, de que a matéria poderá ser objeto de rediscussão nas próximas eleições.
8. Recurso especial eleitoral a que se dá provimento, para deferir o registro de candidatura do recorrente.[483]

[483] BRASIL. Tribunal Superior Eleitoral. **Recurso Especial Eleitoral nº 49-32. 2016.6.26.0104 – Classe 32 – Quatá – São Paulo.** Eleições 2016. Prefeito. Registro de Candidatura. Recurso Especial. Art. 1, l, *L*, Da LC nº 64/90 [...]: Relatora: Min. Luciana

O cerne do fundamento da corrente majoritária é o da necessidade de previsão em lei de todos os requisitos para a configuração das causas de inelegibilidade, as quais são permeadas, para usar o fundamento do Ministro Cezar Peluso[484], pela tipicidade[485], própria dos regimes sancionatórios garantistas de viés liberal, como é (ou deveria ser) o caso do Direito Penal.

Dito de outro modo, o Judiciário deve se ater ao tipo previsto em lei, não podendo proceder à "*interpretação extensiva para alcançar situações não contempladas pela norma*".[486]

Lóssio, acórdão de 18 de outubro de 2016. Disponível em: http://www.tse.jus.br/jurisprudencia/decisoes/jurisprudencia. Acesso em: 12 jan. 2019.

[484] Disse o Ministro Peluso ao fundamentar seu voto no julgamento do caso "Eurico Miranda" (RO nº 1.062): "*Ora, não há dúvida alguma de que a inelegibilidade do art. 14 exige tipicidade quando se remete à necessidade da lei. É preciso que a lei estabeleça o fato típico do qual se origina a inelegibilidade. Portanto, não se trata de juízo subjetivo de nenhum julgador que se reconheça corregedor dos costumes e interprete as imputações segundo os seus padrões de julgamento pessoal. É preciso que a lei, a norma jurídica, determine que tal fato, com tais e tais características, impede o cidadão de concorrer – a lei, a Constituição, o ordenamento jurídico.*

É preciso, portanto, a tipicidade, que é o que domina a matéria penal, que, de certo modo, é análoga à legislação de caráter eleitoral".

[485] De maneira semelhante, Ferrajoli (op. cit., p. 461-469) se refere ao princípio da *regulatividade*, o qual se contrapõe às normas constitutivas em sede de regime sancionatório. Nas palavras do autor: "*O princípio de regulatividade não é, propriamente falando, uma garantia autônoma. Ao contrário, designa a estrutura deôntica das leis penais, que já se identifica com o pressuposto lógico das garantias substanciais da materialidade e da culpabilidade. A consequente proibição de normas penais constitutivas – sejam leis ou sentenças – pode ser, por outro lado, considerada como um postulado essencial do liberalismo, no sentido de que a proibição ou a regulação de ações determinadas, e que garantam a possibilidade alética de transgressão ou de observância, é a única técnica de controle social compatível com a tutela dos direitos fundamentais. Em sentido contrário, pode-se demonstrar que a disciplina diretamente das pessoas, antes que a de seus comportamentos, do seu ser, antes que de seu atuar, constitui um traço característico dos regimes totalitários, já que lesionam tanto a igualdade quanto a liberdade*" (p. 463).

[486] BRASIL. Tribunal Superior Eleitoral. **Agravo Regimental no Recurso Ordinário nº 394-77.2014.6.12.0000 Classe 37 – Campo Grande – Mato Grosso do Sul.** Eleições 2014. Agravo Regimental. Recurso Ordinário. Candidato a Senador. Registro de Candidatura Deferido. Inelegibilidade Prevista ao art. 1º, Inciso 1, Alínea c, da LC nº 64/1990 [...]. Relator: Min. Gilmar Mendes, acórdão de 19 de maio de 2015. Disponível em: http://www.tse.jus.br/jurisprudencia/decisoes/jurisprudencia. Acesso em: 12 jan. 2019.

Na advertência precisa de Ruy Samuel Espíndola, "*não podemos admitir que o apelo plebiscitário e midiático 'das ruas' substitua, com sua passionalidade e moralidade, as exigências de racionalidade e constitucionalidade impostas pela Constituição*".[487]

Dessa forma, por ambas as óticas (doutrinária e jurisprudencial), o *garantismo* se sobrepõe[488] ao *moralismo eleitoral*, a evidenciar que o valor preponderante do microssistema dos direitos políticos é, justamente, o seu exercício otimizado, cujas restrições são encaradas como *ultima ratio.*

5.2. Garantismo *versus* segurança jurídica; arantismo *versus* segurança jurídica

O Supremo Tribunal Federal, ao apreciar o *leading case* em sede de repercussão geral (RE nº 637.485/RJ) sobre a irretroatividade da jurisprudência eleitoral, não abordou os princípios regentes do próprio Direito Eleitoral. Na oportunidade assentou-se, pura e simplesmente, a impossibilidade de viragem abrupta da jurisprudência.

Não faz parte da *ratio decidendi*, portanto, exceções à regra da impossibilidade de viragem abruta da jurisprudência. Mas também não há qualquer vedação, nem mesmo implícita, no aludido pronunciamento que impeça a problematização.

Logo, é de se indagar: uma interpretação posterior que maximize o exercício dos direitos políticos pode ser aplicada com eficácia retroativa? Dito de outro modo, o *garantismo*, no que se define como exercício em estado maximizado dos direitos políticos fundamentais, se sobrepõe ao princípio da anterioridade?

A questão tem que ver com as normas *irretroativas* e as normas *retroativas.* Tércio Sampaio Ferraz Júnior adverte que, via de regra, as normas são *irretroativas.* Admite o autor, todavia, exceções. São as normas retroativas.

[487] Espíndola, Ruy Samuel. op. cit., p. 66.

[488] "*Havendo normas de opostas inspirações ideológicas – antinomia de princípio –, a solução do conflito (aparente) há de privilegiar a liberdade, porque a liberdade anda à frente dos outros bens da vida, salvo à frente da própria vida*". (BRASIL. Superior Tribunal de Justiça. **Habeas Corpus nº 95.838 – RJ (2007/0286484-0).** Procedimento criminal (acusação anônima). Anonimato (vedação). Incompatibilidade de normas (antinomia) [...]. Relator: Min. Nilson Naves, acórdão de 29 de fevereiro de 2008. Disponível em: http://www.stj.jus.br/SCON/. Acesso em: 12 jan. 2019.).

Essas normas têm sua vigência prospectiva (passam a valer a partir da sua promulgação/publicação), mas produzem efeitos para trás: têm eficácia *ex tunc*.[489]

É o caso, por exemplo, da "*conhecida retroatividade in bonam partem, usualmente aceita no Direito Penal*", isto é, "*quando a retroatividade beneficia o agente cujo ato, pela norma antiga, seria punido*".[490]

Nosso sistema constitucional é claro e objetivo ao dispor, no catálogo dos direitos fundamentais (*art. 5º, inciso XL*), que "*a lei penal não retroagirá, salvo para beneficiar o réu*".[491]

A retroatividade normativa benigna é expressamente prevista, ainda, no artigo 9º da Convenção Americana de Direitos Humanos (Pacto de São José da Costa Rica) – cuja aplicabilidade, no âmbito doméstico, já foi reconhecida em linhas volvidas – que assim dispõe:

> Artigo 9. Princípio da legalidade e da retroatividade.
> Ninguém pode ser condenado por ações ou omissões que, no momento em que forem cometidas, não sejam delituosas, de acordo com o direito aplicável. Tampouco se pode impor pena mais grave que a aplicável no momento da perpetração do delito. Se depois da perpetração do delito a lei dispuser a imposição de pena mais leve, o delinqüente será por isso beneficiado.[492]

No âmbito eleitoral, a jurisprudência recente dos Regionais vem admitindo a retroação *in bonam partem* da *novatio legis in mellius* no campo do direito sancionatório, como é o caso, por exemplo, do valor das multas em representações por doações eleitorais acima do limite legal.[493]

489 Op. cit., p. 9.

490 Idem.

491 BRASIL. [Constituição (1988)]. **Constituição da República Federativa do Brasil de 1988**. Brasília, DF: Presidência da República, 1988. Disponível em: http://www.planalto.gov.br/ccivil_03/Constituicao/ Constituiçao.htm. Acesso em: 26 jan. 2019.

492 CONVENÇÃO Americana sobre Direitos Humanos. San José: Organização dos Estados Americanos, 1969. Disponível em: https://www.cidh.oas.org/Basicos/Portugues/c.Convencao_Americana.htm. Acesso em 13 fev. 2019.

493 "*Recurso eleitoral. Representação. Eleições de 2016. Doação, por pessoa física, acima do limite legal. Sentença de parcial procedência do pedido. Condenação à multa de seis vezes o valor doado*

Da mesma forma se posicionam os Tribunais Regionais Eleitorais no campo das condições de elegibilidade (requisitos para o pleno gozo do sufrágio passivo), a exemplo da sistemática da filiação partidária, tema no qual se reconhece o princípio da máxima efetividade dos direitos políticos.[494]

Ademais, decorre da própria racionalidade do discurso jurídico que os posicionamentos firmados sejam provisórios, passíveis, portanto, de

em excesso e afastamento da decretação da inelegibilidade. Violação ao art. 23, §§1º e 3º, da Lei nº 9.504/1997. Limite de doação de 10% dos rendimentos brutos auferidos pelo doador no ano anterior à Eleição. Integram a base de cálculo, para a obtenção do rendimento bruto da pessoa física, os rendimentos tributáveis, os rendimentos isentos e não tributáveis e os sujeitos à tributação exclusiva, não devendo ser considerados os bens e direitos constantes da Declaração de Imposto de Renda. Precedentes do TRE-MG. Doação acima do limite legal comprovada nos autos. Critérios objetivos para aferição do excesso. Imperativa aplicação da sanção prevista no art. 23, § 3º, da Lei nº 9.504/1997. Aplicabilidade dos novos parâmetros ditados pela Lei nº 13.488/2017, modificando o art. 23, § 3º, da Lei nº 9.504/1997, para estabelecer a multa por excesso de doação para até 100% da quantia em excesso. Efeito retroativo de norma mais benéfica. Condenação à multa de 100% da quantia doada em excesso. Reforma da sentença. Recurso a que se dá parcial provimento". (BRASIL. Tribunal Regional Eleitoral de Minas Gerais. **Recurso Eleitoral no 99-20.2017.6.13.0190.** Recurso eleitoral. Representação. Eleições de 2016. Doação, por pessoa física, acima do limite legal [...]. Relator: Desembargador Rogério Medeiros, acórdão de 1 de agosto de 2018. Disponível em: www.tre-mg.jus.br/. Acesso em 12 jan. 2019.).

494 *"RECURSO ELEITORAL. OCORRÊNCIA. DUPLICIDADE DE FILIAÇÃO PARTIDÁRIA. ART. 22 DA LEI N. 9.096/95. ALTERAÇÃO DA SISTEMÁTICA DA DUPLICIDADE DE FILIAÇÃO PARTIDÁRIA. LEI 12.891/2013. RETROATIVIDADE DA LEI PARA GARANTIR DIREITO FUNDAMENTAL REFLEXO. MANUTENÇÃO DA FILIAÇÃO MAIS RECENTE. RECURSO PROVIDO. 1. Julgamento de recurso por duplicidade de filiação partidária com fundamento em lei parcialmente derrogada. 2. A filiação partidária constitui direito fundamental reflexo do cidadão, posto que se consubstancia em condição para o exercício da capacidade eleitoral passiva. 3. Retroatividade da lei em favor da manutenção de direitos fundamentais reflexos. Aplicação do princípio constitucional da máxima efetividade. 4. Recurso eleitoral conhecido e provido".* (BRASIL. Tribunal Superior Eleitoral. **Recurso Eleitoral nº 30-33.2013.6.09.0127- Classe 30 – Protocolo nº66.167/2013 – Goiânia/GO.** Recurso Eleitoral. Ocorrência. Duplicidade de Filiação Partidária. Art. 22 da Lei n. 9.096/95 [...]. Relatora: Min. Doraci Lamar Rosa da Silva Andrade, acórdão de 06 de fevereiro de 2014. Disponível em: http://www.tse.jus.br/jurisprudencia/decisoes/jurisprudencia. Acesso em: 12 jan. 2019.).

alteração sempre que um melhor argumento, tal como explicita Marcelo Campos Gallupo[495], se imponha na prática comunicativa.

O raciocínio desenvolvido no campo da edição de leis é perfeitamente aplicável aos precedentes. Se um Tribunal, num primeiro momento, entende que determinada conduta possui um desvalor e, posteriormente, reconsiderada esse entendimento em prol do cidadão, há de ser aplicado o novel entendimento retroativamente, como defende, por exemplo, Alexandre Freitas Câmara especificamente quanto à eficácia temporal da superação de entendimento jurisprudencial.[496]

Nesse mesmo sentido, no âmbito do Direito Tributário, se posiciona Misael Abreu Machado Derzi, para quem "*tal como ocorre com o princípio da irretroatividade das leis, a retroação benigna, para favorecimento do cidadão contribuinte, nas relações de Direito Público, de modo algum é coibida pelo ordenamento*".[497]

[495] GALUPPO, Marcelo Campos. **Igualdade e diferença:** Estado democrático de direito a partir do pensamento de Habermas. Belo Horizonte: Mandamentos, 2002. p. 131: "*No discurso, o convencimento é condicionado pela 'coação do melhor argumento', no sentido de que sua racionalidade consiste na submissão racional ao melhor argumento. Não se pode abrir mão do melhor argumento e deixar de acatá-lo sem deixar de ser 'racional' no discurso. Só se pode fazê-lo, portanto, recorrendo-se à ação estratégica. A racionalidade da própria argumentação está assentada em se acatar o melhor argumento (ou seja, aquele que possui melhores razões para resistir às críticas opostas), e quem entra em um discurso assume pragmaticamente a obrigação ilocucionária de acatá-lo. Por 'melhor argumento' devemos entender aquele que melhor resiste às críticas levantadas pelos outros envolvidos no discurso, o que significa que a determinação de qual seja o melhor argumento só pode ser apresentada no próprio discurso, pragmaticamente, e não de maneira absoluta e prévia à comunicação estabelecida na comunidade real de comunicação. Como lembra Habermas, o que seja uma 'boa razão' deverá ser decidido na própria argumentação (Habermas, 1996b: 50). Portanto, não devemos pensar em algo como um idealismo ou uma ontologização do melhor argumento. Os argumentos temporariamente tidos por melhores, sobretudo em uma sociedade pluralista, podem ser revistos diante de novos argumentos que resistam às críticas opostas de maneira ainda melhor*".

[496] Op. cit., p. 16: "(...) há casos em que a nova norma retroage. É o que acontece, por exemplo, no caso de nova norma penal mais benéfica para o réu. O mesmo se pode dizer das normas que versam sobre infrações tributárias e são mais benéficas ao infrator. Pois em casos assim, nos quais é admissível a retroação da nova norma, será perfeitamente possível que a alteração da tese jurídica consolidada em enunciado de súmula de jurisprudência dominante tenha eficácia retroativa".

[497] DERZI, Misabel Teixeira Machado. **Modificações da jurisprudência no Direito Tributário:** proteção da confiança, boa-fé objetiva e irretroatividade como limitações cons-

Já o contrário não é permitido, na medida em que o princípio da anterioridade, irmão siamês do princípio da proteção à confiança legítima, por se tratar de uma garantia, opera em favor do cidadão e se dirige contra o Estado, e não vice-versa.[498]

Disso resulta que sempre quando a viragem abrupta da jurisprudência ampliar o âmbito de proteção de um direito político fundamental[499], há de ser permitida a sua aplicação imediata ao caso concreto, sem que isso implique violação ao princípio da anterioridade eleitoral.

5.3. Prévia sinalização

O instituto processual da modulação de efeitos, como decorrência instrumental do postulado essencial da segurança jurídica, só tem sua razão de ser pela "*legítima confiança da sociedade*"[500] nos precedentes dos Tribunais.

Não se está a se falar, é necessário dizer, do marco zero interpretativo, que se configura quando, na ausência de qualquer precedente sobre determinada matéria, o Judiciário vai se pronunciar pela primeira vez sobre o tema.

titucionais ao Poder Judiciário de Tributar. São Paulo: Noeses, 2009, p. 552.

[498] É o que conclui Misabel T. M. Derzi (op. cit., p. 552): "*Seja o Estado legislador, administrador ou juiz, a irretroatividade somente pode ser invocada em favor do contribuinte*".

[499] Os professores alemães Bodo Pieroth e Bernhard Schlink, a propósito do assunto, trabalham com a ideia de *interpretação conforme aos direitos fundamentais*: "*Com o imperativo da* interpretação conforme aos direitos fundamentais, *estes direitos influenciam a interpretação e a aplicação da lei ordinária pelos tribunais e pela Administração. O esforço metodologicamente correto da interpretação de uma disposição do direito ordinário permite a cada passo diversas interpretações; e quando estão em causa cláusula gerais e conceitos jurídicos indeterminados, a jurisprudência e a Administração têm uma margem de interpretação especialmente ampla. Neste caso, a vinculação aos direitos fundamentais (art. 1º, n. 3) exige que a decisão a favor de uma ou de outra interpretação se oriente pelos direitos fundamentais. Essa decisão tem de fazer valer os direitos fundamentais e interpretar o direito ordinário de forma a proteger os direitos fundamentais e preservar e a promover a liberdade*". (Pieroth, Bodo; Schlink, Bernhard. **Direitos Fundamentais**. Tradução de António Francisco de Sousa e António Franco. São Paulo: Saraiva, 2012. p. 71-2).

[500] Câmara, Alexandre Freitas. op. cit., p. 16.

Nesses casos, evidentemente, há de se admitir a eficácia retroativa[501], haja vista que a função judicial, em casos que tais, é de esclarecer, pela primeira vez, a zona de incerteza normativa.

Diferente é a situação em que já há precedente estabelecido sobre o tema, quando então a sua superação poderá provocar contratempos, como advertia Benjamin Cardozo, para quem seria necessária a suspensão da eficácia retroativa do "*Direito criado pelos juízes*", quando "*o contratempo é grande demais ou desnecessário*".[502]

Como já dito ao longo das linhas anteriores, havendo precedentes sobre determinada matéria, a sociedade nutre por aqueles uma legítima expectativa de sua vigência e validade e, portanto, há de ser ressalvada, em nome da anterioridade normativa, a regularidade dos atos praticados sob a égide da orientação jurisprudencial dominante.

Do contrário, consoante ressalta Marinoni, "*[h]averia contradição em ter poder para elaborar e revogar precedente, cujo fim é orientar a sociedade, e não ter poder para tutelar as pessoas que se pautaram em precedente no qual era legítimo ou justo confiar*".[503]

Mas não é qualquer confiança que merece tutela. De acordo com Marinoni, exige-se "*uma confiança racionalmente aceitável*".[504] Daí que entram em cena duas hipóteses denotadoras da ausência de confiabilidade de um precedente, quais sejam: (*i*) prévia sinalização do Tribunal no sentido de que o tema será revisitado; e (*ii*) desgaste do precedente, assim compreendido quando "*deixa de ter congruência social, ancoragem na concepção geral do direito ou se mostra equivocado, e daí decorrem críticas doutrinárias e distinções inconsistentes na própria Corte*".

A técnica da sinalização, do inglês *technique of signaling*, consiste no reconhecimento, pelo Tribunal, do equívoco ou do desgaste do pre-

501 CARDOZO, Benjamin. op. cit., p. 108: "*Digo, portanto, que, na grande maioria das causas, o que se percebe é que o efeito retroativo do Direito criado pelos juízes não envolve nenhum contratempo, ou envolve somente o contratempo que é inevitável quando não se enunciou nenhuma norma*".

502 Op. cit., p. 108.

503 MARINONI, Luiz Guilherme. **Precedentes obrigatórios**, op. cit., p. 359.

504 Op. cit., p. 360.

cedente, sem, contudo, revogá-lo de imediato em nome da segurança jurídica.[505]

Na prática, "*embora não ocorra o* overruling, *entende-se necessário comunicar que o precedente, que até então orientava a atividade dos jurisdicionados e a estratégia dos advogados, será revogado*",[506] tudo de modo a evitar prejuízo aos interessados, os quais não poderão mais invocar, em seu favor, o argumento da legítima expectativa ou da confiança legítima.[507]

Exsurge daí, como bem registra Marinoni, a "*a grande importância devotada à classe dos advogados no sistema de* stare decisis"[508], haja vista serem estes profissionais os responsáveis pela pormenorizada análise dos precedentes, de forma a se verificar a sua força no dado momento histórico vivenciado.

Aliás, não só os advogados, mas todas as profissões jurídicas se destacam nesse sistema, aí incluídos membros do Ministério Público, juízes de grau inferior, defensores públicos, et cetera, os quais ficam cientificados[509] da perda de força do precedente objeto da sinalização, devendo se pautar, dali em diante, de acordo com este novo horizonte normativo.

Há quem critique a sua utilização, como é o caso de Lucas Buril de Macêdo[510], para quem a sinalização, a bem da verdade, ocasiona insegurança jurídica, na medida em que, embora dê ciência ao jurisdicionado de que determinado precedente não é confiável, por outro lado não esclarece ou orienta qual conduta a ser tomada, gerando um verdadeiro limbo jurídico.

505 "*Nesta hipótese, o tribunal não ignora que o conteúdo do precedente está equivocado ou não mais deve subsistir, mas, em virtude da segurança jurídica, deixa de revogá-lo, preferindo apontar para a sua perda de consistência e* sinalizar *para a sua futura revogação*" (Marinoni, Luiz Guilherme. **Precedentes obrigatórios**... op. cit., p. 238).

506 Marinoni, Luiz Guilherme. **Precedentes obrigatórios**... op. cit., p. 238-9.

507 Macêdo, Lucas Buril de. op. cit., p. 410-411: "*Qualquer sujeito que confiar no precedente para guiar suas ações, após a sinalização, fá-lo-á de forma injustificada, não merecendo, portanto, ter sua expectativa juridicamente tutelada. Há a transferência dos riscos dos prejuízos gerados pela superação do precedente, que passa a ser do jurisdicionado*".

508 Marinoni, Luiz Guilherme. **Precedentes obrigatórios**... op. cit., p. 239.

509 Eisenberg, Melvin Aron. **The nature of the common law**. Cambridge: Harvard University Press, 1991. p. 122.

510 Op. cit., p. 411: "*A técnica da sinalização é, bem vistas as coisas, um meio de afastar a segurança de uma regra, sem estabelecer a segurança em outra*".

O Tribunal Superior Eleitoral, ainda que de forma um tanto quanto heterodoxa, já utilizou a técnica da sinalização no conhecido caso de Quatá/SP (REspe nº 49-32, Rel. Min. Luciana Lóssio), ocasião em que assinalou, no item 6 da ementa do julgado, o seguinte:

> Nos termos do voto do Ministro Herman Benjamin, a jurisprudência do Tribunal Superior Eleitoral merece revisão, para eleições vindouras, com a fixação da tese de que não se exige, para a incidência da inelegibilidade do art. 1º, I, *l*, da LC 64/90, que a suspensão de direitos políticos por ato doloso de improbidade administrativa decorra, cumulativamente, de enriquecimento ilícito e dano ao erário. Contudo, na ótica da maioria, além de não ser possível adotar tal interpretação, descabe indicar, desde logo, alteração da jurisprudência para pleito vindouro, pois não é possível vincular o entendimento de colegiado cuja composição será diversa, em razão da renovação natural que é característica desta Justiça.[511]

É de ser criticada a utilização do *signaling* no caso em referência, na medida em que não refletiu a vontade da Corte Superior Eleitoral, mas apenas do voto-vencido do Ministro Herman Benjamin, como bem se vê dos debates:

> O SENHOR MINISTRO NAPOLEÃO NUNES MAIA FILHO: Não foi assim que o Ministro Herman Benjamin votou, acompanhando a relatora? E sinalizando *ad futurum?*
> O SENHOR MINISTRO HERMAN BENJAMIN: Exatamente.
> O SENHOR MINISTRO NAPOLEÃO NUNES MAIA FILHO: Provável, possível.
> O SENHOR MINISTRO GILMAR MENDES (presidente): Talvez no futuro tenhamos uma outra lei.
> O SENHOR MINISTRO NAPOLEÃO NUNES MAIA FILHO: Acompanhamos a Ministra Luciana Lóssio. Fez essa sinalização.
> O SENHOR MINISTRO GILMAR MENDES (presidente): Inclusive como essa sinalização. Portanto, é disso que se cuida. Acompanho a relatora.

[511] Op. cit., p. 2.

A SENHORA MINISTRA LUCIANA LÓSSIO (relatora): Senhor Presidente, inclusive, trarei alguns fundamentos, em razão da riqueza do debate, e colocarei alguns fundamentos no meu voto.
O SENHOR MINISTRO GILMAR MENDES (presidente): Para deixar claro o rechaço da maioria em relação a essa proposta.
O SENHOR MINISTRO HENRIQUE NEVES DA SILVA: Se Vossa Excelência me permite, valeria a pena constar da ementa a posição divergente, mais uma afirmação de que foi mantido esse entendimento para essas eleições. Ainda que se faça referência à posição divergente.
O SENHOR MINISTRO HERMAN BENJAMIN: Senhor Presidente, esse ponto trazido pelo Ministro Henrique Neves da Silva é muito importante, porque se saírem publicados somente os dois votos, parece que a posição do Tribunal Superior Eleitoral é tudo ou nada. E não é bem assim. Eu não fiz constar do meu voto, porque o meu voto não ia por esta linha. Mas a posição do TSE tem este discrímen, este complemento, que o Ministro Henrique Neves, na sua intervenção, deixou muito claro, e acredito que seria importante constar da própria ementa do voto da eminente relatora.
A SENHORA MINISTRA LUCIANA LÓSSIO (relatora): Irei acrescentar, na linha do que fizemos na época da discussão acerca da alínea *d*. Não fixamos tese para o futuro, apenas sinalizamos uma possível discussão no que toca ao enquadramento da inelegibilidade.

A longa transcrição se revela imprescindível para se confirmar o caráter heterodoxo da sinalização no caso em análise, pois não foi uma posição da Corte Superior Eleitoral, já que mantinha o precedente. Na verdade, na ementa constou a posição singular do Ministro Herman Benjamin, sinalizando que o Tribunal poderia possivelmente reabrir a discussão, o que não é propriamente o caso da sinalização nos moldes da *common law*, a qual exige uma posição mais contundente da Corte[512] a propósito do desgaste ou da perda de força do precedente.

[512] Marinoni, Luiz Guilherme. **Precedentes obrigatórios**... op. cit., p. 244: "(...) *a decisão que adota a técnica da sinalização não revoga o precedente, embora reconheça o equívoco da sua* ratio decidendi".

Em outro caso, entretanto, o Tribunal Superior Eleitoral sinalizou de forma bem mais clara, qual seja, o Recurso Ordinário nº 0600451-83/AL, julgado em 27 de novembro de 2018.

Resumidamente, a Corte se posicionou pela manutenção do deferimento do registro – deferido pelo TRE-AL – do candidato que, embora condenado pelo Tribunal de Justiça alagoano, obtivera, no âmbito do Superior Tribunal de Justiça, liminar (monocrática) suspensiva dos efeitos da condenação. Houve sinalização, contudo, de *overruling*, de forma a se revogar a Súmula 44, que assim dispõe: "*O disposto no art. 26-C da LC nº 64/1990 não afasta o poder geral de cautela conferido ao magistrado pelo Código de Processo Civil*".

No caso apreciado, vencido o Relator, Ministro Luiz Edson Fachin, a Corte Superior manteve sua jurisprudência, cristalizada no aludido verbete, no sentido de que a suspensão da causa de inelegibilidade pode ser feita não só na ritualística do artigo 26-C da Lei das Inelegibilidades, mas também monocraticamente por um membro de tribunal, no exercício do poder geral de cautela.

O primeiro a votar após o relator, Ministro Jorge Mussi (o qual abriu a divergência), se restringiu a obedecer a jurisprudência sumulada, relembrando o julgamento do Ag.Rg. no RO 0600295-95/AL, rel. min. Roberto Barroso, julgado em 20 de novembro de 2018.

O terceiro a votar, o Ministro Luís Felipe Salomão se reservou a respeitar a orientação do TSE. Já o quarto vogal, Ministro Admar Gonzaga, é o responsável pela técnica processual da sinalização, porquanto abriu o debate a propósito da necessidade de rediscutir a temática envolvida no verbete.

O Ministro Admar Gonzaga denunciou aquilo que, em seu entender, se traduz num armazenamento tático de pleitos liminares, criando situações artificiais de urgência. Decisões liminares estas que são concedidas às vésperas do pleito e acabam por ser revogadas dias após a data da eleição. Em aparte, o ministro Fachin ressalta que medidas liminares não são propriamente garantidoras de estabilidade.

Quinto a votar, o Ministro Tarcísio Vieira de Carvalho Neto desceu às origens do verbete 44/TSE, qual seja, à Questão de Ordem na Ação Cautelar 1.420-85, rel. min. Marcelo Ribeiro, em que o tribunal, por unanimidade, assentou a competência do relator para apreciar liminar suspensiva de inelegibilidades.[513]

De qualquer forma, o Ministro Tarcísio analisou os fundamentos da decisão monocrática para concluir para sua validade para os fins pretendidos (suspensão de inelegibilidade), o que abrirá, no futuro, outra discussão que poderá implicar em outro *overruling*.[514]

Sexto a votar, o ministro Luís Roberto Barroso foi a voz mais contundente contra o verbete 44/TSE, pois asseverou que o voto do Ministro Edson Fachin era materialmente o mais correto:

> Acho muito ruim que uma decisão colegiada que preenche os requisitos da Lei da Ficha Limpa possa ser monocraticamente revogada para permitir o registro da candidatura depois de um julgado de primeiro grau e de segundo grau. De modo que eu, na linha do que já foi observado pelo Min. Admar Gonzaga, acho, sim, que para preservar a Lei da Ficha Limpa, nós deveríamos exigir que a eventual suspensão da condenação que gera a inelegibilidade só possa ser proferida por órgão colegiado.[515]

[513] "*QUESTÃO DE ORDEM. AÇÃO CAUTELAR. SUSPENSÃO. EFEITOS. ACÓRDÃO RECORRIDO. INELEGIBILIDADE. ART. 26-C DA LC Nº 64/90. DECISÃO MONOCRÁTICA. RELATOR. PODER GERAL DE CAUTELA. VIABILIDADE. 1. Compete ao relator do feito decidir monocraticamente pedido de liminar em ação cautelar. 2. O disposto no art. 26-C da LC nº 64/90, inserido pela LC nº 135/2010, não afasta o poder geral de cautela conferido ao juiz pelo art. 798 do CPC, nem transfere ao Plenário a competência para examinar, inicialmente, pedido de concessão de medida liminar, ainda que a questão envolva inelegibilidade*". (BRASIL. Tribunal Superior Eleitoral. **Questão de Ordem na Ação Cautelar nº 1420-85.2010.6.00.0000 – Classe 1 – Campos dos Goytacazes – Rio de Janeiro.** Questão de Ordem. Ação Cautelar. Suspensão. Efeitos. Acórdão Recorrido. Inelegibilidade. Art. 26-C Da LC nº 64/90 [...]. Relator: Min. Marcelo Ribeiro, acórdão de 20 de junho de 2010. Disponível em: http://www.tse.jus.br/jurisprudencia/decisoes/jurisprudencia. Acesso em: 12 jan. 2019.).

[514] Qual seja, se a Justiça Eleitoral pode avaliar o acerto ou desacerto da decisão de outros Tribunais para fins de reconhecimento, ou não, de causa de inelegibilidade, o que, segundo a Súmula 41/TSE, não é permitido.

[515] À época do presente registro, o acórdão não havia sido publicado. São anotações livres realizados quando do julgamento do recurso que podem ser conferidas no canal do youtube da Justiça Eleitoral: https://www.youtube.com/watch?v=XJC_BalxRkk&t=10549s.

Todavia, por questões formais, isto é, em razão dos precedentes do TSE, inclusive de sua relatoria, votou com a divergência. Mas, ao final de seu voto, propôs a revisitação administrativa da Súmula 44/TSE.

Última a votar, a presidente Rosa Weber reafirmou o entendimento pretoriano do TSE, ao argumento de que o poder geral de cautela exercido por um magistrado suspende a eficácia da decisão causadora da inelegibilidade.

De se ver, após o breve relato do julgamento, que ao menos três ministros discordam frontalmente da permanência da Súmula nº 44/TSE (Edson Fachin, Admar Gonzaga e Luís Roberto Barroso). O ministro Og Fernandes, titular, não participou do julgamento por se declarar suspeito (o substituiu o ministro Luís Felipe Salomão). O ministro Jorge Mussi e o ministro Tarcísio Vieira de Carvalho não se manifestaram propriamente sobre o acerto da Súmula 44/TSE. Em sua defesa restou isolada a presidente da Corte, ministra Rosa Weber.

A despeito da dúvida remanescente, natural em casos de sinalização, não se pode concordar com Lucas Buril de Macêdo no sentido de que o jurisdicionado ficaria totalmente desamparado do ponto de vista normativo.

Com efeito, o caso paradigma retrata que há norte a ser seguido, a saber: a ritualística do artigo 26-C da Lei Complementar nº 64/1.990, o qual só admite suspensão colegiada da causa de inelegibilidade. Em outras palavras, o exemplo do precedente no qual se utilizou a técnica da sinalização evidencia que aos advogados fica clara a orientação sinalizada pelo Tribunal Superior Eleitoral, qual seja, a de que liminares monocráticas são insuficientes para fins de suspensão de causa de inelegibilidade, cabendo-lhes convencer o órgão plural ao qual o recurso foi dirigido.

No âmbito do Direito Eleitoral, portanto, o *signaling* tem a finalidade precípua de comunicar aos *players* eleitorais (candidatos, eleitores e partidos políticos), bem ainda à comunidade jurídica (advogados, juízes de grau inferior, membros do Ministério Público e corpo de analistas judiciários), que determinado precedente ou jurisprudência sumulada está em vias prováveis de ser revogado(a).

Caso pouco mais delicado, sensível e complexo é a hipótese do desgaste do precedente, o que, se bem demonstrado, poderá autorizar a eficácia retroativa[516] do *overruling* limitador dos direitos políticos.

5.4. Desgaste inequívoco do precedente

Ao lado da sinalização, o desgaste do precedente, quando inequívoco, implica em ausência de legítima confiança por parte do cidadão, não havendo espaço, portanto, para a modulação de efeitos.

É bom lembrar, entretanto, que a questão não é tão simples. No âmbito da *common law*, como bem registra Neil Duxbury, a recusa, por parte de um juiz, de seguir um precedente é tão grave como o descumprimento de uma obrigação moral, cuja aceitação ocorrerá apenas mediante razões convincentes.[517]

Guardadas as devidas proporções[518], em *terrae brasilis* o raciocínio deve ser idêntico, sobremodo após o advento do sistema de precedentes à brasileira inaugurado pelo Novo Código de Processo Civil, diploma este que exige fundamentação específica para a recusa de aplicação de um precedente.[519]

Portanto, não há de se ter por violado o princípio da anterioridade quando o precedente no qual se depositou confiança já estiver com sua

[516] Ao contrário do que se pensa, também nos Estados Unidos da América a eficácia prospectiva do *overruling* é, guardas as devidas proporção, uma novidade. É o que diz Marinoni (op. cit., p. 243) e, com mais propriedade, Eisenberg (op. cit., p. 127-8).

[517] Duxbury, Neil. **The nature and authority of precedent**. Cambridge: Cambridge University Press, 2008. p. 113. No original: "*If a judge says that the precedent should not be followed, it is expected that he hill say why it should not be followed. Refusal to follow a precedent is thus analogous to refusal to comply a moral obligation, such as keeping a promise: the obligation is not absolute, but a justifiable refusal to comply must be supported by certain kinds of reasons*".

[518] Feloniuk, Wagner Silveira; Kayser, Kevin Bertamoni. A Constante Superação de Precedentes. *In*: **Teorias da decisão e realismo jurídico**. Florianópolis: CONPEDI, 2015. p. 22: "*Leis podem criar artificialmente o dever de seguir precedentes obrigatórios, mas a diferença de treinamento e de visão que os juízes têm sobre sua atuação acaba por gerar uma grande diferença prática*".

[519] O inciso VI, do §1º, do artigo 489 glosa de nulidade a sentença que "*deixar de seguir enunciado de súmula, jurisprudência ou precedente invocado pela parte, sem demonstrar a existência de distinção no caso em julgamento ou a superação do entendimento*".

autoridade esvaziada, isto é, quando o precedente estiver "desgastado", para usar a expressão da *common law*.

O desgaste de um precedente, segundo salienta Marinoni[520], pode decorrer: (i) de perda de congruência social[521]; (ii) ausência de ancoragem na concepção geral do direito[522]; ou (iii) se mostrar equivocado[523-524], decorrendo daí críticas doutrinárias e distinções inconsistentes por parte da própria Corte que o estabeleceu. Lucas Buril de Macêdo,

520 Marinoni, Luiz Guilherme. **Precedentes obrigatórios**, op. cit., p. 360.

521 Portes, Maira. Instrumentos para revogação de precedentes no sistema de Common Law. *In*: Marinoni, Luiz Guilherme (coord.). **A força dos precedentes**: estudos dos cursos de Mestrado e Doutorado em Direito Processual Civil da UFPR. Salvador: Juspodivm, 2010. p. 112: "(...) *uma doutrina socialmente incongruente e sistematicamente inconsistente não pode servir de base para futuras regras ou acordos institucionais*".

522 Larenz, Karl. op. cit., p. 498: "*A alteração da situação normativa pode assim conduzir à modificação – restrição ou extensão – do significado da norma até aqui prevalecente. De par com a alteração da situação normativa, existem factos tais como, sobretudo, modificações na estrutura da ordem jurídica global uma nítida tendência da legislação mais recente, um novo entendimento da ratio legis ou dos critérios teleológico-objectivos, bem como a necessidade de adequação do Direito pré-constitucional aos princípios constitucionais, que podem provocar uma alteração de interpretação. Disto falámos nós já. Os tribunais podem abandonar a sua interpretação anterior porque se convenceram que era incorrecta, que assentava em falsas suposições ou em conclusões não suficientemente seguras. Mas ao tomar em consideração o factor temporal, pode também resultar que uma interpretação que antes era correcta agora não o seja*".

523 Gerhardt, Michael. **The power of precedent**. New York: Oxford Univerisy Press, 2008. p. 19; Mitidiero, Daniel. **Precedentes**... op. cit., p. 115.

524 Larenz, Karl. op. cit., p. 506-7: "*Para averiguar a opinião jurídica do tribunal não se dispõe em regra de outra fonte de conhecimento que não seja a própria sentença reduzida a escrito. São aqui decisivos, portanto, o sentido literal e o contexto significativo. Em relação ao sentido literal, há-de atender-se sobretudo ao uso lingüístico geral; o contexto significativo inclui também a situação de facto sobre o qual o tribunal julgou. Não raras vezes surgem contradições ou lacunas na cadeia de fundamentação. Então há-de perguntar-se se existe, adentro dos limites do sentido literal possível e do contexto significativo, uma interpretação possível que elimine a contradição e supere as lacunas. Se é este o caso, e resulta deste modo um sentido racional, a sentença deve ser interpretada nessa conformidade. Pois que, em caso de dúvida, tem que se partir de que o tribunal, mesmo quando a fundamentação é deficiente, pensou consequentemente, intentou uma conexão de ideias sem lacunas Se não for possível, por via da interpretação – adentro daqueles limites que foram indicados –, eliminar a contradição e complementar o passo intermédio que falta da conexão de ideias, esta contatação é já sinônimo de uma crítica da sentença*".

por sua vez, sucintamente registra que a superação de precedentes se dá "*na mudança de contexto ou no erro*".[525]

Tais hipóteses autorizadoras da superação de um precedente, replicadas no Brasil não só por Marinoni, mas também por Daniel Mitidiero[526], são referidas, na doutrina do *common law*, como *basic overruling principle*, tendo em Eisenberg[527] o seu corifeu.

Quanto à primeira hipótese, um precedente não tem mais congruência social "*quando passa a negar proposições morais, políticas e de experiência*".[528] Esta se subdivide, como bem se percebe, em 3 (três) possibilidades.

No tocante à moral, "é possível dizer que as proposições morais determinam uma conduta como certa ou errada a partir do consenso moral geral da comunidade".[529] No âmbito brasileiro, exemplifica tal hipótese o posicionamento do Ministro Luís Roberto Barroso no julgamento do AgR no REspe nº 310-48, proveniente de Seberi-RS, julgado em 26 de fevereiro de 2019.

O Tribunal Regional Eleitoral do Rio Grande do Sul, à unanimidade, negou a cassação do mandato eletivo de candidato a Prefeito que depositou grande quantidade de dinheiro em espécie na sua conta de campanha, ao argumento de que não foi comprovada a origem ilícita dos recursos e de que o referido postulante teria lastro para a doação.

O Ministro Relator Jorge Mussi manteve o acórdão do Regional, pois a jurisprudência realmente se coloca no sentido de que tal prática, embora se dê ao arrepio das normativas que exigem transferência eletrônica, não conduz à cassação dos mandatos em caso de não comprovação das ilicitude da origem e quando o doador tiver lastro financeiro para tanto.

Ao entender pela irregularidade e abusividade de depósito em dinheiro em conta de campanha pelo próprio candidato, o Ministro Luís Roberto Barroso recorreu ao senso moral da comunidade brasileira, ao lembrar, em seu voto-vista, que uma parcela considerável de "*transações irregulares realizadas no país envolve dinheiro em espécie, pela dificuldade de ras-*

525 Op. cit., p. 406.
526 MITIDIERO, Daniel. **Precedentes**... op. cit., p. 115 e seguintes.
527 Op. cit., p. 104-5.
528 MARINONI, Luiz Guilherme. **Precedentes obrigatórios**... op. cit., p. 253.
529 Idem.

treamento. Digo eu, a vida brasileira precisa de um choque de senso comum. Negócios lícitos não se fazem com a circulação de milhares de reais em dinheiro vivo".[530]

No tocante à política, o interesse já não mais guarnecido pelo precedente que perdeu aderência é o "*bem-estar geral*" da comunidade, isto é, o conteúdo político da decisão já não é mais bom para a generalidade da sociedade.

Aqui há uma infinidade de exemplos no âmbito brasileiro. Por todos, cita-se o caso da proibição do financiamento de campanhas por pessoas jurídicas, tal qual decidida pelo Supremo Tribunal Federal na ADI 4.650. Depois de anos permitindo a doação de empresas, a Corte Suprema a proibiu, a partir das eleições de 2016, ao argumento de que a doação por pessoas jurídicas a campanhas eleitorais, "*antes de refletir eventuais preferências políticas, denota um agir estratégico destes grandes doadores, no afã de estreitar suas relações com o poder público, em pactos, muitas vezes, desprovidos de espírito republicano*".[531]

Na prática, o guardião da Constituição entendeu que a continuação da doação empresarial aos partidos e candidatos seria politicamente desastrosa para o país, razão pela qual optou por superar esse entendimento, prolatando a decisão acima referida.

No que atine às proposições de experiência, Marinoni assevera que, embora devam ter ancoragem social, tais quais as de natureza moral e política, não necessitam ter base na generalidade da comunidade, pois "*as proposições de experiência podem dizer respeito a assuntos técnicos, de interesse e conhecimento de poucos*",[532] devendo, justamente por isso, encontrar fundamento em outra seara, como em posições de *experts* e especialistas.

Um caso plausível incluído entre as proposições de experiência, idealizado por Marinoni[533], diz respeito à evolução da tecnologia, o que se poder dar, complemente-se a hipótese do autor, pela passagem da fase do

530 Voto disponível em: https://www.youtube.com/watch?v=AoLgA_dV6Gw. O processo não se concluiu em razão do pedido de vista do Ministro Og Fernandes.

531 BRASIL. Supremo Tribunal Federal. **ADI 4650 Distrito Federal.** Direito Constitucional e Eleitoral. Modelo normativo vigente de financiamento de campanhas eleitorais [...]. Relator Min. Luiz Fux, de 17 de setembro de 2015. Disponível em: http://portal.stf.jus.br/processos/detalhe.asp?incidente=4136819. Acesso em: 12 jan. 2019.

532 Marinoni, Luiz Guilherme. op. cit., p. 253.

533 Op. cit., p. 260.

processo jurisdicional físico para o processo eletrônico, e todos os desdobramentos daí decorrentes.

A ausência de ancoragem na concepção geral do direito se traduz na superveniência de "*uma nova concepção geral em termos de teoria ou dogmática jurídica, a evidenciar que aquilo que se pensava acerca de uma questão ou instituto jurídico se alterou*".[534] Isto é, se os alicerces que sustentavam o precedente se desmoronaram, evidentemente que sua superação será iminente.

Uma hipótese ilustrativa do caso diz respeito ao entendimento do Supremo Tribunal Federal a respeito do trânsito em julgado em sede de processo sancionador. Como cediço, em 2016 a Corte alterou sua jurisprudência, passando a entender que a sentença penal condenatória pode ser provisoriamente executada tão logo encerrada a fase processual ordinária, isto é, com o encerramento das instâncias ordinárias (geralmente coincidente com a manifestação do Tribunal de Apelação).

> Eis o julgado:
> CONSTITUCIONAL. RECURSO EXTRAORDINÁRIO. PRINCÍPIO CONSTITUCIONAL DA PRESUNÇÃO DE INOCÊNCIA (CF, ART. 5º, LVII). ACÓRDÃO PENAL CONDENATÓRIO. EXECUÇÃO PROVISÓRIA. POSSIBILIDADE. REPERCUSSÃO GERAL RECONHECIDA. JURISPRUDÊNCIA REAFIRMADA. 1. Em regime de repercussão geral, fica reafirmada a jurisprudência do Supremo Tribunal Federal no sentido de que a execução provisória de acórdão penal condenatório proferido em grau recursal, ainda que sujeito a recurso especial ou extraordinário, não compromete o princípio constitucional da presunção de inocência afirmado pelo artigo 5º, inciso LVII, da Constituição Federal. 2. Recurso extraordinário a que se nega provimento, com o reconhecimento da repercussão geral do tema e a reafirmação da jurisprudência sobre a matéria.[535]

[534] MARINONI, Luiz Guilherme. **Precedentes obrigatórios**... op. cit., p. 260.

[535] BRASIL. Supremo Tribunal Federal. **Repercussão Geral no Recurso Extraordinário com Agravo 964.246 São Paulo.** Constitucional. Recurso Extraordinário. Princípio Constitucional da Presunção de Inocência (CF, art. 5º, LVII) [...]. Relator: Min. Teori Zavascki, acórdão de 10 de novembro de 2016. Disponível em: http://portal.stf.jus.br/processos/detalhe.asp?incidente=4966379. Acesso em: 12 jan. 2019.

Com a nova concepção geral do tema, com o retorno[536] – e não reafirmação – de uma jurisprudência que já havia sido ultrapassada em 2009, ninguém se surpreenderá se os Tribunais passarem a entender que os direitos políticos, em caso de improbidade administrativa[537], se suspenderão não mais com o trânsito em julgado, mas apenas com o acórdão proferido em grau recursal, a exemplo da sistemática da LC nº 135/2.010 e, sobretudo, ante a nova concepção geral atinente ao trânsito em julgado das questões fáticas[538] adotada pelo Supremo Tribunal Federal.

536 "*O retorno à compreensão emanada anteriormente pelo Supremo Tribunal Federal, no sentido de conferir efeito paralisante a absolutamente todas decisões colegiadas prolatadas em segundo grau de jurisdição, investindo os Tribunais Superiores em terceiro e quarto graus, revela-se inapropriado com as competências atribuídas constitucionalmente às Cortes de cúpula. (...)*". (BRASIL. Supremo Tribunal Federal. **Medida cautelar na Ação Declaratória de Constitucionalidade 43 Distrito Federal.** Medida cautelar na Ação Declaratória de Constitucionalidade. Art. 283 do Código de Processo Penal [...]. Relator: Min. Marco Aurélio, acórdão de 05 de outubro de 2016. Disponível em: http://portal.stf.jus.br/processos/detalhe.asp?incidente=4986065. Acesso em 12 jan. 2019.).

537 Constituição Federal: "*Art. 15. É vedada a cassação de direitos políticos, cuja perda ou suspensão só se dará nos casos de: (...) V – improbidade administrativa, nos termos do art. 37, § 4º*".

538 "*(...) 1. No julgamento do Habeas Corpus 126.292/SP, a composição plenária do Supremo Tribunal Federal retomou orientação antes predominante na Corte e assentou a tese segundo a qual "A execução provisória de acórdão penal condenatório proferido em grau de apelação, ainda que sujeito a recurso especial ou extraordinário, não compromete o princípio constitucional da presunção de inocência afirmado pelo artigo 5º, inciso LVII da Constituição Federal". 2. No âmbito criminal, a possibilidade de atribuição de efeito suspensivo aos recursos extraordinário e especial detém caráter excepcional (art. 995 e art. 1.029, § 5º, ambos do CPC c/c art. 3º e 637 do CPP), normativa compatível com a regra do art. 5º, LVII, da Constituição da República. Efetivamente, o acesso individual às instâncias extraordinárias visa a propiciar a esta Suprema Corte e ao Superior Tribunal de Justiça exercer seus papéis de estabilizadores, uniformizadores e pacificadores da interpretação das normas constitucionais e do direito infraconstitucional. 3. Inexiste antinomia entre a especial regra que confere eficácia imediata aos acórdãos somente atacáveis pela via dos recursos excepcionais e a disposição geral que exige o trânsito em julgado como pressuposto para a produção de efeitos da prisão decorrente de sentença condenatória a que alude o art. 283 do CPP. (...) 6. Declaração de constitucionalidade do art. 283 do Código de Processo Penal, com interpretação conforme à Constituição, assentando que é coerente com a Constituição o principiar de execução criminal quando houver condenação assentada em segundo grau de jurisdição, salvo atribuição expressa de efeito suspensivo ao recurso cabível. 7. Medida cautelar indeferida*". (BRASIL. Supremo Tribunal Federal. **Medida cautelar na Ação Declaratória de Constitucionalidade 43 Distrito Federal.** Medida cautelar na Ação Declaratória de Constitucionalidade. Art. 283 do Código de Processo Penal [...].

Se o bem mais valioso do ser humano depois da vida, que é a liberdade, pode ser restringida com decisão proferida em grau recursal, não haveria razão para não se executar provisoriamente a suspensão dos direitos políticos decretada em decisão de segundo grau, ainda que pendentes recursos de natureza extraordinária.

Portanto, após essa nova concepção geral do tema, não parece razoavelmente justificada a confiança de algum cidadão nos precedentes dos Tribunais que indicavam para a necessidade de trânsito em julgado para a suspensão dos direitos políticos.

Há, por fim, a questão do *erro* ou *equívoco* do precedente, hipótese mais difícil de se operar, pois exige que o equívoco seja "*claro, evidente, de modo a dar à Corte a nítida ideia de que a perpetuação do precedente constituirá uma injustiça*".[539]

Esperar que um Tribunal pátrio reconheça a ocorrência de um erro crasso, categórico, elementar em sua jurisprudência é verdadeiramente um ato de fé, dado o que ordinariamente acontece nas Cortes brasileiras.

Feita essa breve explanação sobre as hipóteses de superação, importa advertir que para que não se possa falar em legítima expectativa do jurisdicionado nos precedentes das Cortes Supremas, de modo a negar-lhe o amparo estatal consistente na fixação de eficácia prospectiva da viragem jurisprudencial, é necessário que se demonstre um fator adicional às hipóteses acima mencionadas, as quais, ordinariamente, simplesmente justificam o *overruling*.

Por exemplo, Lucas Buril de Macêdo se refere ao desgaste institucionalizado do precedente, onde o "*estado de coisas não preserva sequer a segurança jurídica*", isto é, "*não se pode estabelecer confiança juridicamente tutelável em precedentes que são irregularmente aplicados*".[540]

Ao analisar os efeitos da revogação do precedentes, Marinoni adverte que no caso de as Cortes ou mesmo a doutrina já "*tenham advertido para o equívoco do precedente ou apontado para a sua conveniente ou provável revogação, não há confiança* justificada *ou confiança capaz de fazer acreditar que os jurisdi-*

Relator: Min. Marco Aurélio, acórdão de 05 de outubro de 2016. Disponível em: http://portal.stf.jus.br/processos/detalhe.asp?incidente=4986065. Acesso em 12 jan. 2019.).

539 Marinoni, Luiz Guilherme. **Precedentes obrigatórios**... op. cit., p. 260.

540 Macêdo, Lucas Buril de. op. cit., p. 397.

cionados tenham, legitimamente, traçado os seus comportamentos e atividades de acordo com o precedente".[541]

Ou seja, é imprescindível que fique bem clara, com razoável dose de certeza, a manifesta desatualização (*decorrente da perda de congruência social* ou *ausência de ancoragem normativa*) ou o equívoco chapado e manifesto do precedente no qual inadvertidamente o jurisdicionado se baseou.

Tais hipóteses, em especial a última, não podem ser definidas *a priori*, dependendo, portanto, das nuances e circunstâncias de cada caso. A única certeza é a invariável exigência de pormenorizada e analítica fundamentação por parte do juiz ou Tribunal que, ao não aplicar o precedente, aplique eficácia *ex tunc* à sua decisão.

5.5. Conclusão parcial

Ao se referir aos precedentes das Cortes Supremas, Marinoni assevera que "*não têm caráter retroativo, derivado da declaração da lei, mas estão preocupados com o futuro, em orientar os jurisdicionados e em servir de critério para as vindouras decisões judiciais*".[542]

É que, muito embora a revogação de um precedente (*overruling*) nos moldes da *common law* tenha, via de regra, eficácia retroativa, a prática judicial americana tem evidenciado, recentemente, uma maior preocupação com a retroatividade na decisão revogadora de precedente.[543]

Isso serve de exemplo para o caso brasileiro, sobremodo no que atine ao campo dos precedentes eleitorais e seu subsistema dos direitos políticos, marcados pelo princípio da tipicidade das hipóteses de restrição ao sufrágio passivo, a exigir clareza e anterioridade das causas impeditivas.

Essa especialidade decorrente da tutela dos direitos políticos de participação nas decisões coletivas, com a exigência de anterioridade normativa das causas de impedimento, inverte a lógica geral de superação de precedentes, comumente retroativa, importando no dever de os Tribunais Eleitorais atribuírem eficácia prospectivas às decisões que superarem prévios entendimentos a propósito dos temas inerentes aos sufrágios passivo e ativo.

541 MARINONI, Luiz Guilherme. **Precedentes obrigatórios**... op. cit., p. 271.
542 MARINONI, Luiz Guilherme. **Precedentes obrigatórios**... op. cit., p. 80.
543 Idem, p. 271.

Isso não se observa, entretanto, no caso de a nova decisão ampliar o espectro do direito fundamental de participação no processo eleitoral, na medida em que o exercício desse direito fundamental tem primazia em relação ao postulado da segurança jurídica, o qual é idealizado em favor do cidadão e contra o Estado, e não vice-versa.

Não existe um direito difuso da sociedade na manutenção de um precedente limitador de um direito fundamental do cidadão. Nesses casos, a estabilidade cede espaço para a evolução progressista do Direito, pois os direitos fundamentais, enquanto espécie de direitos do homem, são informados pelo caráter preferencial.[544]

Nessa hipótese específica, o que se verifica é um conflito entre o exercício otimizado do direito fundamental, de um lado, e a estabilidade das decisões judiciais, enquanto corolário lógico da segurança jurídica, de outro. Neste cenário, a exceção à regra da irretroatividade da viragem abruta da jurisprudência é de natureza valorativa; substancial, ligada à ideia de ampliação do exercício de um direito fundamental que num primeiro momento estava mais limitado.[545]

Por outro lado, agora sob o ponto de vista procedimental; formal, o direito de proteção do cidadão à legítima confiança e expectativa nos atos estatais não pode ser protegido quando a orientação pretoriana na qual se confiou não mais gozava de autoridade no momento da realização do

[544] Alexy centra seu constitucionalismo discursivo na ideia de direitos do homem como direitos preferenciais: "*O direito do homem ao direito positivo não é um direito do homem ao direito positivo de qualquer conteúdo, mas a um direito positivo que respeita, protege e fomenta os direitos do homem, porque é justamente o asseguramento dos direitos do homem que fundamenta o direito do homem ao direito positivo. A observância dos direitos do homem é uma condição necessária para a legitimidade do direito positivo. Nisto, que o direito positivo deve respeitar, proteger e fomentar os direitos do homem para ser legítimo, portanto, para satisfazer sua pretensão de correção, expressa-se a prioridade dos direitos do homem*". (ALEXY, Robert. **Constitucionalismo Discursivo**. Tradução e Organização: Luís Afonso Heck. 4. ed. rev. Porto Alegre: Livraria do Advogado, 2015. p. 47).

[545] Após reconhecer a origem alemã desta técnica de interpretação (isto é, *interpretação conforme à Constituição*), Luís Roberto Barroso registra: "*Como técnica de interpretação, o princípio impõe a juízes e tribunais que interpretem a legislação ordinária de modo a realizar, da maneira mais adequada, os valores e fins constitucionais. Vale dizer: entre interpretações possíveis, deve-se escolher a que tem mais afinidade com a Constituição*" (BARROSO, Luís Roberto. **Curso de Direito Constitucional Contemporâneo**. 5. ed. São Paulo: Saraiva, 2016. p. 336).

ato jurídico. Aqui, a autoridade em si do precedente já não mais existe, não havendo a necessidade de se proceder à ponderação de valores.

Uma hipótese de não observância do postulado da segurança jurídica se dá quando as Cortes utilizam a técnica da sinalização em seus julgados, mantendo sua jurisprudência por questões de segurança jurídica, sinalizando aos jurisdicionados, contudo, que a partir de então o precedente já não detém mais autoridade.

Parece lógica, nesses casos, a possibilidade aplicação retroativa de novo entendimento pretoriano, eis que o precedente superado já não gerava mais, no jurisdicionado que tomou determinada conduta após a sinalização, uma genérica expectativa de sua aplicação.

Outra possibilidade, esta já de complexidade muito maior, se dá no caso de "superação" de um precedente inequivocamente desgastado, sendo que nesta última ocasião haver-se-á de demonstrar a absoluta ausência de segurança jurídica tutelável pelo Tribunal, isto dada a inequívoca perda de autoridade do precedente, o que não é possível antever ou classificar *a priori*, a depender, portanto, do contexto do caso.[546]

[546] Sobre a plasticidade dos precedentes, confira-se o posicionamento dworkiniano de Juraci Mourão Lopes Filho: "(...) *Dworkin aceita a ideia de que os precedentes fornecem padrões que exerçam influência nas decisões posteriores, uma vez que 'contribuem na formulação de regras novas e controvertidas de uma maneira distinta do que no caso da interpretação'. Refuta, porém, a noção de que isso de dê nos moldes de uma norma legislativa que se impõe inarredavelmente por simplesmente ter sido posta por um tribunal, ficando a depender da ocorrência de outros fatores que aumentam ou diminuem a influência sobre o caso posterior*" (LOPES FILHO, Juraci Mourão. **Os precedentes judiciais no Constitucionalismo Brasileiro Contemporâneo**. 2. ed. rev. e atual. Salvador: Juspodivm, 2016. p. 69).

CONCLUSÕES

O ponto de partida da presente obra é o de que o positivismo jurídico, na concepção tradicional de seu nascedouro, em que todas as respostas eram encontradas no texto da lei, não encontra mais guarida nos dias atuais.

Ninguém mais sustenta que o Poder Judiciário é o mero reprodutor da letra fria da lei. Hodiernamente não se nega, pelo contrário se reconhece, o papel ativo, importante e irrenunciável dos juízes e Tribunais na atribuição de sentido às normas editadas pelo legislador.[547]

Inclusive é amplamente reconhecida, no âmbito doutrinário, uma verdadeira aproximação entre os sistemas jurídicos da *civil law* e da *common law*, sendo desmistificada, inclusive, a ideia de que a teoria da decisão seria absolutamente diferente entre um modelo e outro.[548]

[547] Referindo-se aos precedentes como *precedências*, Laurence Tribe e Michael Dorf ressaltam a sua importância para a atribuição progressiva de sentido à Constituição dos Estados Unidos da América, o que é no todo aplicável ao sistema jurídico brasileiro, senão veja-se: "*Embora o texto constitucional, da maneira que foi filtrado pela filosofia política reinante, proverá algumas diretrizes para uma considerável faixa de leitores, ele pode não se ajustar a muitos casos. Ao fazer a interpretação das cláusulas mais familiares da Constituição, apenas uma pequena fração da opinião típica do século XX é devota do texto literal da constituição, ou das teorias dos modeladores. Por outro lado, a elaboração dos valores constitucionais na maior parte das vezes, deriva das decisões anteriores.* (...) *Portanto, mesmo as mais arrojadas inovações do direito constitucional têm sido geralmente baseadas em precedências*" (TRIBE, Laurence; DORF, Michael. **Hermenêutica Constitucional**. Tradução de Amarílis de Souza Birchal. Belo Horizonte: Del Rey, 2007. p. 91-92).

[548] Vale o registro de Frederick Schauer: "*Debido a que el* common law, *incluso em sus formas mas atenuadas, no se funda en la interpretación de textos canónicos, sú caracter basado em reglas debe buscarse em otra parte. Aunque las reglas descriptivas dotadas de autoridad em el discurso profesional pueden adoptar um carátcter prospectivo, resulta más corriente que las restricciones basadas en reglas dentro del* common law *se funden en el principio de los* precedentes. *Al ocuparse tanto de inter-*

O pós-positivismo não menoscaba da lei, mas parte do pressuposto de que o Direito é muito mais do que a simples redação normativa (o texto da lei) e que, nos casos não previstos ou cuja previsão é apenas parcialmente satisfatória, a ciência jurídica, por intermédio de seus intérpretes, deve se socorrer de outros ramos do conhecimento, como a filosofia política, a moral, a economia, a psicologia, a sociologia.[549]

No atual cenário brasileiro, principalmente com o advento do Novo Código de Processo Civil (também chamado de Código Fux em razão da grande influência que o Ministro Luiz Fux exerceu na sua edição), a argumentação ocupa papel central no ambiente jurídico, e nenhum jurista estará satisfatoriamente preparado para exercer seu múnus se não se atentar, em primeiro lugar, ao papel da linguagem e, adicionalmente, não dominar toda a cadeia de casos julgados pelos Tribunais, em especial as Cortes Supremas.

Essa gradual evolução da concepção do Direito em si – isto é, de que a normatividade não se encerra na lei posta, mas também da lei aplicada (a norma aqui entendida como produto da interpretação/aplicação do juiz) – faz com que alguns temas sensíveis sejam revisitados, a exemplo da segurança jurídica e seus consectários lógicos: previsibilidade, anterioridade, legítima confiança, etc, resultando daí o porquê do capítulo 2 (dois) que aborda a segurança jurídica e seus desdobramentos.

Por óbvio, se se reconhece, por exemplo, que a obrigação, o dever ou o direito de um cidadão não está limitado ao conteúdo textual, mas também pelo que o Poder Judiciário vem dele dizendo, isto é, que as decisões

pretaciones de leyes como de decisiones dotadas de autoridad del common law, *los sistemas jurídicos pretenden caracteristicamente recurrir los precedentes y, con frecuencia, justifican esa dependencia acudiendo a las mismas virtudes que se emplean para justificar la toma de decisiones basada em reglas, tales como la posibilidad de predecir resultados, la estabilidad y el quitar poder al decisor. Esto sugere que puede existir cierta afinidad entre la toma de decisiones basada en reglas y la basada en precedentes, una afinidad que puede explicar por sí sola por qué los sistemas de toma de decisiones, al valorar estos rasgos, encuentran lugar tanto para las reglas como para um sistema fuerte de precedentes*" (SCHAUER, Frederick. **Las reglas en juego**: um examen filosófico de la toma de decisiones basada en reglas en el derecho y en la vida cotidiana. Tradução de Claudina Orunesu e Jorge L. Rodríguez. Madrid: Marcial Pons, 2004. p. 244).

549 BARROSO, Luís Roberto. **Curso de Direito Constitucional Contemporâneo**. 5. Ed. São Paulo: Saraiva, 2016. p. 346.

pretorianas dão sentido às leis, recai também à Justiça o dever de colaborar com a eficácia do postulado fundamental da segurança jurídica.

Por outro lado, o direito que o cidadão tinha de ter uma legítima confiança nos atos dos órgãos legislativos competentes para a edição de normas primárias, isto é, leis, agora se expande para abarcar também o direito de poder confiar nos pronunciamentos do Poder Judiciário.

De mais a mais, essa normatividade das decisões pretorianas, até que enfim reconhecida no Direito pátrio, coloca em evidência a drástica redução do leque de opções do magistrado, anteriormente denominado de princípio do "livre convencimento motivado" e largamente defendido e invocado na égide do Código de Processo Civil de 1973.

Em outras palavras, isso implica dizer que todo e qualquer magistrado deve levar em consideração, ao proferir uma decisão, os precedentes dos Tribunais hierarquicamente superiores, obrigatoriedade esta que recebe o nome de vinculação vertical.[550]

Aliás, tal responsabilidade não se limita aos juízes singulares. Às Cortes (Supremas ou mesmo as de Apelação) também é obrigatória a consideração de seus próprios precedentes, os quais não podem ser simplesmente desconsiderados em cada nova decisão a ser proferida. Esta obrigatoriedade de respeito aos seus próprios precedentes recebe o nome de vinculação horizontal.[551]

A vinculação horizontal, menos intuitiva do que a vinculação vertical[552], leva em consideração justamente o interesse do jurisdicionado. O cidadão não pode se ver constantemente ameaçado pela alteração de

[550] Sobre o "*vertical precedent*", Frederick Schauer registra: "*Lower courts are normally expected to obey the previous decision of igher courts within their jurisdiction, and this relationship of lower to higher in the 'chain of command' is usefully undestood as vertical*" (SCHAUER, Frederick. **Thinking like a lawyer**: a new introduction to legal reasoning. Cambridge: Harvard Univesity Press, 2012. p. 36).

[551] "*Horizontal precedent is thus not a matter of higher or lower courts, but rather an artificial or imposed hierarchy from earlier to later. The earlier decisions is superior not because it comes from a higher court; rather, the earlier decision becomes superior just because it is earlier*" (SCHAUER, op. cit, p. 37).

[552] SCHAUER, Frederick. op. cit., p. 37: "*In addition to being obliged to follow the decisions of courts above them in the judicial hierarchy, courts are also, although less obviously and sometimes more controversially, expected to follow their* own *earlier decisions*".

entendimentos pretorianos, sob pena de se inviabilizar qualquer planejamento de vida minimamente viável.[553]

A jurisprudência vinha reconhecendo esse dever de respeito aos precedentes antes mesmo da edição do Código de Processo Civil de 2015. A título de exemplo, no RE nº 630.733/DF, julgado pela sistemática da repercussão geral em 15 de maio de 2013, o Supremo Tribunal Federal assentou a necessidade de modulação dos efeitos da decisão que "*altera jurisprudência longamente adotada*"[554], de forma a preservar a legítima expectativa do jurisdicionado.

Essa mesma percepção e esse mesmo entendimento já haviam sido adotados, pelo mesmo Supremo Tribunal Federal, na seara eleitoral, quando do julgamento, no dia 1º de agosto de 2012, do RE nº 637.485/RJ, Rel. Min. Gilmar Ferreira Mendes, aresto este que representa um marco no tocante à normatividade das decisões proferidas pelos órgãos de cúpula do judiciário eleitoral.

Na referida assentada fixou-se, no que interessa ao presente trabalho, a seguinte tese sob regime da repercussão geral: "*as decisões do Tribunal Superior Eleitoral que, no curso do pleito eleitoral ou logo após o seu encerramento, impliquem mudança de jurisprudência, não têm aplicabilidade imediata ao caso concreto e somente terão eficácia sobre outros casos no pleito eleitoral posterior*".[555]

553 "*Especially in a court, where narrowing the issues increases the ability to focus the arguments, treating some matters as simply settled makes life easier for the court, just as it does for those who are expected to plan their lives and their activities around the decisions that courts make*" (SCHAUER, op. cit., p. 43).

554 Em casos que tais, numa louvável postura institucional, reconheceram os membros da Alta Corte que: "*fica evidente que o Tribunal não poderá fingir que sempre pensara dessa forma. Daí a necessidade de, em tais casos, fazer-se o ajuste do resultado, adotando-se técnica de decisão que, tanto quanto possível, traduza a mudança de valoração*" (BRASIL. Supremo Tribunal Federal. **Recurso Extraordinário nº 630.733 Distrito Federal.** Recurso Extraordinário. Remarcação de reste de aptidão física em concurso público em razão de problema temporário de saúde. Vedação expressa em edital. Constitucionalidade [...]. Relator: Min. Gilmar Mendes, acórdão de 15 de maio de 2013. Disponível em: http://portal.stf.jus.br/processos/detalhe.asp?incidente=3957697. Acesso em: 12 jan. 2019).

555 STF – RE 637485, Relator(a): Min. GILMAR MENDES, Tribunal Pleno, julgado em 01/08/2012, ACÓRDÃO ELETRÔNICO REPERCUSSÃO GERAL – MÉRITO DJe-095 DIVULG 20-05-2013 PUBLIC 21-05-2013.

Para muitos, o ponto de apoio argumentativo teria sido o artigo 16 da Constituição Federal que encerra a regra da anualidade. Entretanto, a conclusão a que se chega nesta oportunidade é outra, como se procurou mostrar ao longo dos capítulos anteriores, em especial os de número 2 e 4.

Além da regra da anualidade encontradiça no referido dispositivo constitucional, cuja aplicação é destinada exclusivamente ao Congresso Nacional, o precedente estabelecido pela Corte Suprema no RE nº 637.485/RJ institui um princípio jurídico universalizável que é o da anterioridade eleitoral.

Por anterioridade eleitoral deve se entender a necessidade de certeza, por parte dos players eleitorais, do real sentido das normas, tarefa que é desincumbida pelas Cortes de Vértice (Tribunal Superior Eleitoral e, em última instância, o Supremo Tribunal Federal).

Desse princípio universal esculpido pelo Supremo Tribunal Federal é possível extrair a regra de que em havendo superação abrupta (portanto, não sinalizada) de um precedente, há de ser realizada a modulação dos efeitos dessa decisão, o que não coincide, necessariamente, com o prazo ânuo do artigo 16 da Constituição Federal, dirigido exclusivamente ao Congresso Nacional.

É que o Judiciário trabalha com uma lógica própria e diferenciada, e o arcabouço legal infraconstitucional (Código de Processo Civil de 2015 ou Código "Fux"), no que regulamentou o novo processo civil brasileiro, com a instituição da figura dos precedentes vinculantes, é capaz de suprir às inteiras a necessidade regulatória do princípio da anterioridade eleitoral.

Dito de outro modo, após reconhecer a existência do princípio da anterioridade eleitoral, surgiu a necessidade de verificar se haveria regra no ordenamento jurídico capaz de instrumentalizá-lo, resultando daí o porquê do capítulo 3 (três), denominado de "*precedentes eleitorais*", onde se abordou o papel das Cortes de Vértice e, em seguida, se investigou o que seria um precedente eleitoral à luz do microssistema jurídico-eleitoral.

Então pôde-se chegar à conclusão de que o Tribunal Superior Eleitoral não é uma simples instância revisional. A sua posição destacada, no cume da pirâmide do direito infraconstitucional eleitoral, o credencia a ser considerado como uma Corte de Vértice.

E o que isso significa afinal? Os Tribunais Superiores ostentam cada vez menos a função das antigas Cortes de Cassação, de caráter marcadamente revisional, passando a assumir uma função mais nobre e inteligente que é a de fixar precedentes e, ao mesmo tempo, dar sentido ao ordenamento jurídico.

As suas decisões dão significância ao Direito Eleitoral, ainda mais nesse microssistema marcado por inúmeras reformas que o tornam tão peculiar e irremediavelmente complexo, sem esquecer dos conceitos jurídicos indeterminados e as cláusulas abertas amplamente utilizadas pelo legislador, como é o caso da Lei Complementar nº 135/2010 que redesenhou as hipóteses de inelegibilidade, os(as) quais exigem a integração de sentido por intermédio das decisões do órgão de cúpula do Judiciário.

Quanto à sistemática processual (isto é, aos precedentes eleitorais), a despeito do Código de Processo Civil fazer expressa referência apenas ao Superior Tribunal de Justiça e ao Supremo Tribunal Federal, sua aplicação às decisões do Tribunal Superior Eleitoral decorre do seu caráter supletivo (CPC, art. 15) e de sua finalidade instrumental de operacionalizar a lógica de precedentes extraída de uma nova leitura dos Tribunais Superiores.

A ausência de regulamentação no âmbito do microssistema eleitoral atrai a sistemática de precedentes normativos formalmente vinculantes prevista no Novo Código de Processo Civil, sobretudo ante a peculiar forma de atuação do Tribunal Superior Eleitoral, o qual não é subdivido em Câmaras, Turmas ou Seções, decidindo todos os processos pelo seu órgão máximo, o Tribunal Pleno.

Portanto, os precedentes do Tribunal Superior Eleitoral vinculam os Tribunais Regionais Eleitoral e os Juízes Eleitorais, os quais passam a ser compelidos a segui-los ou, ao menos, a demonstrar a sua não aplicação em cada caso em que forem invocados (*distinguishing*), sob pena de, em assim não fazendo, a decisão ser considerada nula por ausência de fundamentação válida (CPC, art. 489, §1º, inciso VI).

A partir disso, com o instrumental já definido, surgiu, então, a necessidade de enfrentar o ponto de maior complexidade, qual seja, o de se alcançar o *deadline*; o prazo final que as Cortes têm para alterar sua jurisprudência sem que isso implique violação ao princípio da anterioridade eleitoral.

Daí a razão do capítulo 4 (quatro), onde fora analisada, num primeiro momento, a governança eleitoral em sua inteireza, com enfoque nas distintas atribuições da Justiça Eleitoral. Em seguida, se analisou a aplicação da regra da anualidade (art. 16 da CF) ao processo eleitoral, de modo a evidenciar a sua absoluta falta de identidade com o princípio da anterioridade eleitoral, cuja aplicação foi esboçada com pormenor no subitem final do capítulo.

De se dizer, assim, que a Justiça Eleitoral é, talvez, a instituição mais sobrecarregada da modelagem institucional brasileira, carregando consigo a função de administrar as eleições, expedir resoluções regulamentares, julgar conflitos eleitorais e processos de natureza voluntária (v.g., prestação de contas) e, ainda, responder consultas formuladas pelas autoridades e entidades legitimadas.

Como se viu, são os Tribunais e Juízes eleitorais os responsáveis por salvaguardar, do início ao fim, a regularidade, a legitimidade, a normalidade, a lisura e a moralidade do processo eleitoral, entendido em sentido amplo como todo o espectro temporal correspondente a um ano antes do próximo pleito eleitoral. A regra constitucional da anualidade (CF, artigo 16), idealizada como cláusula de proteção das minorias parlamentares, protege todo esse período. O seu âmbito de incidência é o do *rule-making*, prioritariamente a cargo do Congresso Nacional.

Já em sentido estrito, também chamado de período crítico, o processo eleitoral é assim compreendido a partir das convenções partidárias, momento no qual os *players* eleitorais definem coligações partidárias e escolhem seus candidatos. Essa fase dá o start oficial às eleições. É nesse momento que as regras do jogo eleitoral devem ser claras, seguras e estáveis, em atenção ao princípio constitucional implícito da anterioridade eleitoral.

Como já há a garantia da anualidade no tocante às normas que inovam na ordem jurídica, privativamente a cargo do Congresso Nacional por força do artigo 22, inciso I, da Constituição Federal, se pode dizer que o princípio da anterioridade eleitoral ganha relevo no campo da função integrativa dos Tribunais em sede de resolução de demandas (*rule-*

-adjudication) e no exercício da função consultiva inerente aos Tribunais Eleitorais.

Na prática, portanto, as Cortes Eleitorais podem fixar seus precedentes até o final do primeiro semestre do ano eleitoral, o qual se estende, costumeiramente, até o final do mês de junho, e assim o é em razão da necessidade de publicidade da jurisprudência, com a publicação dos acórdãos ou ao menos uma ampla informação sobre decisões paradigmas e *leading* cases, para que só assim as regras estejam suficientemente claras para os atores da disputa eleitoral, os quais passam a atuar a partir das convenções partidárias que se realizam entre os dias 20 de julho a 5 de agosto, ex vi, do artigo 8º da Lei nº 9.504/1.997.

Todavia, e finalmente, como toda (ou quase toda) regra tem sua exceção, foi preciso investigar se haveria possibilidade, no âmbito do microssistema eleitoral, de evolução jurisprudencial, no curso do processo eleitoral ou logo após o seu encerramento, com eficácia imediata, a despeito do princípio da anterioridade.

Esse é o segundo ponto de inovação do presente trabalho, porquanto também não houve enfrentamento do tema no precedente do STF (RE nº 637.485/RJ), o que justificou o capítulo derradeiro de número 5 (cinco).

Como se sabe, a modulação dos efeitos é uma exceção nos sistemas de *common law* originários. Entretanto, a prática judicial americana tem evidenciado, recentemente, uma maior preocupação com a retroatividade na decisão revogadora de precedente.[556]

Isso serve de exemplo para o caso brasileiro, sobremodo no que atine ao campo dos precedentes eleitorais e seu subsistema dos direitos políticos, marcados pelo princípio da tipicidade das hipóteses de restrição ao sufrágio passivo, a exigir clareza e anterioridade das causas impeditivas.

Aliás, essa especialidade decorrente da tutela dos direitos políticos de participação nas decisões coletivas, com a exigência de anterioridade normativa das causas de impedimento, inverte a lógica geral de superação de precedentes, comumente retroativa, importando no dever de os Tribunais Eleitorais atribuírem eficácia prospectivas às decisões que

[556] MARINONI, Luiz Guilherme. **Precedentes obrigatórios**... op. cit., p. 80, p. 271.

superarem prévios entendimentos a propósito dos temas inerentes aos sufrágios ativo e passivo.

Todavia, isso não deve necessariamente ocorrer no caso de a nova decisão – que superar anterior precedente mais restritivo do ponto de vista interpretativo – ampliar o espectro do direito fundamental de participação no processo eleitoral, na medida em que o exercício desse direito fundamental tem primazia em relação ao postulado da segurança jurídica, o qual é idealizado em favor do cidadão e contra o Estado, e não vice-versa.

Até mesmo porque, é valioso frisar, não existe um direito difuso da sociedade na manutenção de um precedente limitador de um direito fundamental do cidadão.[557] Nesses casos, a estabilidade cede espaço para a evolução progressista do Direito[558], pois os direitos fundamentais, enquanto espécie de direitos do homem[559], são informados pelo caráter preferencial.

Nessa hipótese específica, o que se verifica é um conflito entre o exercício otimizado do direito fundamental, de um lado, e a estabilidade das

[557] Derzi, Misabel Teixeira Machado (op. cit., pp. 604-605): "*O princípio da proteção da confiança e da irretroatividade são princípios e direitos fundamentais individuais que somente o privado pode reivindicar, em contraposição à Administração pública, ao Poder Legislativo e Poder Judiciário, quando os Poderes do Estado criam o fato gerador da confiança. Essa a razão de sua invocação apenas em presença de modificação jurisprudencial em detrimento do contribuinte*".

[558] "*Talvez em um mundo perfeito, a generalização dos direitos deveria ser garantida por uma legislatura eleita. Mas voltando às palavras de James Madison com as quais nós começamos o capítulo I: homens não são anjos. Os criadores de nossa Constituição entendiam que esse mundo não é perfeito, e assim, gostem ou não, os juízes devem sinceramente encarar abstratamente a tarefa de decidir a forma de definir nossas liberdades*" (Tribe, Laurence; Dorf, Michael. op. cit., p. 148).

[559] Aliás, já é tendência na comunidade europeia que os sistema jurídicos nacionais incorporem os entendimentos da Corte Europeia de Direitos Humanos, a evidenciar a ascendência dos Tribunais, em especial os internacionais, na atribuição de sentido ao Direito, senão veja-se a lição de Ran Hirschl: "*The European Court of Human Rights in Strasbourg, the judicial arm of the forty-one-member Council of Europe, has in effect become the final court of appeal on human-rights issues for most of Europe. The judgements of these European courts (as well as other supranational tribunals, such as the Inter-American Court of Human Rights) carry great weight and have forced many countries to incorporate transnational legal standards into their domestic legal system*" (Hirschl, Ran. **Towards Juristrocracy**: the origins and consequences of the new constitucionalism. Cambridge: Harvard University Press, 2007. p. 215).

decisões judiciais, enquanto corolário lógico da segurança jurídica, de outro. Neste cenário, a exceção à regra da irretroatividade da viragem abruta da jurisprudência é de natureza valorativa; substancial, ligada à ideia de ampliação do exercício de um direito fundamental que num primeiro momento estava mais limitado.

Por outro lado, agora sob o ponto de vista procedimental; formal, o direito de proteção do cidadão à legítima confiança e expectativa nos atos estatais não pode ser protegido quando a orientação pretoriana na qual se confiou não mais gozava de autoridade no momento da realização do ato jurídico.

Neste caso, por sua vez, a própria autoridade em si do precedente, enquanto garantidor da legítima expectativa do jurisdicionado, já não mais existe, não havendo a necessidade de se proceder à ponderação de valores.

Uma hipótese de não observância do postulado da segurança jurídica se dá quando as Cortes utilizam a técnica da sinalização em seus julgados, mantendo sua jurisprudência por questões de segurança jurídica, sinalizando aos jurisdicionados, contudo, que a partir de então o precedente já não detém mais autoridade.

Parece lógica, nesses casos, a possibilidade aplicação retroativa de novo entendimento pretoriano, eis que o precedente superado já não gerava mais, no jurisdicionado que tomou determinada conduta após a sinalização, uma genérica expectativa de sua aplicação.

Outra possibilidade, esta já de complexidade muito maior, se dá no caso de "superação" de um precedente inequivocamente desgastado, sendo que nesta última ocasião haver-se-á de demonstrar a absoluta ausência de segurança jurídica tutelável pelo Tribunal, isto dada a inequívoca perda de autoridade do precedente, o que não é possível antever ou classificar *a priori*, a depender, portanto, do contexto do caso.

Por fim, cumpre esclarecer que as exceções ora apresentadas não foram aleatoriamente eleitas, mas decorrem da concepção de um sistema de precedentes influenciado pela linguagem dos direitos humanos.

Melhor explicando, as exceções de natureza formal são importadas do próprio sistema da *common law*, o qual trabalha há tempos com a técnica da sinalização e com a delicada questão do notório desgaste dos precedentes. Não há, aí, nenhuma novidade.

A inovação na literatura acadêmica se dá com a exceção ao princípio da anterioridade eleitoral objeto do subitem "5.2", no qual se procurou demonstrar que a decisão tomada no novo caso, quando alargar o âmbito de incidência de um direito fundamental ou reduzir a ingerência em seu objeto de proteção, pode e deve ser aplicada de imediato, porque a liberdade política é um bem jurídico que tem primazia na ordem jurídica brasileira quando comparada com a estabilidade da jurisprudência.

REFERÊNCIAS

ABBOUD, Georges. Comentários ao art. 8º. *In*: BUENO, Cassio Scarpinella (coord.). **Comentários ao Código de Processo Civil**. São Paulo: Saraiva, 2017. v. 1.

ABBOUD, Georges. **Processo Constitucional brasileiro**. São Paulo: Revista dos Tribunais, 2016.

ABBOUD, Georges; CARNIO, Henrique Garbellini; OLIVERA, Rafael Tomaz de. **Introdução à teoria e à filosofia do direito.** São Paulo: Revista dos Tribunais, 2013.

ABBOUD, Georges. CAVALCANTI, Marcos de Araújo. *Inconstitucionalidades no IRDR e os riscos ao sistema decisório.* **Revista de Processo**, São Paulo, n. 240, p. 221-242, fev. 2015.

ADOMEIT, Klaus. **Juristische Methode**. *In*: GÖRLITZ, Axel (ed.). Handlexikon zur Rechtswissenschaft. München: Ehrenwirth, 1972.

ALEXY, Robert. **Constitucionalismo Discursivo**. Tradução e Organização: Luís Afonso Heck. 4. ed. rev. Porto Alegre: Livraria do Advogado, 2015.

ALVIM, Frederico Franco. **Cobertura política e integridade eleitoral**: efeitos da mídia sobre as eleições. Florianópolis: Habitus, 2018.

ALVIM, Frederico Franco. **Curso de Direito Eleitoral**. 2. ed. rev. e atual. Curitiba: Juruá, 2016.

ALVIM, Teresa Arruda; DANTAS, Bruno. **Recurso Especial, Recurso Extraordinário e a nova função dos Tribunais Superiores**. 5. ed. rev. e atual. São Paulo: Revista dos Tribunais, 2018.

ANDRADE, Manuel da Costa. Enriquecimento ilícito: entre Cila e Caríbdis. *In:* LEITE, Alaor; TEIXEIRA, Adriano (org.) **Crime e Política**: corrupção, financiamento irregular de partidos políticos, caixa dois eleitoral e enriquecimento ilícito. Rio de Janeiro: FGV Editora, 2017. p. 347-351.

Assis Brasil, Joaquim Francisco de. Manifesto da Aliança Libertadora do Rio Grande do Sul ao País. *In*: Brossard, Paulo (org.). **Ideias políticas de Assis Brasil:** cronologia, introdução, notas bibliográficas e textos selecionados. Brasília, DF: Senado Federal, 1989, v. III.

Ávila, Humberto. **Segurança jurídica**: entre permanência, mudança e realização do Direito Tributário. 2. ed. rev. e atual. São Paulo: Malheiros, 2012.

Ávila, Humberto. **Teoria dos princípios**: da definição à aplicação dos princípios jurídicos. 12. ed. São Paulo: Malheiros, 2011.

Ávila, Humberto. **Teoria dos princípios**: da definição à aplicação dos princípios jurídicos. 15. ed. São Paulo: Malheiros, 2014.

Bandeira De Mello, Celso Antônio. Estado de Direito e segurança jurídica. *In*: Valim, Rafael; Oliveira, José Roberto Pimenta; Dal Pozzo, Augusto Neves (coord.). **Tratado sobre o princípio da segurança jurídica no direito administrativo**. Belo Horizonte: Fórum, 2013. p. 41-46.

Barbosa, Rui. **Oração aos moços**. 5. ed. Rio de Janeiro: Edições Casa Rui Barbosa, 1999.

Barcellos, Ana Paula de. Direito e política. Silêncio do legislador, interpretação e analogia. *In*: Sarmento, Daniel (coord.). **Jurisdição Constitucional e Política**. Rio de Janeiro: Forense, 2015. p. 259-279.

Barroso, Luís Roberto. **Curso de Direito Constitucional Contemporâneo**: os conceitos fundamentais e a construção do Novo Modelo. 5. ed. São Paulo: Saraiva, 2016.

Bastos, Celso Ribeiro. **Comentários à Constituição do Brasil**. São Paulo: Saraiva, 1989. v. 2.

Bauman, Zygmunt. **Modernidade líquida**. Rio de Janeiro: Jorge Zahar, 2001.

Benjamin, Antonio Herman de Vasconcelos e. O Tribunal Superior Eleitoral e sua relevância institucional. *In*: Noronha, João Otávio de; KIM, Richard Pae (coord.). **Sistema político e direito eleitoral brasileiros**: estudos em homenagem ao Ministro Dias Toffoli. São Paulo: Atlas, 2016. p.379-399.

BRASIL. [Constituição (1988)]. **Constituição da República Federativa do Brasil de 1988**. Brasília, DF: Presidência da República, 1988. Disponível em: http://www.planalto.gov.br/ccivil_03/Constituicao/ Constituiçao.htm. Acesso em: 26 jan. 2019.

BRASIL. **Lei nº 4.737 de 15 de julho de1965.** Institui o Código Eleitoral. Brasília, DF: Presidência da República, 1965. Disponível em: http://www.planalto.gov.br/ccivil_03/leis/L4737.htm. Acesso em: 12 jan. 2019.

BRASIL. **Lei nº 9.504 de 30 de setembro de 1997**. Estabelece normas para as eleições. Brasília, DF: Presidência da República, 1997. Disponível em: http://www.planalto.gov.br/ccivil_03/LEIS/L9504.htm. Acesso em: 30 jan. 2019.

BRASIL. **Lei nº 13.105 de 16 de março de 2015**. Código de Processo Civil. Brasília, DF: Presidência da República, 2015. Disponível em: http://www.planalto.gov.br/ccivil_03/_Ato2015-2018/2015/Lei/L13105.htm. Acesso em: 12 jan. 2019.

BRASIL. **Lei Complementar nº 64 de 18 de maio de 1990**. Estabelece, de acordo com o art. 14, § 9º da Constituição Federal, casos de inelegibilidade, prazos de cessação, e determina outras providências. Disponível em: http://www.planalto.gov.br/ccivil_03/leis/lcp/lcp64.htm. Acesso em 30 jan. 2019. Brasília, DF: Presidência da República,1990.

BRASIL. Supremo Tribunal Federal. **ACD's 29 e 30 e ADI 4.578**. Ação Declaratória de Constitucionalidade e Ação Direta de Inconstitucionalidade em julgamento conjunto. Lei complementar nº 135/10. Hipóteses de inelegibilidade [...]. Relator: Min. Luiz Fux, de 16 de fevereiro de 2012. Disponível em https://stf.jusbrasil.com.br/jurisprudencia/22085777/acao-declaratoria-de--constitucionalidade-adc-29-df-stf. Acesso em: 12 jan. 2019.

BRASIL. Supremo Tribunal Federal. **ADI 4650 Distrito Federal.** Direito Constitucional e Eleitoral. Modelo normativo vigente de financiamento de campanhas eleitorais [...]. Relator Min. Luiz Fux, de 17 de setembro de 2015. Disponível em: http://portal.stf.jus.br/processos/detalhe.asp?incidente=4136819. Acesso em: 12 jan. 2019.

BRASIL. Supremo Tribunal Federal. **RE 637.485 Rio de Janeiro.** Recurso Extraordinário. Repercussão Geral. Reeleição. Prefeito. Interpretação do art. 14, § 5º, da Constituição. Mudança da jurisprudência em matéria Eleitoral. Segurança jurídica. Relator: Min. Gilmar Mendes, de 01 de agosto de 2012. Disponível em: http://portal.stf.jus.br/processos/detalhe.asp?incidente=4050271. Acesso em 12 jan. 2019.

BRASIL. Supremo Tribunal Federal. **ADPF 144 Distrito Federal**. Arguição de Descumprimento de Preceito Fundamental – possibilidade de ministros do STF, com assento no STE, participarem do julgamento da ADPF – inocorrência de incompatibilidade processual [...]. Relator: Min. Celso de Mello, de 06 de agosto de 2008. Disponível em: http://portal.stf.jus.br/processos/detalhe.asp?incidente=2626865. Acesso em 12 jan. 2019.

BRASIL. Tribunal Superior Eleitoral. **Recurso Especial Eleitoral nº 55080 – Guaxupé, MG.** Eleições 2016. Recurso especial. Recurso contra expedição de diploma – RCED. Vereador. Condenação. Improbidade administrativa. Suposta inelegibilidade da alínea I do inciso I do artigo 1º DA LC n. 64/90 [...]. Relator: Min. Tarcisio Vieira De Carvalho Neto, acordão de 17 de outubro de 2017. Disponível em: http://www.tse.jus.br/jurisprudencia/decisoes/jurisprudencia. Acesso em: 12 jan. 2019.

BRASIL. Supremo Tribunal Federal. **ADI 354-2 código inexistente.** Não infringe o disposto no art. 16 da Constituição de 1988 (texto original) a cláusula de vigência imediata constante do art. 2º da Lei nº 8037, de 25 de maio de 1990, que introduziu na legislação eleitoral normas relativas apuração de votos. Relator: Min. Octavio Gallotti, acórdão de 24 de setembro de 1990. Disponível em: http://portal.stf.jus.br/processos/detalhe.asp?incidente=1503434. Acesso em: 12 jan. 2019.

BRASIL. Supremo Tribunal Federal. **ADI 3.345 Distrito Federal.** Fiscalização normativa abstrata. Processo de caráter objetivo. Legitimidade da participação de ministro do Supremo Tribunal Federal (que atuou no TSE) no julgamento. [...]. Relator: Min. Celso de Melo, acórdão de 25 de agosto de 2005. Disponível em: http://portal.stf.jus.br/processos/detalhe.asp?incidente=2254824. Acesso em: 12 jan. 2019.

BRASIL. Supremo Tribunal Federal. **ADI 3.685-8 Distrito Federal.** Ação Direta de Inconstitucionalidade art. 2º da EC 52 de 08.03.06. Aplicação imediata da nova regra sobre coligações partidárias eleitorais, introduzidas no texto do art. 17, § 1º, da CF. [...]. Relator: Min. Ellen Gracie, acórdão de 22 de março de 2006. Disponível em: http://portal.stf.jus.br/processos/detalhe.asp?incidente=2367564. Acesso em: 12 jan. 2019.

BRASIL. Supremo Tribunal Federal. **ADI 3741-2 Distrito Federal.** Ação Direta de Inconstitucionalidade. Lei 11.30/206 (mini-reforma eleitoral). Alegada ofensa ao princípio da anterioridade da lei eleitoral (CF, art. 16) [...]. Relator: Min. Ricardo Lewandowski, acórdão de 06 de agosto de 2006. Disponível em: http://portal.stf.jus.br/processos/detalhe.asp?incidente=2385004. Acesso em: 12 jan. 2019.

BRASIL. Supremo Tribunal Federal. **Conflito de Competência 7.204-1 Minas Gerais.** Constitucional. Competência judicante em razão da matéria. Ação de indenização por danos morais e patrimoniais decorrentes de acidente de trabalho, proposta pelo empregado em face de seu (ex-) empregador [...].

Relator: Min. Carlos Britto, acórdão de 29 de junho de 2005. Disponível em: http://portal.stf.jus.br/processos/detalhe.asp?incidente=2283308. Acesso em: 12 jan. 2019.

BRASIL. Supremo Tribunal Federal. **Recurso Extraordinário nº 129392-6 Distrito Federal.** Processo eleitoral: vacatio legis (CF, art. 16): inteligência.

Relator: Min. Sepúlveda Pertence, acórdão de 17 de junho de 1992. Disponível em: http://portal.stf.jus.br/processos/detalhe.asp?incidente=1506173. Acesso em: 12 jan. 2019.

BRASIL. Supremo Tribunal Federal. **Recurso Extraordinário nº 630.733 Distrito Federal.** Recurso Extraordinário. Remarcação de reste de aptidão física em concurso público em razão de problema temporário de saúde. Vedação expressa em edital. Constitucionalidade [...]. Relator: Min. Gilmar Mendes, acórdão de 15 de maio de 2013. Disponível em: http://portal.stf.jus.br/processos/detalhe.asp?incidente=3957697. Acesso em: 12 jan. 2019.

BRASIL. Supremo Tribunal Federal. **Recurso Extraordinário nº 633.703 Minas Gerais.** Lei Complementar 135/2010, denominada Lei Da Ficha Limpa. Inaplicabilidade às Eleições Gerais 2010. Princípio Da Anterioridade Eleitoral (art. 16 da Constituição da República). Relator: Min. Gilmar Mendes, acórdão de 23 de março de 2011. Disponível em: http://portal.stf.jus.br/processos/detalhe.asp?incidente=4003780. Acesso em: 12 jan. 2019.

BRASIL. Supremo Tribunal Federal. **Recurso Extraordinário nº 655.265 Distrito Federal.** Ingresso na carreira da Magistratura. Art. 93, I, CRFB. EC 45/2004. Triênio de Atividade Jurídica Privativa de Bacharel em Direito. Requisito de Experimentação Profissional. Momento da Comprovação [...]. Relator: Min. Luiz Fux, acórdão de 13 de abril de 2016. Disponível em: http://portal.stf.jus.br/processos/detalhe.asp?incidente=4132332. Acesso em: 12 jan. 2019.

BRASIL. Supremo Tribunal Federal. **Repercussão Geral no Recurso Extraordinário com Agravo 964.246 São Paulo.** Constitucional. Recurso Extraordinário. Princípio Constitucional da Presunção de Inocência (CF, art. 5º, LVII) [...]. Relator: Min. Teori Zavascki, acórdão de 10 de novembro de 2016. Disponível em: http://portal.stf.jus.br/processos/detalhe.asp?incidente=4966379. Acesso em: 12 jan. 2019.

BRASIL. Supremo Tribunal Federal. **Medida cautelar na Ação Declaratória de Constitucionalidade 43 Distrito Federal.** Medida cautelar na Ação Declaratória de Constitucionalidade. Art. 283 do Código de Processo Penal [...].

Relator: Min. Marco Aurélio, acórdão de 05 de outubro de 2016. Disponível em: http://portal.stf.jus.br/processos/detalhe.asp?incidente=4986065. Acesso em 12 jan. 2019.

BRASIL. Supremo Tribunal Federal. **Recurso Extraordinário 466.343-1 São Paulo**. Prisão Civil. Depósito. Depositário infiel. Alienação fiduciária. Decretação da medida coercitiva. Inadmissibilidade absoluta [...]. Relator: Min. Cezar Peluso, acórdão de 03 de dezembro de 2008. Disponível em: http://portal.stf.jus.br/processos/detalhe.asp?incidente=2343529. Acesso em: 12 jan. 2019.

BRASIL. Tribunal Regional Eleitoral de Minas Gerais. **Recurso Eleitoral no 99-20.2017.6.13.0190.** Recurso eleitoral. Representação. Eleições de 2016. Doação, por pessoa física, acima do limite legal [...]. Relator: Desembargador Rogério Medeiros, acórdão de 1 de agosto de 2018. Disponível em: www.tre-mg.jus.br/. Acesso em 12 jan. 2019.

BRASIL. Tribunal Superior Eleitoral. **Recurso Especial Eleitoral nº 32.507 – Porto de Pedras, Alagoas**: acordão. Recurso especial. Eleições 2008. Registro Candidatura. Prefeito. Candidato à reeleição. Transferência de domicílio para outro Município. Fraude configurada. Violação do disposto no § 5º do art. 14 da CB. Improvimento. Relator: Min. Eros Grau, de 17 de dezembro de 2018. Disponível em: http://www.tse.jus.br/jurisprudencia/decisoes/jurisprudencia. Acesso em: 12 jan. 2019.

BRASIL. Tribunal Superior Eleitoral. **Resolução nº 23.478, de 10 de maio de 2016.** Estabelece diretrizes gerais para a aplicação da Lei nº 13.105, de 16 de março de 2015 – Novo Código de Processo Civil –, no âmbito da Justiça Eleitoral. Brasília, DF: Tribunal Superior Eleitoral, 2016. Disponível em: http://www.tse.jus.br/legislacao/codigo-eleitoral/normas-editadas-pelo-tse/resolucao-no-23-478-de-10-de-maio-de-2016-2013-brasilia-2013-df. Acesso em: 12 jan. 2019.

BRASIL. Tribunal Superior Eleitoral. **Agravo Regimental no Recurso Especial Eleitoral nº 41980-06.2009.6.00.0000 – Valença, RJ**: acordão. Agravos regimentais. Recurso Especial Eleitoral. Recurso contra expedição de diploma. Mudança de domicílio eleitoral. "prefeito itinerante". Exercício consecutivo de mais de dois mandatos de chefia do Executivo em municípios diferentes. Impossibilidade. Violação ao art. 14, § 5º da Constituição Federal. Relator: Min. Aldir Passarinho Junior, de 27 de maio de 2010. Disponível em:

http://www.tse.jus.br/jurisprudencia/decisoes/jurisprudencia. Acesso em: 12 jan. 2019.

BRASIL. Tribunal Superior Eleitoral. **Recurso Ordinário nº 1.069 - Rio de Janeiro, RJ.** Eleições 2006. Registro de candidato. Deputado federal. Inelegibilidade. Idoneidade moral. Art. 14, § 9º, da Constituição Federal. Relator: Min. Angelo Ribeiro, de 20 de setembro de 2006. Disponível em: http://www.tse.jus.br/jurisprudencia/decisoes/jurisprudencia. Acesso em: 12 jan. 2019.

BRASIL. Tribunal Superior Eleitoral. **Recurso Especial Eleitoral nº 55080 - Guaxupé, MG.** Eleições 2016. Recurso especial. Recurso contra expedição de diploma - RCED. Vereador. Condenação. Improbidade administrativa. Suposta inelegibilidade da alínea I do inciso I do artigo 1º DA LC n. 64/90 [...]. Relator: Min. Tarcisio Vieira de Carvalho Neto, acordão de 17 de outubro de 2017. Disponível em: http://www.tse.jus.br/jurisprudencia/decisoes/jurisprudencia. Acesso em: 12 jan. 2019.

BRASIL. Tribunal Superior Eleitoral. **Consulta nº 1.407 - Classe 5ª - Distrito Federal (Brasília).** Consulta. Mandato. Cargo. Majoritário. Partido. Resposta afirmativa. Relator: Min. Carlos Ayres Britto. Consulente: Nilson Mourão, deputado federal. 16 de outubro de 2007. Disponível: http://www.tse.jus.br/jurisprudencia/decisoes/jurisprudencia. Acesso em: 12 jan. 2019.

BRASIL. Tribunal Superior Eleitoral. **Recurso Especial Eleitoral nº 145-89.2016.6.20.0047 - Classe 32 - Alto do Rodrigues - Rio Grande do Norte.** Eleições 2016. Recurso Especial Eleitoral. Indeferimento. Cargo. Prefeito. Condenação por abuso de poder em ação de investigação Judicial eleitoral [...]. Relator: Min. Luiz Fux, acórdão de 22 de maio de 2018. Disponível: http://www.tse.jus.br/jurisprudencia/decisoes/jurisprudencia. Acesso em: 12 jan. 2019.

BRASIL. Tribunal Superior Eleitoral. **Recurso Especial Eleitoral nº 9985.2013.6.26.0323 - Classe 32 - Paulínia - São Paulo.** Eleições 2012. Recurso Especial. Ação de Impugnação de Mandato Eletivo (AIME). Prefeito e vice-prefeito. Fraude. Substituição de candidato a cargo majoritário. Relatora: Min. Lucina Lóssio, acórdão de 01 de outubro de 2015. Disponível: http://www.tse.jus.br/jurisprudencia/decisoes/jurisprudencia. Acesso em: 12 jan. 2019.

BRASIL. Tribunal Superior Eleitoral. **Agravo Regimental no Recurso Especial Eleitoral nº 229-69.2016.6.05.0189 - Classe 32 - Guaratinga - Bahia.**

Eleições 2016. Agravo Regimental. Recurso Especial. Registro de Candidatura. Vereador. Inelegibilidade. Abuso de Poder [...]. Relator: Min. Admar Gonzaga, acórdão de 21 de setembro de 2017. Disponível: http://www.tse.jus.br/jurisprudencia/decisoes/jurisprudencia. Acesso em: 12 jan. 2019.

BRASIL. Tribunal Superior Eleitoral. **Agravo Regimental no Recurso Especial Eleitoral nº 437-13.2015.6.00.0000 – Classe 32 – Reserva do Cabaçal – Mato Grosso.** Agravo Regimental. Recurso Especial. Eleições 2012. Prefeito. Ação de Investigação Judicial Eleitoral. Captação ilícita de Sufrágio. Art. 41-A da Lei 9.504/97. Relator: Min. Herman Benjamin, acórdão de 01 de agosto de 2016. Disponível: http://www.tse.jus.br/jurisprudencia/decisoes/jurisprudencia. Acesso em: 12 jan. 2019.

BRASIL. Tribunal Superior Eleitoral. **Recurso Ordinário nº 0600582-90.2018.6.08.0000 – Vitória – Espírito Santo.** Eleições 2018. Recurso Ordinário. Registro de Candidatura. Deferimento. Deputado Federal. Impugnação. Ato Doloso de Improbidade Administrativa. Suspensão dos Direitos Políticos. Requisitos Cumulativos. Dano ao Erário e Enriquecimento Ilícito. Inelegibilidade do Art. 1º, I, /, da LC Nº 64/90. Não Configuração. Desprovimento. Relator: Min.Tarcisio Vieira de Carvalho Neto, acórdão de 04 de outubro de 2018. Disponível: http://www.tse.jus.br/jurisprudencia/decisoes/jurisprudencia. Acesso em: 12 jan. 2019.

BRASIL. Tribunal Superior Eleitoral. **Recurso Ordinário nº 0602123-55.2018.6.19.0000 – Rio de Janeiro – Rio de Janeiro.** Eleições 2018. Recursos Ordinários. Registro de Candidatura. Cargo de Deputado Federal. Incidência da Inelegibilidade do Art. 1º, I, /, da LC nº 64/1990. Concessão Ilegal de Gratificação A Servidores. Condenação pelo TJ/RJ apenas no Art. 11 da Lei nº 8.429/1992 [...]. Relator: Min. Og Fernandes, acórdão de 27 de novembro de 2018. Disponível: http://www.tse.jus.br/jurisprudencia/decisoes/jurisprudencia. Acesso em: 12 jan. 2019.

BRASIL. Tribunal Superior Eleitoral. **Recurso Ordinário nº 0602190-25.2018.6.26.0000 – São Paulo – São Paulo.** Direito Eleitoral e Processual Civil. Agravo Interno em Recurso Ordinário. Eleições 2018. Registro de Candidatura. Cargo de Deputado Estadual. Inelegibilidade do Art. 1º, I, /, da LC nº 64/1990 não configurada. Interpretação Restritiva. Desprovimento. Relator: Min. Luis Roberto Barroso, acórdão de 30 de outubro de 2018. Disponível: http://www.tse.jus.br/jurisprudencia/decisoes/jurisprudencia. Acesso em: 12 jan. 2019.

BRASIL. Tribunal Superior Eleitoral. **Embargos de Declaração no Recurso Especial Eleitoral nº 12.682 – Goiás (Anápolis).** Embargos declaratórios. Omissão. Contradição. Exsurgindo do acórdão proferido qualquer dos vínculos suficientes a impulsionar os declaratórios – omissão, contradição e obscuridade – impõe-se-lhes o acolhimento [...]. Relator: Min. Marco Aurélio, acórdão de 21 de março de 1996. Disponível em: http://www.tse.jus.br/jurisprudencia/decisoes/jurisprudencia. Acesso em: 12 jan. 2019.

BRASIL. Tribunal Superior Eleitoral. **Recurso nº 9.936 – Classe 4ª – Nova Friburgo – RJ.** Recurso especial: regularidade da apresentação do partido político pelo Diretório Municipal na sua interposição [...]. Relatora: Min. Sepúlveda Pertence, acórdão de 14 de setembro de 1992. Disponível em: http://www.tse.jus.br/jurisprudencia/decisoes/jurisprudencia. Acesso em: 12 jan. 2019.

BRASIL. Tribunal Superior Eleitoral. **Questão de Ordem na Ação Cautelar nº 1420-85.2010.6.00.0000 – Classe 1 – Campos dos Goytacazes – Rio de Janeiro.** Questão de Ordem. Ação Cautelar. Suspensão. Efeitos. Acórdão Recorrido. Inelegibilidade. Art. 26-C Da LC nº 64/90 [...]. Relator: Min. Marcelo Ribeiro, acórdão de 20 de junho de 2010. Disponível em: http://www.tse.jus.br/jurisprudencia/decisoes/jurisprudencia. Acesso em: 12 jan. 2019.

BRASIL. Tribunal Superior Eleitoral. **Agravo Regimental no Recurso Ordinário nº 394-77.2014.6.12.0000 Classe 37 – Campo Grande – Mato Grosso do Sul.** Eleições 2014. Agravo Regimental. Recurso Ordinário. Candidato a Senador. Registro de Candidatura Deferido. Inelegibilidade Prevista ao art. 1º, Inciso 1, Alínea c, da LC nº 64/1990 [...]. Relator: Min. Gilmar Mendes, acórdão de 19 de maio de 2015. Disponível em: http://www.tse.jus.br/jurisprudencia/decisoes/jurisprudencia. Acesso em: 12 jan. 2019.

BRASIL. Tribunal Superior Eleitoral. **Recurso Ordinário nº 1.069 – classe 27ª – Rio de Janeiro (Rio de Janeiro)** Eleições 2006. Registro de candidato. Deputado federal. Inelegibilidade. Idoneidade moral. Art. 14, inciso 9º, da CF [...]. Relator: Min. Marcelo Ribeiro, acórdão de 20 de setembro de 2006. Disponível em: http://www.tse.jus.br/jurisprudencia/decisoes/jurisprudencia. Acesso em: 12 jan. 2019.

BRASIL. Tribunal Superior Eleitoral. **Recurso Eleitoral nº 30-33.2013.6.09.0127- Classe 30 – Protocolo nº66.167/2013 – Goiânia/GO.** Recurso Eleitoral. Ocorrência. Duplicidade de Filiação Partidária.

Art. 22 da Lei n. 9.096/95 [...]. Relatora: Min. Doraci Lamar Rosa da Silva Andrade, acórdão de 06 de fevereiro de 2014. Disponível em: http://www.tse.jus.br/jurisprudencia/decisoes/jurisprudencia. Acesso em: 12 jan. 2019.

BRASIL. Tribunal Superior Eleitoral. **Recurso Especial Eleitoral nº 49-32.2016.6.26.0104 – Classe 32 – Quatá – São Paulo.** Eleições 2016. Prefeito. Registro de Candidatura. Recurso Especial. Art. 1, l, *L*, Da LC nº 64/90 [...]. Relatora: Min. Luciana Lóssio, acórdão de 18 de outubro de 2016. Disponível em: http://www.tse.jus.br/jurisprudencia/decisoes/jurisprudencia. Acesso em: 12 jan. 2019.

BRASIL. Superior Tribunal de Justiça. **Habeas Corpus nº 95.838 – RJ (2007/0286484-0).** Procedimento criminal (acusação anônima). Anonimato (vedação). Incompatibilidade de normas (antinomia) [...]. Relator: Min. Nilson Naves, acórdão de 29 de fevereiro de 2008. Disponível em: http://www.stj.jus.br/SCON/. Acesso em: 12 jan. 2019.

CAEIRO, Pedro. "Quem cabritos vende e cabras não tem..." (sobre a criminalização do chamado enriquecimento ilícito). *In*: LEITE, Alaor; TEIXEIRA, Adriano (org.). **Crime e Política**: corrupção, financiamento irregular de partidos políticos, caixa dois eleitoral e enriquecimento ilícito. Rio de Janeiro: FGV Editora, 2017. p. 353-359.

CAENEGEM, R. C. van. **Uma introdução histórica ao Direito Privado.**Tradução de Carlos Eduardo Lima Machado São Paulo: Martins Fontes, 2000.

CÂMARA, Alexandre Freitas. Súmula da jurisprudência dominante, superação e modulação de efeitos no Novo Código de Processo Civil. **Revista de Processo**: RePro, São Paulo, v. 42, n. 264, p. 281-320, fev. 2017.

CANOTILHO, J. J. Gomes. **Direito Constitucional e Teoria da Constituição**. 7. ed. Coimbra: Almedina, 2003.

CARDOZO, Benjamin N. **A natureza do processo judicial**. Tradução de Silvana Vieira. São Paulo: Martins Fontes, 2004.

CATTONI DE OLIVEIRA, Marcelo Andrade. **Direito Processual Constitucional.** Belo Horizonte: Mandamentos, 2001.

COLTRO, Antônio Carlos Mathias. O novo Código de Processo Civil, a Constituição Federal e o Direito Eleitoral. *In:* COSTA, Daniel Castro Gomes da; ROLLEMBERG, Gabriela; KUFA, Karina; CARVALHO NETO, Tarcísio Vieira de (org.). **Tópicos avançados de Direito Processual Eleitoral**. Belo Horizonte: Arraes Editores, 2018. p. 1-26.

CONVENÇÃO Americana sobre Direitos Humanos. San José: Organização dos Estados Americanos, 1969. Disponível em: https://www.cidh.oas.org/Basicos/Portugues/c.Convencao_Americana.htm. Acesso em 13 fev. 2019.

Couto e Silva, Almiro do. Prefácio. *In:* Valim, Rafael; Oliveira, José Roberto Pimenta; Dal Pozzo, Augusto Neves (coord.). **Tratado sobre o princípio da segurança jurídica no direito administrativo**. Belo Horizonte: Fórum, 2013.

Cyrineu, Rodrigo Terra. Direitos políticos como categoria de direitos humanos e sua interpretação pretoriana: da necessária recuperação do garantismo em sede de análise do sufrágio passivo. *In*: Pereira, Rodolfo Viana; Santano, Ana Cláudia (org.). **Conexões Eleitoralistas**. Belo Horizonte: Abradep, 2016. p. 217-237.

Cyrineu, Rodrigo Terra. Qual o alcance do artigo 16 da CF/88? Breves notas sobre a segurança jurídica no Direito Eleitoral à luz da doutrina de R. Dworkin e F. Muller. **Revista Democrática**, Cuiabá, vol. 4, p. 133-158, 2018.

Da Silva, Fernando Neves. Comentários ao art. 121, §3º. *In*: Canotilho, J. J. Gomes; Mendes, Gilmar F.; Sarlet, Ingo W.; Streck, Lenio L. (coord.). **Comentários à Constituição do Brasil**. São Paulo: Saraiva: Almedina, 2013. p. 1502.

Derzi, Misabel Teixeira Machado. **Modificações da jurisprudência no Direito Tributário:** proteção da confiança, boa-fé objetiva e irretroatividade como limitações constitucionais ao Poder Judiciário de Tributar. São Paulo: Noeses, 2009.

Dias, Roberto; De Laurentiis, Lucas. A segurança jurídica e o Supremo Tribunal Federal: modulação dos efeitos temporais no controle da constitucionalidade. *In*: Valim, Rafael; Oliveira, José Roberto Pimenta; Dal Pozzo, Augusto Neves (coord.). **Tratado sobre o princípio da segurança jurídica no direito administrativo**. Belo Horizonte: Fórum, 2013. p. 205-221.

Diniz, Maria Helena. **Compêndio de Introdução à Ciência do Direito.** 18. ed. São Paulo: Saraiva, 2006.

Donizetti, Elpídio. **Curso didático de direito processual civil**. 19. ed. São Paulo: Atlas, 2016.

Duarte, Michelle Pimentel. **Processo judicial eleitoral**: jurisdição e fundamentos para uma Teoria Geral do Processo Judicial Eleitoral. Curitiba: Juruá, 2016.

DUXBURY, Neil. **The nature and authority of precedent**. Cambridge: Cambridge University Press, 2008.

DWORKIN, Ronald. **A justiça de toga**. Tradução de Jefferson Luiz Camargo. São Paulo: Martins Fontes, 2016.

DWORKIN, Ronald. **O Império do Direito**. Tradução de Jeferson Luiz Camargo. 3. ed. São Paulo: Martins Fontes, 2014.

EISENBERG, Melvin Aron. **The nature of the common law**. Cambridge: Harvard University Press, 1991.

ELSTER, Jon. **Ulysses and the sirens**: studies in rationality and irrationality. Cambridge: Cambridge University Press, 1979.

ELY, John Hart. **Democracia e desconfiança**: uma teoria do controle judicial de constitucionalidade. São Paulo: Martins Fontes, 2016.

ESPÍNDOLA, Ruy Samuel. **Direito Eleitoral**: a efetividade dos direitos políticos fundamentais de voto e de candidatura. Florianópolis: Habitus, 2018.

FAORO, Raymundo. **Os donos do poder**: formação do patronato político brasileiro 5. ed. São Paulo: Globo, 2012.

FARIA, José Eduardo. **Sociologia jurídica:** direito e conjuntura. 2. ed. São Paulo: Saraiva: 2010.

FELONIUK, Wagner Silveira; KAYSER, Kevin Bertamoni. A Constante Superação de Precedentes. *In*: **Teorias da decisão e realismo jurídico**. Florianópolis: CONPEDI, 2015.

FERRAJOLI, Luigi. **Direito e Razão**: teoria do Garantismo Penal. 3. ed. São Paulo: Revista dos Tribunais, 2010.

FERRAZ JUNIOR, Tércio Sampaio. **O direito, entre o futuro e o passado**. São Paulo: Noeses, 2014.

FERREIRA FILHO, Manoel Gonçalves. **Comentários à Constituição Brasileira de 1988**. São Paulo: Saraiva, 1990. v. 1.

FINE, Toni M. **Introdução ao sistema jurídico anglo-americano**. Tradução de Eduardo Saldanha. São Paulo: Martins Fontes, 2011.

FREITAS FILHO, Roberto. **Intervenção judicial nos contratos e a aplicação dos princípios e das cláusulas gerais**: o caso do leasing. Porto Alegre: Sérgio Antônio Fabris Editor, 2009.

FULLER, Lon L. **The morality of law**. New Haven: Yale University Press, 1969.

GADAMER, Hans-Georg. **Verdade e método:** traços fundamentais de uma hermenêutica filosófica. 2. ed. Rio de Janeiro: Vozes, 2004.

GALUPPO, Marcelo Campos. **Igualdade e diferença:** Estado democrático de direito a partir do pensamento de Habermas. Belo Horizonte: Mandamentos, 2002.

GERHARDT, Michael J. **The power of precedent**. New York: Oxford Univerisy Press, 2008.

GOMES, José Jairo. **Direito Eleitoral**. 13. ed. rev. e atual. São Paulo: Atlas, 2017.

GOMES, Luiz Flávio; MAZZUOLI, Valério de Oliveira. **Direito Supraconstitucional:** do absolutismo ao estado constitucional e humanista de direito. São Paulo: Revista dos Tribunais, 2010. Coleção Direito e Ciências afins, v. 5.

GONDIM, Camila de Freitas. Incidente de resolução de demandas repetitivas: aplicabilidade no âmbito da justiça Eleitoral. **Revista do TRE-RS**, Porto Alegre, n. 44, p. 337-374, jan./jun. 2018.

GRAU, Eros Roberto. **Ensaio e discurso sobre a interpretação:** aplicação do direito. 5. ed. rev. São Paulo: Malheiros Editores, 2009.

GRIMM, Dieter. **Constituição e política**. Tradução: Geraldo de Carvalho. Belo Horizonte: Del Rey, 2006.

GUEDES, Néviton. Comentário ao artigo 16. *In*: CANOTILHO, J. J. Gomes; MENDES, Gilmar F.; SARLET, Ingo W.; STRECK, Lenio L. (coord.). **Comentários à Constituição do Brasil**. São Paulo: Saraiva: Almedina, 2013. p. 688-689.

HART, H. L. A. **The Concept of Law**. Oxford: Oxford University Press, 1994.

HIRSCHL, Ran. **Towards Juristocracy**: the origins and consequences of the new constitucionalism. Cambridge: Harvard University Press, 2007.

HOBBES, Thomas. **Leviathan, or the matter, forme, & power of a common--wealth ecclesiastical and civil**. London: Andrew Croke, 1651.

HORBACH, Carlos Bastide. O parlamentarismo no Império do Brasil (I): origens e funcionamento. **Revista de informação legislativa**, Brasília, DF, v. 43, n. 172, p. 7-22, out./dez. 2006.

KAY, Richard S. American Constitutionalism. *In:* ALEXANDER, Larry (ed.). **Constitutionalism**: Philosophical Foundations. Cambridge: Cambridge University Press, 1998.

KELSEN, Hans. **Teoria Pura do Direito**. Tradução: João Baptista Machado. 6. ed. São Paulo: Martins Fontes, 2003.

KELSEN, Hans. **Teoria Pura do Direito**. 7. ed. São Paulo: Martins Fontes, 2006.

KOERNER, Andrei. **Judiciário e cidadania na constituição da república brasileira**. São Paulo: Hucitec, 1998.

KREBS, Hélio Ricardo Diniz. **Sistemas de precedentes e direitos fundamentais**. São Paulo: Revista dos Tribunais, 2015.

LARENZ, Karl. **Metodologia da ciência do direito**. Tradução de José Lamego. 3. ed. Lisboa: Fundação Calouste Gulbenkian, 1997.

LAMEGO, José. **Hermenêutica e jurisprudência**: análise de uma recepção. Lisboa: Fragmentos, 1990.

LEAL, Victor Nunes. **Coronelismo, enxada e voto**. São Paulo: Alfa Omega, 1979.

LOPES FILHO, Juraci Mourão. **Os precedentes judiciais no Constitucionalismo Brasileiro Contemporâneo**. 2. ed. rev. e atual. Salvador: Juspodivm, 2016.

In: FUX, Luiz; PEREIRA, Luiz Fernando Casagrande; AGRA, Walber de Moura (coord.). **Direito Processual Eleitoral**. Belo Horizonte: Fórum, 2018. p. 317-334.

MACCORMICK, Neil. **Argumentação jurídica e Teoria do Direito**. Tradução de Waldéa Barcellos. 2. ed. São Paulo: Martins Fontes, 2009.

MACEDO, Elaine Harzheim. O Código de Processo Civil de 2015 e a legislação processual eleitoral: um estudo sobre a resolução do TSE nº 23.478, de 10.5.2016.

MACÊDO, Lucas Buril de. **Precedentes judiciais e o direito processual civil**. Salvador: Juspodivm, 2015.

MACHADO, Daniel Carneiro. **A (in)compatibilidade do incidente de resolução de demandas repetitivas com o modelo constitucional de processo**: a participação democrática do juiz e das partes na construção do provimento jurisdicional. 2016. 319 f. Tese (Doutorado em Direito Processual) – Faculdade de Direito, Universidade Federal de Minas Gerais, Belo Horizonte, 2016.

MAIA, Clarissa Fonseca. **Jurisdição e soberania popular**: uma abordagem normativa de diálogo institucional entre a Justiça Eleitoral e o Congresso Nacional. Rio de Janeiro: Lumen Juris, 2017.

MAIA FILHO, Napoleão Nunes. **Princípios jurídicos e garantismo judicial**: atitude antipositivista e jurisdição includente. Fortaleza: Curumim, 2016.

MANCUSO, Rodolfo de Camargo. **Divergência jurisprudencial e súmula vinculante**. 6. ed. rev. e atual. Salvador: Juspodivm, 2018.

MARINONI, Luiz Guilherme. **A Ética dos Precedentes**: justificativa do Novo CPC. 2. ed. rev. e atual. São Paulo: Revista dos Tribunais, 2016.

MARINONI, Luiz Guilherme. **Julgamento nas Cortes Supremas**: precedentes e decisão do recurso diante do novo CPC. 2. ed. rev. e atual. São Paulo: Revista dos Tribunais, 2017.

MARINONI, Luiz Guilherme. **O STJ enquanto Corte de Precedentes**: recompreensão do sistema processual da Corte Suprema. 3. ed. rev. e atual. São Paulo: Revista dos Tribunais, 2017.

MARINONI, Luiz Guilherme. **Precedentes obrigatórios**. 5. ed. rev. e atual. São Paulo: Revista dos Tribunais, 2016.

MARINONI, Luiz Guilherme. O precedente na dimensão da segurança jurídica. *In*: MARINONI, Luiz Guilherme (coord.). **A força dos precedentes**: estudos dos cursos de Mestrado e Doutorado em Direito Processual Civil da UFPR. Salvador: Juspodivm, 2010. p. 211-226.

MARRAFON, Marco Aurélio; ROBL FILHO, Ilton Norberto. Direito fundamental ao sufrágio passivo e princípios democrático, da probidade e da moralidade: análise constitucionalmente adequada das leis complementares nº 64/1990 e nº 135/2010. **Revista Eletrônica Direito e Política**, Itajaí, v. 13, n. 3, p. 1513-1540, 2018.

MARTINS-COSTA, Judith. A Re-significação do princípio da Segurança Jurídica na Relação entre o Estado e os Cidadãos: a segurança como crédito de confiança. **Revista CEJ**, Brasília, DF, n. 27, p. 110-120, out./dez. 2004.

MAUS, Ingeborg. Judiciário como superego da sociedade: o papel da atividade jurisprudencial na "sociedade órfã". **Revista Novos Estudos CEBRAP**, São Paulo, n. 58, p. 183-202, nov. 2000.

MAZZUOLI, Valério de Oliveira. **Curso de Direito Internacional Público**. 2. ed. São Paulo: Atlas, 2007.

MELLO, Patrícia Perrone Campos; BARROSO, Luís Roberto. Trabalhando com uma nova lógica: a ascensão dos precedentes no direito brasileiro. **Revista da AGU**. Brasília, DF, v. 15, n. 3, p. 9-52, jul./set. 2016.

MENDES, Gilmar Ferreira; BRANCO, Paulo Gustavo Gonet. **Curso de Direito Constitucional**. 11. ed. São Paulo: Saraiva, 2016.

MENDES, Gilmar Ferreira; VALLE, André Rufino do. Comentários ao art. 5º, II. *In*: CANOTILHO, José Joaquim Gomes; MENDES, Gilmar Ferreira; SARLET, Ingo Wolfang; STRECK, Lenio Luiz (coord.). **Comentários à Constituição do Brasil**. São Paulo: Saraiva: Almedina, 2013. p. 243-249.

MICHAEL, Lothar; MORLOK, Martin. **Direitos fundamentais.** São Paulo: Saraiva, 2016. Série IDP.

MIRANDA, Jorge. **Direito Constitucional III**: direito eleitoral e direito parlamentar. Lisboa: AAFDL Editora, 2003.

MITIDIERO, Daniel. **Cortes Superiores e Cortes Supremas**: do controle à interpretação, da jurisprudência ao precedente. 3. ed. São Paulo: Revista dos Tribunais, 2017.

MITIDIERO, Daniel. **Precedentes**: da persuasão à vinculação. 3. ed. rev. e atual. São Paulo: Revista dos Tribunais, 2018.

MONTESQUIEU. **O espírito das leis**. 2. ed. Brasília, DF: UNB, 1995. v. 6.

MÜLLER, Friedrich. **Métodos de trabalho do direito constitucional**. Porto Alegre: Síntese, 1999.

NASSAR, Elody. A retroação do ato administrativo como exceção: a processualidade administrativa como imperativo constitucional da atividade invalidatória, sob a ótica do devido processo legal. *In*: VALIM, Rafael; OLIVEIRA, José Roberto Pimenta; DAL POZZO, Augusto Neves (coord.). **Tratado sobre o princípio da segurança jurídica no direito administrativo**. Belo Horizonte: Fórum, 2013. p. 327-355.

NERY JR., Nelson; ABBOUD, Georges. Noções fundamentais sobre pós-positivismo e direito. **Revista de Direito Privado**, Brasília, DF, v. 14, n. 53, p. 11-20, jan./mar. 2013.

NEVES, Antonio Castanheira. **Metodologia jurídica**: problemas fundamentais. Coimbra: Coimbra Editora, 1993.

NEVES, Marcelo. **Entre Hidra e Hércules**: princípios e regras constitucionais. 2. ed. São Paulo: Martins Fontes, 2014.

NUNES, Dierle; THEODORO JR., Humberto; BAHIA, Alexandre. Breves considerações da politização do judiciário e do panorama de aplicação no direito brasileiro: análise da convergência entre o *civil law* e o *common law* e dos problemas da padronização decisória. **Revista de Processo**, São Paulo, v. 35, n. 189, p. 9-57, nov. 2010.

OLIVEIRA, Marcelo Roseno de. **Controle das eleições**: virtudes e vícios do modelo constitucional brasileiro. Belo Horizonte: Fórum, 2010.

OST, François. Júpiter, Hércules, Hermes: tres modelos de juez. **Revista sobre enseñanza del Derecho**, Buenos Aires, n. 8, p. 101-130, 2007.

PAIM, Gustavo Bohrer. **Direito Eleitoral e Segurança Jurídica**. Porto Alegre: Livraria do Advogado, 2016.

PEDRA, Anderson Sant'Ana. A criação do direito pela Justiça Eleitoral e o princípio da anualidade. *In*: FUX, Luiz; PEREIRA, Luiz Fernando Casagrande;

AGRA, Walber de Moura (coord.) **Direito Constitucional Eleitoral**. Belo Horizonte: Fórum, 2018. p.431-451.

PELEJA JÚNIOR, Antônio Veloso. **Direito Eleitoral**: aspectos processuais, ações e recursos. 5. ed. rev. e atual. Curitiba: Juruá, 2018.

PEREIRA, Rodolfo Viana. **Tutela coletiva no direito eleitoral**: controle social e fiscalização das eleições. Rio de Janeiro: Lumen Juris, 2008.

PÉREZ LUÑO, Antonio Enrique. **La seguridad jurídica**. 2. ed. Barcelona: Ariel AS, 1994.

PIEROTH, Bodo; SCHLINK, Bernhard. **Direitos Fundamentais**. Tradução de António Francisco de Sousa e António Franco. São Paulo: Saraiva, 2012.

PIMENTEL, Alexandre Freire; LYRA, Paulo Roberto de Carvalho. A estabilização da jurisprudência e o cabimento da tutela da evidência (liminar) no Direito Processual Eleitoral. *In*: FUX, Luiz; PEREIRA, Luiz Fernando Casagrande; AGRA, Walber de Moura (coord.). **Direito Processual Eleitoral**. Belo Horizonte: Fórum, 2018. p. 375-391.

PINTO FERREIRA. **Comentários à Constituição Brasileira**. São Paulo: Saraiva, 1989. v. 1.

PIOVESAN, Flávia. **Direitos Humanos e o Direito Constitucional Internacional**: um estudo comparativo dos sistemas regionais europeus, interamericano e africano. 7. ed. rev. e atual. São Paulo: Saraiva, 2017.

PONTES DE MIRANDA, F. C. **Comentários ao Código de Processo Civil**. Rio de Janeiro: Forense, 1975. Tomo. VI.

PORTES, Maira. Instrumentos para revogação de precedentes no sistema de Common Law. *In*: MARINONI, Luiz Guilherme (coord.). **A força dos precedentes**: estudos dos cursos de Mestrado e Doutorado em Direito Processual Civil da UFPR. Salvador: Juspodivm, 2010. p. 103-128.

PORTO, Walter Costa. **A mentirosa urna**. São Paulo: Martins Fontes, 2004.

PORTO, Walter Costa. **Dicionário do voto**. Brasília: UNB; São Paulo: Imprensa Oficial, 2000.

POSNER, Richard A. **A problemática da teoria moral e jurídica**. Tradução de Marcelo Brandão Cipolla. São Paulo: Martins Fontes, 2012.

POSNER, Richard A. **Problemas de filosofia do direito**. Tradução de Jefferson Luiz Camargo. São Paulo: Martins Fontes, 2007.

RADBRUCH, Gustav. **Filosofia do direito**. Tradução de L. Cabral de Moncada. 6. ed. Coimbra: Armênio Amado, 1979.

RAMIRES, Maurício. **Diálogo Judicial Internacional**: o uso da jurisprudência estrangeira pela justiça constitucional. Rio de Janeiro: Lumen Juris, 2016.

RAWLS, John. **Uma teoria da justiça**. Tradução de Jussara Simões. 4. ed. São Paulo: Martins Fontes, 2016.

REIS, Daniel Gustavo Falcão Pimentel dos. **Ativismo judicial no Brasil:** o caso da verticalização. 2014. 60 f. Tese (Doutorado em Direito do Estado) – Faculdade de Direito, Universidade de São Paulo São Paulo, 2014.

REZEK, Francisco. **Direito Internacional Público:** curso elementar. 10. ed. São Paulo: Saraiva, 2007.

RIBEIRO, Fávila. **Pressupostos constitucionais do Direito Eleitoral**: no caminho da sociedade participativa. Porto Alegre: Sergio Antonio Fabris Editor, 1990.

RODRIGUES, Marcelo Abelha; JORGE, Flávio Cheim. **Manual de Direito Eleitoral**. São Paulo: Revista dos Tribunais, 2014.

SACHS, Albie. **Vida e Direito:** uma estranha alquimia. Tradução de Saul Tourinho Leal. São Paulo: Saraiva, 2016. Série IDP: Linha direito comparado.

SANTOS, Maria Stephany dos. O sistema de precedente no âmbito do Novo Código de Processo Civil e sua aplicabilidade no Direito Eleitoral. **Revista do TRE-RS**, Porto Alegre, n. 44, p. 309-335, jan./jun. 2018.

SARLET, Ingo Wolfgang. A eficácia do direito fundamental à segurança jurídica: dignidade da pessoa humana, direitos fundamentais e proibição de retrocesso social no direito constitucional brasileiro. *In*: **Revista Brasileira de Direito Público**, Belo Horizonte, v. 3, n. 11, out. 2005.

SARLET, Ingo Wolfgang. Comentário ao artigo 5º, §2º. *In*: CANOTILHO, José Joaquim Gomes; MENDES, Gilmar Ferreira; SARLET, Ingo Wolfang; STRECK, Lenio Luiz (coord.). **Comentários à Constituição do Brasil**. São Paulo: Saraiva: Almedina, 2013. p. 516-518.

SCARPINO JR., Luiz Eugenio. **Moralidade eleitoral e juristocracia**: análise crítica da Lei da Ficha Limpa – Lei Complementar n. 135/10. Rio de Janeiro: Lumen Juris, 2016.

SCHAUER, Frederick. **Las reglas en juego**: un examen filosófico de la toma de decisiones basada en reglas en el derecho y en la vida cotidiana. Tradução de Claudina Orunesu e Jorge L. Rodríguez. Madrid: Marcial Pons, 2004.

SCHAUER, Frederick. **Thinking like a lawyer**: a new introduction to legal reasoning. Cambridge: Harvard Univesity Press, 2012.

SILVEIRA, José Néri da. **Aspectos do Processo Eleitoral**. Porto Alegre: Livraria do Advogado, 1998.

SILVEIRA, Marilda de Paula. **Segurança jurídica, regulação, ato**: mudança, transição e motivação. Belo Horizonte: Fórum, 2016.

SOARES DA COSTA, Adriano. **Instituições de Direito Eleitoral**: Teoria da Inelegibilidade: Direito Processual Eleitoral. 9. ed. Belo Horizonte: Fórum, 2013.

SOUZA NETO, Cláudio Pereira. Comentários ao art. 5º, *caput*. *In*: CANOTILHO, José Joaquim Gomes; MENDES, Gilmar Ferreira; SARLET, Ingo Wolfang; STRECK, Lenio Luiz (coord.). **Comentários à Constituição do Brasil**. São Paulo: Saraiva: Almedina, 2013. p. 229-232.

STRECK, Lenio Luiz. **O que é isto**: decido conforme minha consciência? 2. ed. Porto Alegre: Livraria do Advogado, 2010.

STRECK, Lenio Luiz; ABBOUD, Georges. **O que é isto**: o precedente judicial e as súmulas vinculantes? 3. ed. Porto Alegre: Livraria do Advogado, 2015.

STRECK, Lenio Luiz. **Precedentes judiciais e hermenêutica**: o sentido da vinculação no CPC/2015. Salvador: Juspodivm, 2018.

SUSTEIN, Cass R.; VERMEULE, Adrian. The morality of administrative law. **Harvard Law Review**, Cambridge, v. 131, n. 7, p. 1924-1978, May 2018.

TAVARES, André Ramos. **Curso de Direito Constitucional**. 14. ed. São Paulo: Saraiva, 2016.

TAVARES, André Ramos. **Reforma do Judiciário no Brasil pós-88:** (des)estruturando a justiça: comentários completos à emenda constitucional n. 45/04. São Paulo: Saraiva, 2005.

TAVARES, André Ramos. Princípios constitucionais do processo eleitoral. *In*: TAVARES, André Ramos; AGRA, Walber de Moura; PEREIRA, Luiz Fernando (coord.). **O direito eleitoral e o novo Código de Processo Civil**. Belo Horizonte: Fórum, 2016. p. 17-40.

TOFFOLI, José Antonio Dias; FERNANDES, Lília Maria da Cunha. As novas diretrizes do Direito Processual Brasileiro e o Processo Eleitoral. *In:* COSTA, Daniel Castro Gomes da; ROLLEMBERG, Gabriela; KUFA, Karina; CARVALHO NETO, Tarcísio Vieira de (org.). **Tópicos avançados de Direito Processual Eleitoral**. Belo Horizonte: Arraes Editores, 2018. p. 27-48.

TRIBE, Laurence; DORF, Michael. **Hermenêutica Constitucional**. Tradução de Amarílis de Souza Birchal. Belo Horizonte: Del Rey, 2007.

TUSHNET, Mark. **Taking the Constitution away from the courts**. Princeton: Princeton University Press, 1999.

UNITED STATES OF AMERICA. [Constituição 1787]. **Constituition of the United States.** Filadélfia: United States Senate, 1787. Disponível em: https://www.senate.gov/civics/constitution_item/constitution.htm#a1_sec5. Acesso em: 30 jan. 2019.

UNITED STATES OF AMERICA. United States Supreme Court. **Hubbard v. United States:** certiorari to the united states court of appeals for the sixth circuit. 1995. Disponível em: http://supreme.justia.com/cases/federal/us/514/695/case.pdf. Acesso em 12 jan. 2019.

VIEIRA, Oscar Vilhena. **A Constituição e sua reserva de justiça**: um ensaio sobre os limites materiais ao poder de reforma. São Paulo: Malheiros, 1999.

WIEACKER, Franz. **História do direito privado moderno**. 4. ed. Lisboa: Fundação Calouste Gulbenkian, 2010.

ZAGREBELSKY, Gustavo. **A crucificação e a democracia**. Tradução de Monica de Sanctis Viana. São Paulo: Saraiva/IDP, 2011.

ZAGREBELSKY, Gustavo; BRUNELO, Mario. **Interpretare**: dialogo tra un musicista e un giurista. Milano: Società editrice il Mulino, 2016.

ZANETI JR., Hermes. **O valor vinculante dos precedentes**: Teoria dos Precedentes Normativos Formalmente Vinculantes. 2. ed. rev. e atual. Salvador: Juspodivm, 2016.

ZÍLIO, Rodrigo López. **Direito Eleitoral**. 5. ed. Porto Alegre: Verbo Jurídico, 2016.